财政与经济管理方法研究

赵民盛　杨丽艳　王喜美　著

延吉·延边大学出版社

图书在版编目（CIP）数据

财政与经济管理方法研究 / 赵民盛，杨丽艳，王喜美著. —— 延吉：延边大学出版社，2024.7. —— ISBN 978－7－230－06868－0

Ⅰ.F810；F2

中国国家版本馆 CIP 数据核字第 20249YW050 号

财政与经济管理方法研究

著　　者：	赵民盛　杨丽艳　王喜美
责任编辑：	孟祥鹏
封面设计：	侯　晗

出版发行：延边大学出版社

社　　址：吉林省延吉市公园路 977 号　　邮　编：133002

网　　址：http://www.ydcbs.com　　E－mail：ydcbs@ydcbs.com

电　　话：0433－2732435　　传　真：0433－2732434

制　　作：期刊图书（山东）有限公司

印　　刷：延边延大兴业数码印务有限责任公司

开　　本：787mm×1092mm　1/16

印　　张：12.75

字　　数：280 千字

版　　次：2025 年 4 月第 1 版

印　　次：2025 年 4 月第 1 次印刷

书　　号：ISBN 978－7－230－06868－0

定　　价：68.00 元

PREFACE 前言

财政金融政策作为国家宏观调控的重要手段，对于促进经济发展、优化资源配置、稳定市场预期等方面具有重要的作用。在当前全球经济形势复杂多变、国内经济结构转型升级的大背景下，财政金融政策的协同与优化研究显得尤为重要。

财政政策和金融政策作为宏观经济调控的两大支柱，其协同联动能够有效地提升政策效果，并实现经济稳定与增长的目标。财政政策通过调整政府支出和税收等，直接影响社会总需求和总供给，对经济运行进行宏观调控。金融政策则通过调整利率、汇率、信贷规模等金融变量，影响货币供应和资金流动，进而对实体经济产生深远影响。

然而，在实践中，财政政策和金融政策的协同联动往往受到多种因素的制约，如政策制定者的主观判断、政策执行过程中的时滞效应，以及政策之间的相互影响等。这些因素可能导致政策效果不尽如人意，甚至出现政策冲突和政策效力抵消的情况。因此，加强财政金融政策协同与优化研究，对于增强政策效果、推动经济高质量发展具有重要意义。

本书共计十三章内容，具体如下：

第一章为金融政策概述，详细阐述金融政策的核心目标和实现这些目标所采用的主要手段，深入分析金融政策的传导机制，讨论金融政策创新面对的挑战及其解决策略。

第二章为财政经济理论基础，系统梳理财政学的基本概念、研究范畴和原则，概述经济学的主要基础理论和流派，深入探讨财政与经济之间的关系。

第三章为财政政策理论与实践，阐明财政政策的主要目标和所运用的主要工具，回顾财政政策的历史演变过程。

第四章为税收政策与经济增长，详细介绍税收政策的基本原理和主要分类，深入分析税收政策如何通过影响消费、投资等行为来影响经济增长，探讨税收政策的优化和改革。

第五章为财政支出与公共服务，详细分析财政支出的结构和效率，讨论公共服务供给的财政保障，分析财政支出与经济发展的协同效应。

第六章为财政风险与财政安全，介绍财政风险的识别方法和评估指标体系，阐述财政风险的防范和化解机制，探讨财政安全与国家治理之间的关系。

第七章为财政经济政策对农业农村经济发展的促进作用，在阐述财政金融政策对农业农村扶持与激励的基础上，探讨农业农村经济在财政经济政策优化中的定位与发展策略。

第八章为货币政策与金融市场，介绍货币政策的基本原理和主要操作工具，分析货币政策如何通过调整利率、汇率等手段来影响金融市场的运行和稳定，探讨金融市场对货币政策的反馈机制。

第九章为金融监管与金融稳定，概述金融监管的理论基础和实践模式，深入分析金融稳定的内涵和维护机制，探讨金融监管与金融稳定的互动关系。

第十章为投融资决策与风险管理，介绍投融资决策的基本原理和方法，分析投融资项目的风险评估和管理方法，探讨投融资决策中的风险管理策略。

第十一章为资本市场与资本运作，概述资本市场的结构和功能，介绍资本运作的主要方式和策略选择，通过案例分析展示资本市场与资本运作的实际应用和效果。

第十二章为企业财务管理基础，明确企业财务管理的目标和主要内容，介绍企业财务报表的分析方法和在企业决策中的应用，分析企业财务管理的环境和策略。

第十三章为财务战略与规划，详细阐述财务战略的制定原则和实施步骤，介绍财务规划的目标和实践应用等。

本书由山东省莒南县农村经营管理服务中心的赵民盛（负责 12 万字）、重庆对外经贸学院的杨丽艳（负责 8 万字）、重庆对外经贸学院的王喜美（负责 8 万字）执笔撰写。由于时间仓促，加之笔者水平有限，书中难免存在疏漏，恳请读者提出宝贵意见。

CONTENTS 目录

第一章　金融政策概述 ··· 1
第一节　金融政策的目标与手段 ··· 1
第二节　金融政策的传导机制与实施效果 ····································· 4
第三节　金融政策的创新与挑战 ··· 8

第二章　财政经济理论基础 ··· 16
第一节　财政学的基本概念与原则 ··· 16
第二节　经济学的基础理论与流派 ··· 22
第三节　财政与经济的关系辨析 ··· 28

第三章　财政政策理论与实践 ·· 37
第一节　财政政策的目标与工具 ··· 37
第二节　财政政策的历史演变与案例分析 ····································· 41

第四章　税收政策与经济增长 ·· 48
第一节　税收政策的基本原理与分类 ·· 48
第二节　税收政策对经济增长的影响机制 ···································· 55
第三节　税收政策的优化与改革方向 ·· 60

第五章　财政支出与公共服务 ·· 67
第一节　财政支出的结构与效率分析 ·· 67
第二节　公共服务供给的财政保障 ··· 73
第三节　财政支出与经济发展的协同效应 ···································· 79

第六章　财政风险与财政安全 ·· 85
第一节　财政风险的识别与评估 ··· 85
第二节　财政风险的防范与化解机制 ·· 90

第三节　财政安全与国家治理 ·· 96

第七章　财政经济政策对农业农村经济发展的促进作用 ·············· 104
第一节　财政金融政策对农业农村的扶持与激励 ······················· 104
第二节　农业农村经济在财政经济政策优化中的定位与发展策略 ······ 109

第八章　货币政策与金融市场 ·· 114
第一节　货币政策的基本原理与操作工具 ································· 114
第二节　货币政策对金融市场的影响分析 ································· 116
第三节　金融市场对货币政策的反馈机制 ································· 123

第九章　金融监管与金融稳定 ·· 130
第一节　金融监管的理论基础与实践模式 ································· 130
第二节　金融稳定的内涵与维护机制 ······································· 136
第三节　金融监管与金融稳定的互动关系 ································· 142

第十章　投融资决策与风险管理 ·· 146
第一节　投融资决策的基本原理与方法 ···································· 146
第二节　投融资项目的风险评估与管理 ···································· 149
第三节　投融资决策中的风险管理策略 ···································· 153

第十一章　资本市场与资本运作 ·· 161
第一节　资本市场的结构与功能分析 ······································· 161
第二节　资本运作的方式与策略选择 ······································· 165
第三节　资本市场与资本运作的案例分析 ································· 170

第十二章　企业财务管理基础 ·· 174
第一节　企业财务管理的目标与内容 ······································· 174
第二节　企业财务报表的分析与应用 ······································· 179
第三节　企业财务管理的环境与策略 ······································· 184

第十三章　财务战略与规划 ··· 188
第一节　财务战略的制定与实施 ·· 188
第二节　财务规划的目标与实践应用 ······································· 192

参考文献 ·· 196

第一章 金融政策概述

第一节 金融政策的目标与手段

一、金融政策的主要目标

金融政策作为国家宏观经济调控的重要手段，其目标具有多元性和层次性。具体来说，金融政策的主要目标可概括为以下三个方面：

（一）经济增长

经济增长是金融政策的首要目标。通过调节货币供应量和利率水平，金融政策可以影响社会总需求，进而促进经济增长。在金融政策的实施过程中，政府通常会采取扩张性或紧缩性的货币政策，以适应不同时期的经济形势和发展需要。扩张性货币政策通过增加货币供应量、降低利率等方式刺激投资和消费，推动经济增长；而紧缩性货币政策则通过减少货币供应量、提高利率等方式抑制通货膨胀和经济过热，保持经济稳定增长。

（二）物价稳定

物价稳定是金融政策的另一个重要目标。通货膨胀和通货紧缩都会对经济发展产生不利影响，因此政府需要通过金融政策来保持物价水平的稳定。在通货膨胀时期，政府可以采取紧缩性货币政策，减少货币供应量，提高利率，以降低通货膨胀率；而在通货紧缩时期，政府则可以采取扩张性货币政策，增加货币供应量，降低利率，以刺激经济增长和促进物价回升。

（三）金融稳定

金融稳定是金融政策的第三个目标。金融市场的稳定对于经济发展至关重要，因为金融市场是资金融通的重要渠道，也是企业融资和投资者投资的重要平台。金融市场的动荡不仅会影响资金的正常流动，还会对企业和投资者的信心产生负面影响，进而影响整个经济体系的发展。因此，政府需要通过金融政策来维护金融市场的稳定，防范和化解金融风险。具体来说，政府可以采取措施加强金融监管，规范金融市场秩序，提高金融机构的风险管理能力等。

二、实现金融政策目标的手段

实现金融政策的目标离不开一系列精心设计的手段。这些手段通常由中央银行或其他金融监管机构运用，以确保货币价值的稳定、金融市场的稳定及经济的持续增长。以下是对常见金融政策手段的详细分析：

（一）法定存款准备金率

法定存款准备金率是中央银行对商业银行存款的一种管理方式，它规定了商业银行必须将其吸收的存款按一定比例存放在中央银行。这一比例的调整对商业银行的信贷能力和货币供应量具有直接影响。当中央银行提高法定存款准备金率时，商业银行可用于贷款的资金减少，信贷规模收缩，市场上的货币供应量相应减少。反之，降低法定存款准备金率则能刺激商业银行扩大信贷规模，增加货币供应量。因此，法定存款准备金率被视为中央银行调控货币供应量的"大手"。

此外，法定存款准备金率的调整还能影响市场利率。提高法定存款准备金率可能导致市场利率上升，因为商业银行为了弥补资金成本可能会提高贷款利率。反之，降低法定存款准备金率则可能带来市场利率的下降。

（二）公开市场操作

公开市场操作是中央银行通过买卖政府债券等金融资产来调节货币供应量和市场利率的一种灵活手段。当中央银行认为货币供应量过多、市场利率过低时，它会在公开市场上卖出政府债券。这一操作会减少市场上的货币供应量，因为购买债券的投资者需要支付货币给中央银行。同时，卖出债券还会提高市场利率，因为债券的供应量增加会降低其价格，进而提高收益率（即利率）。

相反，当中央银行认为货币供应量不足、市场利率过高时，它会在公开市场上买入政府债券。这一操作会增加市场上的货币供应量，因为中央银行会支付货币给卖出债券的投资者。同时，买入债券还会降低市场利率，因为债券的供应量减少会提高其价格，进而降低收益率。

公开市场操作之所以受到中央银行的青睐，是因为它具有高度的灵活性和可逆性。中央银行可根据市场的实时情况随时调整操作方向和力度，以达到预期的政策效果。

（三）再贴现政策

再贴现政策是中央银行通过调整再贴现利率来影响商业银行的借贷成本和信贷规模的一种政策手段。再贴现是商业银行将其持有的已贴现但尚未到期的商业票据向中央银行申请再次贴现的行为。中央银行通过调整再贴现利率来影响商业银行的借贷成本。当中央银行提高再贴现利率时，商业银行向中央银行借款的成本增加，这可能会抑制商业银行的借款意愿和信贷规模。相反，降低再贴现利率则能降低商业银行的借款成本，刺激其扩大信贷规模。

再贴现政策的影响不仅限于商业银行的信贷规模。商业银行的信贷活动对经济活动具有广泛的影响，因此再贴现政策也能间接影响整个经济体系的货币供应量和市场利率。

（四）信贷政策

信贷政策是中央银行根据国家宏观经济政策、产业政策等制定的指导金融机构贷款投向的政策。通过制定信贷政策，中央银行可以引导金融机构优化贷款投向结构，将资金投向符合国家发展战略和产业政策的领域。例如，中央银行可以通过信贷政策鼓励金融机构加大对绿色能源、环保产业等新兴产业的贷款支持力度，推动经济结构的绿色转型。同时，信贷政策也可以限制对高污染、高耗能等行业的贷款投放，以遏制这些行业的过度扩张和对环境的破坏。

信贷政策的实施需要中央银行与金融机构之间的密切合作。中央银行需要向金融机构传达明确的政策信号和期望，而金融机构需要根据这些信号和期望调整其贷款策略和业务模式。通过这种合作，信贷政策可以有效地引导资金流向符合国家利益和社会福祉的领域。

三、金融政策目标与手段的协调与平衡

在实现金融政策目标的过程中，协调和平衡各个目标之间的关系以及不同手段之间的配合至关重要。以下是一些建议以供参考：

（一）灵活调整金融政策目标和手段以适应经济形势变化

金融政策的目标和手段应根据经济形势的变化进行灵活调整。在经济繁荣时期，政府可能需要采取紧缩性货币政策来控制通货膨胀；而在经济衰退时期，可能需要采取扩张性货币政策来刺激经济增长。同样地，金融政策的手段也需要根据经济形势的变化进行选择和调整。例如，在通货膨胀严重的情况下，提高法定存款准备金率和采取公开市场操作卖出政府债券可能是有效的手段；而在经济衰退的情况下，降低法定存款准备金率和采取公开市场操作买入政府债券可能更合适。

（二）加强金融监管以防范和化解金融风险

在实现金融政策目标的过程中，加强金融监管是防范和化解金融风险的关键。政府应建立健全金融监管体系，明确监管机构的职责和权力，加大对金融机构的监管力度。同时，还需要加强对金融市场的监测和分析，及时发现和处理潜在的金融风险。此外，还需要加强对金融消费者的保护和教育，提高他们的风险意识和自我保护能力。通过这些措施，国家可以有效地防范和化解金融风险，维护金融市场的稳定和发展。

（三）注重货币政策与财政政策的协调配合以实现最佳政策效果

货币政策和财政政策是国家宏观经济调控的两大重要手段。在实现金融政策目标的过程中，需要注重货币政策与财政政策的协调配合。政府应根据经济形势和发展需要制定合理的财政政策和货币政策组合拳。例如，在刺激经济增长方面，可以采取扩张性货币政策和积极财政政策相结合的方式；而在控制通货膨胀方面，可以采取紧缩性货币政策和稳健财政政策相结合的方式。这种协调配合，可实现最佳的政策效果，以促进经济的持续健康发展。

（四）加强国际协调与合作以共同应对全球性经济问题和挑战

在全球经济一体化的背景下，各国之间的经济联系日益紧密。在实现金融政策目标的过程中，需要加强国际协调与合作以共同应对全球性经济问题和挑战。各国应加强宏观经济政策的沟通与协调，共同制定和执行符合全球经济利益的金融政策。同时，应加强金融监管领域的合作与交流，共同维护国际金融市场的稳定与发展。此外，还需要深化国际金融机构的改革，提高其治理能力和效率，为全球经济和金融稳定提供有力保障。

第二节　金融政策的传导机制与实施效果

一、金融政策的传导机制

金融政策，作为国家宏观经济调控的重要手段，其传导机制是指从政策制定到最终影响实体经济的过程。这一过程涉及多个环节和渠道，主要包括利率传导机制、信贷传导机制、资产价格传导机制和汇率传导机制。

（一）利率传导机制

利率传导机制是金融政策传导的核心渠道之一，指中央银行通过调整银行间市场的基准利率，即政策利率，来影响整个经济体系的利率水平。当中央银行降低基准利率时，商业银行从中央银行获取资金的成本降低，进而会降低商业银行的贷款成本。这有利于企业和个人以更低的成本获得资金，从而刺激投资和消费的增长。降低利率还有助于提升资产价格，进一步促进经济活动的扩张。反之，当中央银行提高基准利率时，商业银行的贷款成本上升，企业和个人的借贷成本也随之增加，从而抑制投资和消费的增长，起到紧缩经济的作用。

（二）信贷传导机制

信贷传导机制是金融政策影响实体经济的重要途径，指中央银行通过调整法定存款准备金率、实施窗口指导等手段，直接影响商业银行的信贷规模和投放方向。在宽松的信贷政策下，中央银行通过降低法定存款准备金率或提供窗口指导支持，降低贷款门槛，鼓励商业银行扩大贷款规模，支持实体经济的发展。这有助于增加企业投资、促进就业和经济增长。相反，在紧缩的信贷政策下，中央银行提高法定存款准备金率或限制贷款投放，限制商业银行的贷款增长，以控制通货膨胀和经济过热的风险。

（三）资产价格传导机制

资产价格传导机制是金融政策通过影响资产价格来调整经济行为的重要方式。金融政策的变化会影响股票、房地产等资产的价格水平。当中央银行实施宽松的金融政策时，如降低利率或增加货币供应量，资产价格往往会上涨。这提升了企业和个人的财富水平，增强了其投资和消费信心，进而能促进经济活动的增加。相反，当资产价格下跌时，企业和个人的财富减少，可能引发财务风险和信贷紧缩，从而抑制经济活动的增长。

（四）汇率传导机制

在金融全球化的背景下，汇率成为金融政策传导的重要渠道之一。中央银行通过干预外汇市场、调整汇率政策等方式来影响本币汇率水平。汇率的变动会直接影响进出口、资本流动等经济活动。当本币贬值时，出口商品在国际市场上的价格竞争力增强，有利于扩大出口和增加就业机会；同时，本币贬值还可能吸引外国资本流入国内，寻求有较高回报的投资机会。相反，当本币升值时，进口商品成本降低，出口受到抑制；此外，本币升值还可能引发资本外流和国内经济放缓的风险。因此，中央银行需要密切关注汇率变动对经济的影响，并适时调整金融政策以维护经济稳定。

二、金融政策实施效果的评估

金融政策的实施效果是衡量政策成功的关键标准。以下从经济增长效应、通货膨胀控制效应和就业效应三个方面对金融政策的实施效果进行评估。

（一）经济增长效应

经济增长是衡量金融政策效果的重要指标之一。评估金融政策对经济增长的促进作用时，需要关注国内生产总值（Gross Domestic Product，GDP）、工业增加值等经济指标的变化情况。若这些指标在政策实施后出现明显增长且增速保持稳定或加快，则说明金融政策对经济增长产生了积极影响。此外，还需要考虑政策实施是否带动了其他相关产业的发展以及是否提升了整体经济活力和竞争力等。

（二）通货膨胀控制效应

通货膨胀是经济稳定运行的重要威胁之一，因此控制通货膨胀也是金融政策的重要目标之一。评估金融政策的通货膨胀控制效应时，需要密切关注消费者物价指数（Consumer

Price Index，CPI）、生产者出厂价格指数（Producer Price Index，PPI）等通胀指标的变化情况。若这些指标在政策实施后保持稳定或有所下降且未出现明显的通胀压力，则表明金融政策对通货膨胀的控制取得了成效。此外，还需要关注货币供应量、信贷规模等金融指标的变化情况以及物价上涨的结构性特征等因素对通货膨胀的影响。

（三）就业效应

就业是民生之本，也是衡量金融政策效果的重要指标之一。评估金融政策的就业效应时，需要关注失业率、新增就业人数等就业指标的变化情况。若这些指标在政策实施后出现明显改善且就业市场保持稳定或趋于活跃，则说明金融政策对就业产生了积极的影响。此外，还需要考虑政策的实施是否增强了劳动力市场的灵活性，以及是否提高了劳动者的技能水平和就业质量等。同时，金融政策在支持小微企业和创新型企业发展方面也应发挥积极作用，以创造更多的就业机会和岗位。

三、影响金融政策实施效果的因素

金融政策作为调控经济的重要手段，其实施效果受到多种因素的影响。以下将详细分析这些因素，以便更好地理解金融政策的运作机制及其局限性。

（一）经济周期阶段

经济周期的不同阶段会对金融政策的实施效果产生显著影响。在经济繁荣期，经济活动旺盛，通货膨胀压力上升，此时采取紧缩性金融政策，如提高利率、减少货币供应量等，可以有效抑制通货膨胀和经济过热。然而，在经济衰退期，经济活动减缓，失业率上升，此时采取宽松性金融政策，如降低利率、增加货币供应量等，可能更有利于刺激经济增长和就业。因此，金融政策的制定和执行需要充分考虑当前的经济周期阶段。

（二）国际经济环境

国际经济环境的变化同样会对国内金融政策的实施效果产生影响。在经济全球化的今天，各国经济紧密相连，一国金融政策的实施往往会受到其他国家经济政策和经济环境的影响。例如，全球性的经济危机可能导致国际贸易和投资活动减缓，进而影响国内的出口和资本流动。主要贸易伙伴国的货币政策调整也可能影响汇率和资本流动，从而影响国内金融政策的实施效果。因此，在制定和执行金融政策时，需要密切关注国际经济环境的变化，并采取相应的应对措施。

（三）金融市场成熟度

金融市场的成熟度是影响金融政策传导效果的关键因素之一。在成熟的金融市场中，利率、汇率等价格信号能够准确反映市场供求关系，金融机构和市场参与者对政策的反应也较为敏感和迅速。这样的市场环境有利于金融政策的顺利传导和预期目标的实现。然而，在不成熟的金融市场中，价格信号可能失真或滞后，金融机构和市场参与者的反应也可能不够迅速和准确。这会导致金融政策的实施效果减弱，甚至可能引发市场波动和不确定性。因此，提高金融市场的成熟度是提升金融政策实施效果的重要途径之一。

（四）政策协调配合程度

金融政策的实施需要与其他宏观经济政策相互协调配合。财政政策、产业政策等都需要与金融政策相互配合，共同发力才能达到预期效果。若各类政策之间存在冲突或协调不当，则会影响金融政策的实施效果。例如，如果财政政策过于紧缩而金融政策过于宽松，可能会导致通货膨胀上升和经济增长放缓；反之，如果财政政策过于宽松而金融政策过于紧缩，则可能会导致经济增长乏力和社会不稳定。因此，在制定和执行各类宏观经济政策时，需要加强政策之间的协调配合，以确保政策目标的实现。

四、增强金融政策实施效果的措施

针对上述影响金融政策实施效果的因素，可以采取以下措施来增强金融政策的实施效果：

（一）提高政策透明度与预期管理水平

提高金融政策的透明度和可预见性有助于引导市场预期和稳定市场情绪。中央银行可以通过定期发布货币政策执行报告、加强与市场的沟通等方式来提高政策的透明度和预期管理水平。此外，还可以建立政策解读和答疑机制，及时回应市场关切和疑问，增强市场对政策的信任和理解。提高政策透明度与预期管理水平，可以减少市场波动和降低不确定性，增强金融政策的实施效果。

（二）优化政策工具组合与操作方式

针对不同的经济环境和目标，中央银行可以灵活运用多种货币政策工具进行操作。例如，在通货膨胀压力较大时，可以采取提高利率、减少货币供应量等紧缩性措施；在经济增长放缓时，可以采取降低利率、增加货币供应量等宽松性措施。同时，还可以考虑创新货币政策工具以应对复杂多变的经济环境。例如，可以采取定向降准、中期借贷便利等结构性货币政策工具来支持特定领域和行业的发展。通过优化政策工具组合与操作方式可以更好地适应经济环境的变化并实现预期目标。

（三）加强与其他政策的协调配合

金融政策需要与财政政策、产业政策等其他宏观经济政策相互协调配合才能共同促进经济的稳定增长。在实践中可以通过建立跨部门政策协调机制来加强各类政策之间的沟通与衔接；同时，还可以通过制订综合性的政策方案来统筹考虑各类政策的目标和效果。通过加强与其他政策的协调配合可以避免政策之间的冲突或矛盾并提高各类政策的协同性和有效性。

（四）深化金融市场改革与监管创新

深化金融市场改革是提高金融政策传导效果的重要途径之一。可以通过完善金融市场的法律法规和监管体系、推动金融市场的发展和创新、提高金融市场的开放度和国际化水平等措施来深化金融市场改革；同时还需要加强金融监管创新来防范和化解金融风险并确保金融市场的稳定运行。通过深化金融市场改革与加强监管创新可以提升金融市场的成熟度和竞争力，进而增强金融政策的传导效果。

（五）关注国际经济动态与及时调整应对策略

在全球经济一体化的背景下，国际经济环境的变化对国内金融政策的实施效果具有重要影响。因此，中央银行需要密切关注国际经济动态和主要贸易伙伴国的货币政策动向，并及时调整自身的金融政策应对策略。例如，在全球性经济危机或主要贸易伙伴国货币政策收紧时，国内可以采取相应的宽松性金融政策来应对外部冲击；同时还需要加强与其他国家中央银行之间的合作与交流来共同应对全球性经济挑战。通过关注国际经济动态与及时调整应对策略可以更好地适应外部环境的变化并保障国内经济的稳定增长。

第三节 金融政策的创新与挑战

一、金融政策的创新方向

（一）数字货币与金融科技的融合

随着科技的飞速发展，数字货币与金融科技已成为当今金融领域最热门的话题之一。数字货币的兴起不仅改变了人们的支付方式，更对金融体系产生了深远的影响。与此同时，金融科技的进步也为金融行业带来了前所未有的创新机遇。因此，金融政策需要与时俱进，与数字货币和金融科技的发展相适应。

数字货币作为一种新型的货币形式，具有交易效率高、安全性强、交易成本低等优势。它的出现不仅方便了人们的日常支付，还有助于提升金融体系的运行效率。然而，数字货币的匿名性和去中心化的特点也给监管带来了挑战。因此，金融政策在鼓励数字货币发展的同时，也需要关注如何有效监管数字货币，防止其被用于非法活动。

与此同时，金融科技的发展为金融行业带来了诸多创新机遇。从移动支付到智能投顾，从区块链到大数据风控，金融科技的应用场景不断拓展，为金融行业提供了更加便捷、高效的服务。然而，金融科技创新也伴随着风险，如技术漏洞、数据泄露等。因此，金融政策在鼓励金融科技创新的同时，也需要加强对相关风险的监管和防范。

为了促进数字货币与金融科技的健康发展，金融政策可以采取以下措施：第一，建立完善的数字货币监管体系，明确监管职责和监管标准，确保数字货币的合法、安全、稳定运行；第二，加强对金融科技创新的引导和扶持，鼓励金融机构和科技企业加强合作，推动金融科技的创新发展；第三，加强对金融科技风险的防范和化解，建立健全风险预警和处置机制，确保金融体系的稳健运行。

（二）绿色金融与可持续发展

随着全球气候变化和环境问题的日益严峻，绿色金融已成为全球关注的焦点。绿色金融旨在通过金融手段推动环境保护和可持续发展，实现经济、社会、环境的协调发展。因此，金融政策在推动绿色金融发展方面发挥着重要作用。

第一，金融政策应引导资金流向绿色、低碳、可持续的项目。通过优惠贷款、绿色债券等金融工具，鼓励企业和个人投资环保、清洁能源等领域，推动绿色产业的发展。同时，要加强对高污染、高耗能行业的环保监管和融资限制，迫使其向绿色转型。

第二，推动绿色债券市场的发展是绿色金融的重要组成部分。绿色债券是一种专门为环保项目融资的债券，具有低成本、长期限、收益稳定等特点。金融政策应加大对绿色债券市场的扶持力度，完善相关法规和市场机制，提高绿色债券的发行效率和流动性，以吸引更多投资者参与。

第三，通过绿色金融政策引导企业和个人更加关注环境保护。例如，建立绿色信贷评价体系，将企业的环保表现纳入信贷审批和利率定价中；推广绿色保险产品，为环保项目提供风险保障；加强环保宣传教育，提高公众的环保意识和参与度。

总之，绿色金融是实现可持续发展的重要途径之一。金融政策应充分发挥引导作用，推动绿色金融的发展和创新，为经济社会的可持续发展提供有力支持。

（三）普惠金融与金融包容性

普惠金融是指通过完善金融基础设施和金融服务体系，让更多人享受到便捷、安全、高效的金融服务。普惠金融的发展有助于提高金融包容性，缩小贫富差距，推动经济社会的全面发展。因此，金融政策在推动普惠金融发展方面具有重要意义。

第一，金融政策应关注农村和欠发达地区的金融服务需求。这些地区由于地理位置偏远、经济基础薄弱等，金融服务相对滞后。金融政策应通过设立农村金融机构、推广移动支付等方式，完善金融服务体系，提高金融服务的覆盖率和质量。

第二，推动金融科技在普惠金融领域的应用。金融科技的发展为普惠金融提供了新的机遇。通过大数据、云计算等技术手段，可以实现对客户需求的精准分析和个性化服务。同时，金融科技还可以降低金融服务成本，提高服务效率。因此，金融政策应鼓励金融机构和科技企业加强合作，推动金融科技在普惠金融领域的应用和创新。

第三，通过普惠金融政策促进金融资源的均衡分布。金融资源的不均衡分布是导致贫富差距扩大的重要原因之一。普惠金融政策应通过优惠贷款、财政补贴等方式，引导资金流向农村和欠发达地区，支持当地经济发展和民生改善。同时，加强对金融机构的监管和引导，确保其履行社会责任，为更多人提供优质的金融服务。

（四）金融安全与风险防范

金融安全是国家安全的重要组成部分。金融市场的稳定运行和金融机构的健康发展对于维护国家经济安全和社会稳定具有重要意义。因此，金融政策需要高度关注金融安全与风险防范。

首先，加强对金融机构的监管是保障金融安全的重要手段。金融机构作为金融市场的主体，其经营行为和风险管理水平直接关系到金融市场的稳定。金融政策应建立健全金融机构监管体系，明确监管职责和监管标准，加强对金融机构的业务指导、风险监测和现场检查，确保其合规经营、稳健发展。

其次，提高金融市场的透明度和稳定性有助于防范金融风险。金融市场是一个信息密集的市场，信息的及时、准确、完整对于市场的稳定运行至关重要。金融政策应加强对信息披露的监管，要求金融机构和上市公司及时、准确、完整地披露相关信息，提升市场的透明度和公信力。同时，应加强对市场异常波动的监测和预警，及时采取必要的风险处置措施，维护市场的稳定运行。

最后，建立健全的金融风险预警和处置机制是金融安全的重要保障。金融风险具有隐蔽性、突发性和传染性等特点，一旦发生可能会对金融体系产生严重影响。因此，金融政策应建立健全的风险预警和处置机制，加强对金融风险的监测、评估和预警，及时发现和化解潜在风险。同时，应完善风险处置手段和工具，提高应对金融风险的能力和水平。

二、金融政策创新面临的挑战

（一）监管难题与技术风险

随着数字货币和金融科技的迅猛发展，金融监管面临着前所未有的挑战。这些新兴领域不仅改变了传统金融业务的运作方式，还引入了新的风险点，如技术安全、数据隐私保护等。监管部门必须紧跟技术创新的步伐，不断更新监管理念和手段，以促进金融市场的稳定发展和保障消费者的权益。

然而，监管数字货币和金融科技并非易事。这些领域具有高度复杂性和跨界性，涉及多个监管部门和多项法律法规。因此，加强监管协调、建立统一的监管框架和标准成为当务之急。同时，监管部门还需要加大对新兴技术的投入和研究力度，提高监管人员的专业素养和技能水平，以应对日益复杂多变的金融市场环境。

此外，技术风险也不容忽视。数字货币和金融科技的发展使得金融系统更加依赖于网络和信息技术，一旦遭受黑客攻击或数据泄露等安全问题，将对整个金融系统造成严重影响。因此，监管部门需要加强对金融机构和科技企业的网络安全审查和监督，确保其具备足够的安全防护能力和妥善的风险应对措施。

（二）绿色项目的识别与评估

绿色金融政策的实施旨在推动绿色经济的发展和加强生态环境的保护。然而，在实际操作过程中，绿色项目的识别和评估成为一大难题。由于绿色项目的定义和评价标准尚未统一，金融机构在识别和评估绿色项目时存在较大的主观性和不确定性。

为了解决这一问题，需要加强国际合作与交流，共同制定统一的绿色项目识别和评估标准。这些标准应涵盖项目的环境效益、经济效益和社会效益等多个方面，确保绿色金融政策能够真正支持那些具有可持续发展潜力的绿色项目。同时，还需要建立完善的绿色项目信息披露和监测机制，提高绿色金融政策的透明度和可信度。

（三）普惠金融的可持续发展

普惠金融政策的推广旨在让更多人享受到便捷、低成本的金融服务。然而，在实现商业可持续性和履行社会责任之间取得平衡成为普惠金融发展的一大挑战。金融机构在追求商业利益的同时，必须关注社会责任，确保普惠金融服务的可持续性。

为了实现这一目标，金融机构需要创新商业模式和服务方式，降低运营成本，提高服务效率和质量。例如，通过利用大数据、云计算等先进技术手段提高风控能力和客户体验；通过与政府、非政府组织等合作建立风险分担机制降低信贷风险等。同时，政府也应给予一定的政策支持和引导，为普惠金融的发展创造良好的外部环境。

（四）跨境金融风险的防范与应对

随着全球经济一体化的深入发展及金融市场的日益开放和互联互通，跨境金融风险日益突出。这些风险包括跨境资本流动风险、汇率波动风险、主权债务风险等，对各国金融稳定和经济安全构成了严重威胁。

为了有效防范和应对跨境金融风险，金融政策应关注跨境资本流动、汇率波动等风险因素的变化趋势和影响程度，并采取相应的政策措施进行调控和管理。例如，加强对跨境资本流动的监测和预警机制建设；完善外汇市场体系和管理制度；加强与其他国家和地区的监管合作与信息共享等。实施这些措施，可以提高各国监管部门对跨境金融风险的识别和应对能力，维护全球金融市场的稳定和发展。

三、应对金融政策创新挑战的策略

（一）加强监管科技应用与人才培养

面对数字货币和金融科技带来的监管挑战，加强监管科技的应用和人才培养至关重要。首先，监管部门需要积极引入先进的技术手段，如人工智能、大数据分析等来提高监管效率和准确性。这些技术可以帮助监管部门实时监测金融市场的动态变化、识别潜在风险点并采取相应措施进行干预。其次，培养一支具备专业知识和技能的监管队伍也是提升监管能力的关键。监管部门应加大对现有监管人员的培训力度并吸引更多优秀人才加入监管行列以提高整体监管水平。

（二）推动绿色金融的标准化与国际化进程

为了促进绿色金融的发展并提高其可操作性和有效性，推动绿色金融的标准化和国际化进程势在必行。首先，各国应共同制定统一的绿色项目识别和评估标准以确保绿色金融政策能够精准支持符合条件的绿色项目。这些标准应涵盖项目的环境效益评估方法、经济效益计算方式及社会效益考量等方面，以确保全面性和科学性。其次，加强与其他国家和地区的合作与交流也是推动绿色金融国际化的重要途径。通过分享经验、互学互鉴及共同开展绿色金融项目合作等方式，可以促进全球绿色金融事业的共同发展。

（三）建立普惠金融长效机制与激励机制

为了实现普惠金融的可持续发展并提高其服务质量和效率，建立长效机制和激励机制至关重要。

首先，政府应发挥引导作用，并制定相关政策措施来推动普惠金融事业的发展。例如，设立专项基金支持普惠金融机构的设立和运营，给予税收减免或补贴等优惠政策，以降低普惠金融机构的运营成本等。

其次，市场运作也是实现普惠金融可持续发展的重要手段之一。通过引入竞争机制、创新金融产品和服务方式等，可以满足不同群体的多样化需求，并提高普惠金融服务的覆盖率和可及性。

最后，对金融机构在普惠金融方面的表现进行评价和奖励，也是激励机制的重要组成部分之一。建立科学合理的评价体系，并给予表现优秀的金融机构荣誉奖励或物质奖励，以激发其积极参与普惠金融事业的积极性和主动性。

（四）强化跨境金融监管合作与信息共享

为了有效防范和应对跨境金融风险，并维护全球金融市场的稳定和发展，强化跨境金融监管合作与信息共享至关重要。首先，各国应建立双边或多边监管合作机制，以加大对跨境金融活动的监管力度。这些机制可以包括定期举行监管对话会议、共同制定跨境金融监管规则和标准，以及开展联合执法行动等。其次，实现信息共享和互通有无，也是提高各国监管部门对跨境金融风险识别和应对能力的关键。建立信息共享平台或数据库等，可以及时获取并分享有关跨境金融机构运营情况、风险状况及违规行为等方面的信息资料，以便各国监管部门及时采取相应措施进行干预和管理。

四、金融政策创新的国际经验借鉴

金融政策创新是全球金融领域持续发展的重要动力。各国在应对不同经济环境和挑战时，积累了丰富的金融政策创新经验。我们可以借鉴其他国家在金融政策创新方面的经验：

（一）借鉴发达国家在数字货币监管方面的经验

随着数字货币的快速发展，其监管问题也日益凸显。发达国家在数字货币监管方面积累了丰富的经验，值得我们借鉴和学习。

首先，美国、日本等国家建立了完善的数字货币监管框架和法律体系。这些国家明确了数字货币的法律地位，将其纳入金融监管体系，并制定了相应的监管政策和措施。这些政策和措施包括对数字货币交易所、数字货币钱包等关键环节的注册、许可和监管要求，以及对数字货币交易的监测和报告制度等。

其次，这些国家还鼓励金融科技创新，推动数字货币与传统金融体系的融合发展。通过设立创新沙箱、提供监管沙箱等机制，为金融科技创新提供安全、可控的测试环境，促进数字货币与传统金融体系的深度融合。同时，这些国家还会加强与金融科技企业的合作，共同推动数字货币领域的技术创新和应用发展。

这些经验对于我国加强数字货币监管、推动金融科技创新具有重要借鉴意义。我们应该建立完善的数字货币监管框架和法律体系，明确监管职责和权限，加大监管力度。同时，我们也应该鼓励金融科技创新，为数字货币与传统金融体系的融合发展提供有力支持。

（二）学习欧盟在绿色金融标准制定方面的做法

欧洲联盟（简称欧盟）在绿色金融标准制定方面处于领先地位，其经验值得我们学习。欧盟制定了严格的绿色项目识别和评估标准，确保绿色金融资金能投向真正的绿色项目。这些标准涵盖项目的环境效益、可持续性、风险管理等方面，为金融机构提供了明确的投资方向和评估依据。

同时，欧盟还会加强对绿色债券市场的监管和透明度要求。要求发行绿色债券的企业或机构必须公开披露相关信息，包括项目类型、预期环境效益、资金使用情况等，以提高市场对绿色债券的信心和认可度。这些措施有效促进了欧盟绿色债券市场的发展，为全球绿色金融发展树立了典范。

对于我国而言，学习欧盟在绿色金融标准制定方面的做法具有重要意义。我们应该建立完善的绿色项目识别和评估体系，制定符合我国国情的绿色金融标准。同时，应加强对绿色债券市场的监管和透明度要求，提高市场对绿色债券的认可度。这些措施将有助于推动我国绿色金融市场的发展，为应对气候变化和环境问题提供有力支持。

（三）参考印度在普惠金融推广方面的举措

印度在普惠金融推广方面取得了显著成效，其经验具有一定的参考价值。印度政府通过设立专门机构、制定优惠政策等措施推动了普惠金融的发展。例如，印度设立了国家普惠金融委员会，负责制定和实施普惠金融政策；同时，对金融机构在偏远地区设立分支机构、开展普惠金融业务给予税收减免及资金补贴等优惠政策。

此外，印度还鼓励金融机构创新服务模式和产品，降低金融服务门槛和成本。例如，印度的一些金融机构利用数字技术开展移动支付、网络借贷等业务，为农村地区和低收入人群提供便捷、低成本的金融服务。同时，印度还加强了对金融消费者的教育和保护工作，提高他们的金融素养和风险防控意识。

对于我国而言，参考印度在普惠金融推广方面的举措具有重要意义。我们应该加大政策引导和支持力度，推动金融机构在偏远地区设立分支机构、开展普惠金融业务。同时，可以鼓励金融机构创新服务模式和产品，降低金融服务门槛和成本；加强金融消费者教育和保护工作；建立完善的普惠金融监管体系等。这些措施将有助于推动我国普惠金融市场的健康发展，提高金融服务的覆盖率和可及性。

五、金融政策创新的前景展望

随着全球经济和金融环境的不断变化，金融政策创新将呈现以下前景：

（一）数字货币与金融科技深度融合助力金融体系升级

未来，数字货币与金融科技的深度融合将成为金融体系升级的重要动力。数字货币将进一步提高交易的效率和安全性，降低交易成本，为跨境支付、供应链管理等领域提供更便捷的解决方案。同时，金融科技将推动金融服务向更加智能化、个性化和便捷化的方向发展，以满足消费者多样化的金融需求。两者结合将为监管部门提供更加全面、实时的监管手段和数据支持，提高金融监管的效率和准确性。

（二）绿色金融成为全球金融发展的新趋势和新动力

应对气候变化和环境问题已达成全球共识，绿色金融将成为未来金融发展的新趋势和新动力。各国政府将加大对绿色金融的支持力度和政策引导，推动绿色金融市场的发展和创新。金融机构将积极参与绿色金融市场建设和服务创新，为企业提供绿色融资、绿色债券等多元化的金融产品。企业和个人将更注重环境保护和可持续发展，积极参与绿色投资和消费。绿色金融的发展将促进经济社会的绿色转型和可持续发展。

（三）普惠金融与金融科技的结合推动金融包容性提升

普惠金融与金融科技的结合将进一步推动金融包容性的提升。金融科技的应用将降低金融服务门槛和成本，使更多人享受到便捷、高效的金融服务。普惠金融政策的推广将覆盖更广泛的人群，特别是农村低收入人群。同时，两者结合将为金融消费者提供更加便捷、高效的金融服务体验，提高金融服务的满意度和忠诚度。这将有助于推动金融市场的均衡发展和社会的公平正义。

（四）金融安全与风险防范始终是金融政策创新的底线和红线

无论金融政策如何发展和创新，金融安全与风险防范始终是底线和红线。各国政府应加大对金融机构和市场的监管力度，确保金融体系的稳健运行和风险防范。金融机构应完善内部控制和风险管理机制，提高风险定价能力，加强风险管理和防范。同时，应加强国际合作与交流共同应对金融风险挑战，维护全球金融稳定和安全。只有在保障金融安全的前提下，金融政策创新才能更好地推动经济和社会发展。

第二章 财政经济理论基础

第一节 财政学的基本概念与原则

一、财政学的定义与研究范畴

（一）财政学的定义

财政学，作为经济学的一个重要分支，致力于研究政府财政收支、财政政策及财政管理活动的内在规律和外在影响。它深入探讨了政府如何通过税收、支出、债务等多种手段来有效地筹集和分配社会资源，以期在宏观经济调控和社会公平之间找到最佳的平衡点。在这个过程中，财政学不仅关注政府财政活动所产生的直接经济效应，还进一步探讨了这些活动对社会、政治和环境等层面的深远影响。

具体来说，财政学的研究对象包括政府财政收入和支出的规模、结构及其变化趋势，财政政策的制定、实施及其效果评估，以及财政管理体制、财政法规等方面的问题。研究这些问题不仅有助于我们更好地理解政府财政活动的本质和规律，还能为政府制定和实施更加科学、合理的财政政策提供重要的理论支持和实践指导。

（二）财政学的研究范畴

财政学的研究范畴极为广泛，几乎涵盖了政府财政活动的所有方面。以下是财政学几个主要的研究领域：

财政收入理论：这一领域主要研究税收的基本原理、税收制度的设计原则及非税收入的来源和管理方式等。其中，税收原理主要探讨税收的本质、职能和作用机制等问题；税收制度设计原则则关注如何根据税收原理和社会经济发展的需要，构建科学、合理的税收制度体系；非税收入研究则主要分析政府税收以外的其他收入来源，如行政事业性收费、政府性基金等。

财政支出理论：财政支出是政府履行职能的重要手段，也是财政学研究的重要领域之一。这一领域主要关注政府支出的规模、结构和效率等问题，以及支出对经济增长和社会福利的影响。具体来说，它研究政府如何在不同的领域和部门之间分配支出，以实现社会资源的优化配置和公共服务的均等化；同时，它还关注政府支出的经济效应和社会效应，以及如何通过改革和创新提高财政支出的效率和质量。

财政平衡与赤字理论：财政平衡与赤字是政府财政活动中的重要问题，也是财政学研究的核心内容之一。这一领域主要探讨政府财政收支平衡的重要性、赤字的成因及其对经济的影响等问题。具体来说，它研究政府如何在保持财政平衡的同时实现宏观经济调控和社会发展的目标；同时，它还关注赤字对经济增长、通货膨胀和就业等方面的影响，以及如何通过财政政策和货币政策的协调配合来有效地控制赤字规模。

财政政策理论：财政政策是政府调控经济的重要手段之一，也是财政学研究的重要领域之一。这一领域主要研究财政政策的目标、工具、传导机制及政策效果评估等问题。具体来说，它研究政府如何通过调整税收、支出和债务等财政政策工具来实现宏观经济调控和社会发展的目标；同时，它还关注财政政策的传导机制和效果评估，以及如何通过改革和创新提高财政政策的有效性和针对性。

除了以上几个主要领域，财政学的研究范畴还包括政府间财政关系、财政与金融的相互关系、财政与国际贸易的关系等方面。这些领域的研究不仅有助于我们更全面地理解政府财政活动的内涵和外延，还能为政府制定和实施更加全面、协调的财政政策提供重要的理论支持和实践指导。

（三）财政学与其他学科的关系

财政学作为一门交叉学科，与经济学、政治学、社会学等多个学科有着密切的联系和互动。首先，财政学与经济学中的宏观经济学、微观经济学、公共经济学等分支相互渗透、相互影响。宏观经济学为财政学提供了宏观经济调控的理论基础和分析框架；微观经济学则为财政学提供了税收原理、市场失灵等微观层面的理论支持；公共经济学则与财政学共同关注公共资源的配置和公共服务的提供等问题。其次，财政学的研究也涉及政治决策过程、社会资源配置等议题，因此，也与政治学和社会学等领域有着紧密的联系。政治学为财政学提供了政府行为、政治决策等政治层面的分析视角；社会学则为财政学提供了社会结构、社会公平等社会层面的研究背景。这些学科之间的互动和影响使得财政学的研究更加深入、全面和丰富。

二、财政学的基本原则

财政学的基本原则是指导政府财政活动的基本准则和规范。这些原则不仅体现了财政学的基本理念和价值观，还为政府制定和实施财政政策提供了重要的指导思想和行动指南。以下是财政学的几个基本原则：

（一）公平原则

公平原则是财政学的基本原则之一，它要求政府在财政收支活动中应公平对待所有纳税人，避免税收歧视和不公平现象。这一原则体现了社会公平和正义的基本要求，也是现代民主社会的重要特征之一。具体来说，公平原则要求税收负担应根据纳税人的支付能力来分配,以实现税收的横向公平和纵向公平。横向公平是指具有相同支付能力的纳税人应缴纳相同的税收;纵向公平则是指支付能力不同的纳税人应缴纳不同的税收,支付能力越强的人,缴纳的税收越多。同时,公平原则还要求政府通过转移支付等手段实现社会资源的再分配,以保障弱势群体的基本生活和发展权利。

为了实现公平原则,政府需要采取一系列措施。首先,政府需要建立科学、合理的税收制度体系,确保税收负担的公平分配。这包括设置合理的税种和税率、完善税收征管机制等。其次,政府需要加大对弱势群体的扶持力度,通过转移支付等手段提高他们的收入水平和生活质量。最后,政府还需要加大监管和执法力度,打击各种偷税漏税和税收欺诈行为,维护税收的公平性和正义性。

(二) 效率原则

效率原则强调政府在财政活动中应追求经济效率,即以最小的成本实现最大的效益。这一原则体现了市场经济的基本要求,也是政府履行职能的重要目标之一。具体来说,效率原则要求政府在税收征收和财政支出方面优化税制结构、降低征税成本、提高财政支出效率等。优化税制结构可以降低税收对经济活动的扭曲程度,提高市场配置资源的效率;降低征税成本可以减少社会资源的浪费,提高税收征收的效率和质量;提高财政支出效率则可以确保政府资金的有效利用,提高公共服务的水平和质量。

为了实现效率原则,政府需要采取一系列措施。首先,政府需要建立科学、合理的预算制度和支出标准体系,确保财政支出的有效性和针对性。这包括制定明确的预算目标和支出计划、建立科学的绩效评估机制等。其次,政府需要推进税制改革和征收管理创新,降低征税成本和提高征税效率。这包括简化税制、优化税收征收管理流程、推进信息化建设等。最后,政府还需要加大监管和评估力度,及时发现和纠正财政活动中的低效和浪费现象。

(三) 稳定原则

稳定原则要求政府在财政活动中维护宏观经济的稳定。这一原则体现了政府对经济运行的调控和管理职责,也是保障经济持续健康发展的重要条件之一。具体来说,稳定原则要求政府通过调整财政政策和货币政策等手段来影响总需求水平、调节经济增长速度和通货膨胀率等宏观经济指标;同时要求政府具备应对经济周期波动的能力,通过实施反周期财政政策来平滑经济波动、保持经济稳定增长。

为了实现稳定原则,政府需要采取一系列措施。首先,政府需要建立科学、合理的宏观调控体系,确保财政政策与货币政策的协调配合和有效性。这包括制定明确的宏观调控目标和政策工具、建立科学的决策机制和传导机制等。其次,政府需要加大对经济运行的监测和预警力度,及时发现和解决潜在的经济风险和问题。最后,政府还需要采取深化结构性改革和实施创新发展战略等措施来挖掘经济增长的潜力、提高其增长的质量;同时加强国际经济合作和交流来共同应对全球性经济挑战。

（四）法治原则

法治原则要求政府的财政活动必须在法律框架内进行。这一原则体现了现代法治社会的基本要求，也是政府财政活动合法性和规范性的重要保障之一。具体来说，法治原则要求税收的征收、财政支出的安排及财政政策的制定和执行都必须遵循法律规定、确保财政活动的透明度和可预测性；同时要求政府依法保护纳税人的权益、防止滥用财政权力等行为的发生。

为了实现法治原则，政府需要采取一系列措施。首先，政府需要建立完善的财政法规体系，确保各项财政活动有法可依、有章可循；加大对财政法规的宣传和教育力度来提高公众对财政法规的认知和遵守意识。其次，政府需要加大对财政活动的监管和执法力度来维护财政秩序和保障公共利益；加大对违法违规行为的惩处力度来形成有效的威慑机制。最后，政府还需要推进政务公开工作和信息化建设来提高财政活动的透明度和参与度；加大社会监督和舆论监督力度来形成多元化的监督机制。

三、财政学在现代经济体系中的作用

（一）优化资源配置

财政学，作为经济学的一个重要分支，致力于研究如何有效地配置和利用社会资源。在现代经济体系中，资源的配置往往受到市场机制和政府干预的双重影响。而财政学，特别是公共财政学，为我们提供了一种通过税收和财政支出等手段来引导社会资源流向和配置的理论框架。

税收，作为财政学中的核心要素之一，不仅是政府筹集资金的主要手段，更是调节社会经济活动的重要工具。通过调整不同行业、不同产品的税率，政府可以有针对性地鼓励或限制某些产业的发展。例如，对于高新技术产业、绿色环保产业等战略性新兴产业，政府可以通过降低税率、提供税收优惠等措施来降低其运营成本，从而吸引更多的资本和人才流入，推动这些产业的快速发展。相反，对于高污染、高耗能产业，政府则可以通过提高税率、加征环保税等方式来限制其过度扩张，引导社会资源向更加环保、高效的领域转移。

财政支出则是政府直接参与资源配置的另一种重要方式。通过公共投资、政府采购等手段，政府可以直接将资金投入教育、医疗、基础设施等关键领域建设，从而改善社会公共需求，提高社会福利水平。特别是在一些市场机制难以发挥作用的领域，如基础教育、公共卫生等，政府的财政支出更是起到了不可或缺的作用。

除了税收和财政支出，财政学还关注如何通过其他手段来优化资源配置。例如，政府可以通过制定和实施产业政策、区域政策等方式来引导社会资本的流向，推动产业结构的优化和升级。此外，政府还可以通过与企业、社会组织等多元主体的合作，共同构建更加高效、公平的资源配置体系。

（二）调节收入分配

收入分配是社会经济发展的重要环节，直接关系到人民群众的切身利益和社会稳定。财政学在调节收入分配方面发挥着不可替代的作用，即通过税收、社会福利支出等手段，有效地缩小社会贫富差距，提高低收入群体的收入水平，实现社会公平和稳定。

税收是调节收入分配的重要手段之一。实行累进税率制度，即收入越高，税率越高，可以使高收入群体承担较多的税收负担，从而在一定程度上缩小社会贫富差距。同时，对于低收入群体和弱势群体，政府可以通过提供税收减免、补贴等优惠政策，增加其可支配收入，提高其生活水平。这种"提低、扩中、调高"的税收原则，有助于形成橄榄型的收入分配格局，增强社会的稳定性和凝聚力。

社会福利支出也是调节收入分配的重要手段之一。政府通过增加对社会保障、教育、医疗等领域的投入，为低收入群体和弱势群体提供更多的公共服务和社会保障，从而提高其生活质量和福利水平。例如，建立健全的社会保障体系，包括养老保险、医疗保险、失业保险等，可以为广大人民群众提供基本的生活保障，降低其生活风险。同时，加大对教育的投入力度，提高教育质量和覆盖率，可以为低收入家庭的孩子提供更多的教育机会，增强其未来发展的竞争力。

除了税收和社会福利支出，财政学还关注如何通过其他手段来调节收入分配。例如，政府可以通过加强对垄断行业的监管和改革，打破行业壁垒和利润垄断，使更多社会成员能够分享到经济发展的成果。同时，政府还可以通过推动慈善事业发展和社会捐赠等方式，鼓励高收入群体和社会各界人士积极参与社会公益事业，为低收入群体和弱势群体提供更多的帮助和支持。

（三）促进经济增长

财政学在促进经济增长方面扮演着重要的角色。经济增长是一个国家或地区经济总量和人均收入长期持续增加的过程，而财政学能通过制定和实施积极的财政政策来刺激总需求增长，推动经济扩张。

在经济衰退时期，政府可以通过增加公共投资来刺激经济增长。公共投资不仅可以直接增加就业机会，还可以通过改善基础设施、提高教育水平等方式提升国家的长期竞争力。例如，投资交通、能源、通信等基础设施项目，可以降低企业的运营成本，提高市场效率，从而吸引更多的私人投资。同时，投资教育、卫生等领域，可以提升人力资源质量，为经济增长提供持续的动力。

减税也是刺激经济增长的重要手段之一。降低企业和个人的税收负担，可以增加其可支配收入，提高其投资和消费意愿。这有助于扩大总需求，推动经济发展。同时，减税还可以改善企业的盈利状况，鼓励其进行更多的研发和创新活动，从而提升国家的产业竞争力。

除了增加公共投资和减税，财政学还关注如何通过其他手段来促进经济增长。例如，政府可以通过提供出口退税、优惠贷款等政策措施来支持出口导向型企业的发展，从而扩大外需，推动经济增长。同时，政府还可以通过设立产业发展基金、引导社会资本进入新兴产业等方式来培育新的经济增长点。

（四）维护宏观经济稳定

财政学在维护宏观经济稳定方面发挥着关键作用。宏观经济稳定是指一个国家或地区的经济总量保持合理增长，物价水平基本稳定、就业充分、国际收支平衡等。财政学可运用财政政策和货币政策等宏观调控工具来平抑经济周期波动，保持物价稳定和经济增长。

财政政策是政府通过调整税收和财政支出等手段来影响总需求水平，从而实现宏观经济调控目标的一种政策手段。在经济过热时期，政府可以通过增加税收、减少财政支出等方式来抑制总需求过快增长，防止通货膨胀和产生经济泡沫。相反，在经济衰退时期，政府可以通过减税、增加财政支出等手段来刺激总需求增长，推动经济复苏。这种逆周期调节的财政政策思路有助于平抑经济周期波动，保持经济平稳运行。

货币政策是一种中央银行通过调整货币供应量或利率水平来影响经济活动的政策手段。与财政政策相比，货币政策更加灵活且见效较快。因此，在应对短期经济波动时，往往优先考虑货币政策。然而，财政政策和货币政策并非孤立存在，而是需要相互配合和协调使用才能发挥最大效果。例如，在应对通货膨胀时，除了采取紧缩性货币政策，还需要配合实施紧缩性财政政策，以减少政府支出和增加税收收入来进一步抑制总需求增长。

此外，在应对外部经济冲击时，财政学也提供了重要的政策依据和应对策略。例如，在国际金融危机爆发时，许多国家都采取了大规模的财政刺激计划来稳定金融市场和提振经济信心。这些计划包括直接向金融机构注资、提供担保、购买不良资产等来恢复金融市场的流动性；同时，还会通过增加公共投资、减税等措施来刺激实体经济增长和增加就业。这些财政刺激计划的实施对于缓解金融危机带来的冲击和促进经济复苏起到了积极作用。

（五）推动社会进步与发展

财政学不仅在经济领域发挥重要作用，更在推动社会进步与发展方面扮演着关键角色。财政学通过支持教育、卫生、环保等领域的公共支出，致力于提高国民素质和生活质量，同时参与全球治理和国际合作，共同应对全球性挑战，推动人类社会的可持续发展。

在教育领域，财政学的贡献显而易见。教育是国家发展的基石，是提高国民素质和培养创新人才的根本途径。财政学通过优化教育资源配置，确保每个孩子都能享有公平而优质的教育机会。政府能通过加大教育投入，提高教师待遇，改善教学设施，推动教育信息化等方式，不断提升教育质量，为国家的长远发展奠定坚实基础。

在卫生领域，财政学同样发挥着重要作用。健康是人民的幸福之本，是社会的和谐之基。财政学通过支持医疗卫生事业发展，提高人民健康水平，促进社会公平正义。政府可以通过增加医疗卫生投入，完善医疗保障制度，提高基层医疗服务能力等措施，让人民群众享受到更加便捷、高效、优质的医疗服务。

环保领域也是财政学关注的重点之一。面对日益严峻的环境问题,财政学可通过支持环保产业发展,推动绿色技术创新,促进经济结构转型升级。政府可通过设立环保专项资金,实施环保税收优惠政策,引导社会资本投入环保领域等方式,推动形成节约资源和保护环境的空间格局、产业结构、生产方式、生活方式,为子孙后代留下天蓝、地绿、水清的生产生活环境。

此外,在全球治理和国际合作方面,财政学也发挥着积极作用。面对全球性问题如气候变化、贫困等,任何一个国家都无法独善其身。财政学能通过参与国际财经合作与交流,推动全球治理体系改革与完善。政府能通过提供对外援助、参与国际发展合作等方式,共同应对全球性挑战,推动构建人类命运共同体。

第二节 经济学的基础理论与流派

一、微观经济学的基础理论详解

微观经济学,作为经济学的一个重要领域,专注于研究个体经济单位的经济行为和决策过程。这些个体经济单位可以是消费者、企业或其他经济实体。微观经济学通过分析这些个体的经济行为,揭示市场经济体系中的基本规律和机制。以下是微观经济学的一些基础理论的详细解释:

(一) 需求与供给理论

需求与供给理论是微观经济学的基石之一。需求描述了消费者在不同价格水平上愿意并能够购买的商品或服务的数量。这通常用需求曲线来表示,需求曲线向下倾斜,表示价格上升时,消费者愿意购买的数量减少。供给则描述了生产者在不同价格水平上愿意并能够提供的商品或服务的数量。供给曲线通常向上倾斜,表示价格上升时,生产者愿意提供的数量增加。

当市场上的需求和供给相等时,就达到了市场均衡。在均衡状态下,商品或服务的价格被称为均衡价格,对应的数量被称为均衡数量。市场均衡是市场经济体系中的一个重要概念,它解释了市场价格如何形成和变动。需求与供给理论为企业定价、政府调控市场等方面提供了重要的分析框架。

(二) 消费者行为理论

消费者行为理论是微观经济学中研究消费者决策过程的理论。该理论假设消费者是理性的,即在有限的收入下追求效用最大化。效用是消费者对商品或服务满足其需求的程度的衡量。通过构建效用函数和预算约束,消费者行为理论分析了消费者在不同商品之间的选择行为，以及价格变化对消费者购买行为的影响。

消费者行为理论的一个重要应用是需求曲线的推导。通过分析消费者在不同价格水平上的最优购买决策，可以得到商品的需求曲线。此外，消费者行为理论还为企业制定产品定位、价格策略、市场策略等提供了重要依据。同时，政府也可利用消费者行为理论来制定消费政策，以引导消费者做出更符合社会利益的选择。

（三）生产者行为理论

生产者行为理论是微观经济学中研究企业决策过程的理论。该理论假设企业是追求利润最大化的经济实体。利润是企业总收入与总成本之间的差额。通过构建生产函数和成本函数，生产者行为理论分析了企业在不同生产要素之间的配置行为，以及市场价格变化对企业生产行为的影响。

生产函数描述了企业如何将生产要素转化为产出。成本函数则描述了企业在不同产出水平上的成本。通过分析生产函数和成本函数，企业可以确定最优的生产计划和要素配置。市场价格的变化会影响企业的生产成本和销售收入，从而影响企业的利润和生产决策。生产者行为理论为企业制订生产计划、配置要素、制定价格策略等提供了重要依据。同时，政府也可以利用生产者行为理论来制定产业政策，以促进企业的发展和创新。

（四）市场结构理论

市场结构理论是微观经济学中研究不同市场结构下企业竞争行为和市场绩效的理论。市场结构是指企业的数量和规模、企业之间的合作程度、产品品质的差异程度等因素决定的市场竞争格局。将这些因素进行不同组合，可将市场分为完全竞争市场、垄断竞争市场、寡头垄断市场和完全垄断市场四种类型。

在完全竞争市场下，企业数量众多且产品无差异，每个企业都是价格接受者。在垄断竞争市场下，许多企业提供相似但不完全相同的产品或服务。在寡头垄断市场下，少数几个大企业控制着大部分市场份额且产品可能存在一定差异。在完全垄断市场下，只有一个企业提供全部产品或服务且没有替代品存在。

不同类型的市场结构下企业的竞争策略和市场绩效会有所不同。例如，在完全竞争市场下企业只能被动接受市场价格并实现零利润；而在完全垄断市场下企业可以通过控制产量和价格来实现超额利润。市场结构理论为分析不同行业的竞争状况和政府制定反垄断政策提供了重要依据。政府可以通过制定反垄断政策来限制垄断企业的行为、促进市场竞争、保护消费者权益等。

二、宏观经济学的基础理论详解

宏观经济学是经济学的另一个核心分支，它关注整体经济现象和运行规律。与微观经济学关注个体经济单位不同，宏观经济学着眼于国民经济的总体表现和发展趋势。以下是对宏观经济学的一些基础理论的详细解释：

（一）国民收入决定理论

国民收入决定理论主要研究一国在一定时期内生产的全部最终产品和劳务的市场价值总和的决定因素。国民收入是衡量一个国家经济活动的重要指标之一。它由消费、投资、政府购买和净出口四个部分组成。这四个部分构成了国民收入恒等式：$GDP = C+I+G+NX$（其中，GDP 表示国内生产总值，C 表示消费，I 表示投资，G 表示政府购买，NX 表示净出口）。

构建国民收入恒等式和乘数效应模型等分析工具，可以深入探究不同因素对国民收入的影响程度和机制。例如，消费的增加会带动国民收入的增长；而投资的增加则通过乘数效应进一步放大对国民收入的贡献。政府购买和净出口同样对国民收入产生重要影响。政府购买的增加会直接提升总需求水平；而净出口的变化则反映了国际贸易对国内经济的影响。

国民收入决定理论不仅揭示了经济增长的内在机制，还为政府制定经济增长政策和财政政策提供了重要依据。政府可以通过调整税收政策、支出政策等手段来影响消费、投资和净出口等因素，进而调控国民收入的增长速度和方向。

（二）就业与失业理论

就业与失业理论是宏观经济学中研究劳动力市场供求状况和失业原因及影响的理论。就业是指劳动力市场中劳动力被雇用的状态；而失业则是指劳动力市场中劳动力未被雇用且正在积极寻找工作的状态。就业与失业水平是衡量一个国家经济健康状况的重要指标之一。

就业与失业理论主要关注劳动力市场的供求平衡情况。当劳动力供给大于需求时，就会出现失业现象；而当劳动力需求大于供给时，则可能出现劳动力短缺现象。失业的原因是多种多样的，包括经济周期波动、产业结构调整、自动化技术普及等。失业对个人和社会都会带来负面影响，如收入减少、消费下降、社会不稳定等。

为了应对失业问题，政府需要制定有效的就业政策和劳动力市场政策。这些政策包括提供职业培训、鼓励创业创新、改善劳动法规等。同时，政府还需要关注经济周期波动和产业结构调整等宏观因素，通过宏观调控手段来稳定经济增长和就业水平。

（三）通货膨胀与通货紧缩理论

通货膨胀与通货紧缩理论是宏观经济学中研究物价水平持续上涨或下跌现象及其原因和影响的理论。通货膨胀是指物价水平普遍持续上涨的现象；而通货紧缩是指物价水平普遍持续下跌的现象。物价水平是衡量一个国家货币价值和经济稳定状况的重要指标之一。

通货膨胀的原因是多种多样的，包括货币供给过多、需求过旺、成本推动等。通货膨胀对经济的影响也是多方面的。通货膨胀会降低货币的实际购买力，导致消费者购买力下降和企业成本上升。通货膨胀还可能引发社会不满和不稳定因素。为了应对通货膨胀问题，政府需要采取紧缩性货币政策和财政政策等来限制货币供给和降低总需求水平。

与通货膨胀相反的是通货紧缩现象。通货紧缩的原因可能包括货币供给不足、需求不足等。通货紧缩对经济的影响同样不容忽视。通货紧缩会提高货币的实际购买力，但也可能导致消费者推迟消费和企业减少投资等。通货紧缩还可能加剧经济衰退和失业问题。为了应对通货紧缩问题，政府需要采取扩张性货币政策和财政政策等来增加货币供给和刺激总需求增长。

（四）经济周期理论

经济周期理论是宏观经济学中研究经济活动中出现的周期性波动现象及其原因和影响的理论。经济周期是指经济活动总体水平在一段时间内出现周期性波动的现象。这种波动通常表现为经济增长率的上升和下降交替出现。经济周期的长度和幅度因国家和地区而异，但通常包括繁荣、衰退、萧条和复苏四个阶段。

产生经济周期的原因是多种多样的，包括外部冲击、政策调整、投资波动等。经济周期对经济的影响也是多方面的。一方面，经济周期会影响企业和个人的预期和决策行为。在经济繁荣期企业倾向于扩大生产和投资；而在经济衰退期企业则可能采取保守策略。另一方面，经济周期还可能引发社会不稳定因素和金融风险等。为了应对经济周期问题，政府需要采取反周期政策和宏观调控政策等来稳定经济增长和就业水平。这些政策可能包括财政政策调整、货币政策调整及结构性改革等。

（五）经济增长理论

经济增长理论是宏观经济学中研究一国或地区生产能力长期增长趋势及其原因和影响的理论。经济增长是指一个国家或地区在一定时期内生产能力的持续增加。这种增加通常表现为国内生产总值或人均国内生产总值的持续增长。经济增长是衡量一个国家或地区经济发展水平和发展潜力的重要指标之一。

经济增长的原因是多种多样的，包括技术进步、资本积累、劳动力增加等。技术进步是推动经济增长的关键因素之一。通过技术创新和研发活动，企业可以提高生产效率、降低成本并开发新产品和服务。资本积累也是促进经济增长的重要因素之一。通过投资活动，企业可以扩大生产规模、提升生产能力并创造更多的就业机会。劳动力增加则为经济增长提供了必要的人力资源支持。然而，经济增长也受到多种因素的制约和挑战，如资源短缺、环境压力、社会不平等等问题。为了应对这些挑战并实现可持续的经济增长，政府需要制定长期发展战略和产业政策来支持和引导企业和个人的发展和创新活动。这些政策可能包括提供研发资金支持、优化投资环境、加强教育培训等。同时，政府还需要关注社会公平和环境保护等方面的问题，以实现经济、社会和环境的协调发展。

三、发展经济学与新兴市场经济理论

发展经济学与新兴市场经济理论，两者虽有区别，但都在探讨如何推动经济的持续、稳定增长。发展经济学更多地关注发展中国家如何实现经济起飞和现代化,而新兴市场经济理论侧重于研究新兴市场经济体在转型和发展过程中面临的经济问题和挑战。

(一) 贫困与不平等问题

贫困与不平等,这两个词汇背后所代表的问题,是发展经济学和新兴市场经济理论关心的焦点。在发展中国家和新兴市场经济体中,贫困和不平等往往如影随形,成为阻碍经济发展和社会稳定的顽疾。

发展经济学认为,贫困不仅是收入低下的问题,更是能反映社会、文化和政治等方面状况的一种现象。它涉及教育、卫生、就业等多个领域,需要政府和社会各界共同努力,通过制定有效的反贫困政策和促进社会公平来缓解。教育是提高个人能力和打破贫困代际传递的重要途径,而良好的卫生条件则是保障人民健康、提高劳动力素质的基础。

新兴市场经济理论在面对贫困与不平等问题时,更多地从市场机制和制度变革的角度进行思考。它认为,不完善的市场机制和制度是导致贫困和不平等的重要原因之一。因此,需要通过改革和创新来完善市场机制、优化资源配置、提高生产效率,从而推动经济的持续增长和减少贫困。

(二) 产业结构升级与经济发展

产业结构升级与经济发展是紧密相连的。发展经济学和新兴市场经济理论都认为,产业结构升级是实现经济发展的关键途径之一。随着科技的进步和经济全球化的深入发展,传统的产业结构已经难以适应新的经济形势和发展需求。因此,需要通过技术创新、产业升级等方式来提高生产效率和竞争力,推动经济向更高水平发展。

在这个过程中,政府的作用不可忽视。政府需要制定科学的产业政策,支持和引导企业进行技术创新和产业升级。同时,还需要加强基础设施建设、提高劳动力素质、优化营商环境等,为产业结构升级和经济发展提供良好的外部条件。

(三) 经济全球化与经济发展

经济全球化是当今世界经济发展的重要趋势之一。发展经济学和新兴市场经济理论都认为,经济全球化是推动经济发展的重要力量之一,但同时也带来了一些挑战和风险。经济全球化促进了贸易和投资的自由化、便利化,使各国经济更紧密地联系在一起。这为发展中国家和新兴市场经济体提供了更多的发展机遇和空间,但也带来了市场竞争加剧、经济波动增大等挑战。

因此,发展中国家和新兴市场经济体需要在积极参与经济全球化的同时,加强国内政策协调和风险管理。一方面,要充分利用经济全球化的机遇和优势来推动经济发展。另一方面,要加强宏观调控和政策协调来应对外部冲击和风险挑战;同时,还要加强国际合作和交流来共同应对全球性经济问题。

（四）制度变革与经济发展

制度变革与经济发展是新兴市场经济理论特别关注的问题之一。制度是影响经济发展的重要因素之一。一个好的制度可以激发人们的积极性和创造力，促进资源的优化配置和经济的持续增长；而一个差的制度则可能导致资源浪费、效率低下甚至社会动荡。

因此，新兴市场经济理论认为制度变革是实现经济发展的关键途径之一。这需要通过改革政治、经济、社会等方面的制度来提高治理效率和促进市场机制的完善。具体来说就是要通过加强法治建设、优化政府服务、推进市场化改革等方面的工作，来推动制度变革和经济发展。在这个过程中政府的作用至关重要，需要充分发挥其在推动制度变革和经济发展中的引导和推动作用。

四、经济学的主要流派及其观点

经济学在发展过程中形成了许多不同的流派，这些流派在探讨经济问题时有着不同的侧重点和分析方法。以下是一些主要的经济学流派及其观点：

（一）古典经济学派

古典经济学派是经济学发展史上最早的流派之一，其代表人物有亚当·斯密、大卫·李嘉图等。该流派主张自由放任的经济政策，认为市场机制能够自动调节经济运行并实现资源的最优配置。古典经济学派强调了劳动价值论和分工理论在经济发展中的重要作用，认为劳动是创造价值的源泉，而分工则可以提高生产效率并促进经济增长。

古典经济学派对政府干预持谨慎态度，认为政府应该扮演"守夜人"的角色，主要负责维护社会秩序和提供基本的公共服务。在税收政策方面，古典经济学派主张轻税政策，认为高税收会抑制人们的积极性和创造力，不利于经济的增长和发展。

（二）凯恩斯主义经济学派

凯恩斯主义经济学派是 20 世纪 30 年代后兴起的一个经济学流派，其代表人物有约翰·梅纳德·凯恩斯等。该流派主张国家干预经济运行，通过财政政策和货币政策来刺激总需求并实现充分就业。凯恩斯主义经济学派认为，有效需求不足是导致经济衰退和失业的主要原因之一，因此，需要通过扩张性的财政政策和货币政策来增加总需求并促进经济增长。

凯恩斯主义经济学派对政府干预持积极态度，认为政府应该在经济运行中发挥重要作用。在财政政策方面，凯恩斯主义经济学派主张采取赤字财政政策来刺激经济增长和就业；在货币政策方面，则主张通过降低利率和增加货币供应量来刺激投资和消费。

（三）货币主义经济学派

货币主义经济学派是 20 世纪 50 年代后兴起的一个经济学流派，其代表人物有米尔顿

·弗里德曼等。该流派认为财政政策对经济增长的作用有限。货币主义经济学派强调了货币数量论和价格水平稳定的重要性,认为通货膨胀是一种货币现象,是货币供应量过多导致的。

货币主义经济学派对政府干预持谨慎态度,认为政府应该主要关注货币政策的制定和执行。在财政政策方面,货币主义经济学派主张采取紧缩性的财政政策来控制通货膨胀;在货币政策方面,则主张通过控制货币供应量来稳定物价和促进经济增长。

(四) 供给学派

供给学派是20世纪70年代兴起的一个经济学流派,其代表人物有阿瑟·拉弗等。该流派主张通过减税、减少政府干预等方式来刺激供给并促进经济增长。供给学派经济学认为供给因素对经济增长具有决定性作用,而市场机制在资源配置中起着基础性作用。因此,应该通过减税等措施来激励企业和个人的生产和创新活动;同时,减少政府的干预和管制来释放市场的活力和创造力。

供给学派对政府干预持谨慎态度,认为政府应该主要关注市场机制的完善和市场环境的优化。在税收政策方面,供给学派主张降低税率和简化税制来刺激经济增长;在政府支出方面,则主张减少不必要的政府支出来提高财政效率。

(五) 新自由主义经济学派

新自由主义经济学派产生于20世纪20—30年代,70年代末以来,它一直在经济学中占据主导地位,其代表人物有哈耶克等。该流派主张恢复古典自由主义的经济思想,强调市场机制和私有产权在经济发展中的基础性作用;反对国家过度干预经济运行。新自由主义经济学派认为市场机制和价格机制在资源配置中起着决定性作用;而私有产权是保障个人自由和经济效率的重要基础。

新自由主义经济学派对政府干预持批评态度,认为政府干预会破坏市场机制和价格机制的作用;同时也会导致资源浪费和效率低下等问题。因此,新自由主义经济学派主张限制政府的权力和干预范围;保障个人的自由和经济权利;推动市场化改革和私有化进程来促进经济增长和发展。

第三节 财政与经济的关系辨析

一、财政政策与经济增长的关系

(一) 财政政策对经济增长的直接影响

财政政策,作为国家宏观调控的重要工具,其实施的力度和方向会对经济增长的速度和质量产生直接且深远的影响。在经济面临衰退或下行压力的情况下，政府有能力也有责任通过积极的财政政策措施来刺激经济增长。这些措施包括且不限于扩大公共支出、减税降费等，旨在增加总需求，为经济注入活力。公共支出的增加可以带动基础设施建设、公共服务提升等多个领域的投资，从而创造更多的就业机会和消费需求。减税降费则可以减轻企业和个人的负担，增加其可支配收入，激发市场主体的活力。

反之，当经济出现过热或通胀压力时，政府需要采取紧缩财政政策来控制总需求，稳定经济增长。通过减少政府支出、增加税收等手段，可以抑制过度消费和投资，降低通货膨胀率，保持经济的平稳运行。这种灵活调整财政政策的做法体现了政府对经济运行的精准调控能力。

（二）财政政策通过优化资源配置促进经济增长

除了直接影响总需求，财政政策在优化资源配置方面也发挥着重要作用。政府可以通过投资、补贴、税收等手段来引导社会资本和资源的流向，以支持新兴产业、区域发展和创新活动等。这种政策导向有助于促进经济结构的优化升级，实现经济增长动力从投入驱动型向创新驱动型转变。例如，政府可以通过对新兴产业的扶持和税收优惠，吸引更多的资本和人才投入其中，推动技术创新和产业升级。

（三）财政政策对经济增长的间接影响

财政政策还可以通过改善民生、提高社会福利等间接方式来促进经济增长。政府在教育、医疗、社保等公共服务领域的投入，不仅可以提高人民群众的生活水平和社会福利水平，还可以提升人力资本素质和劳动力生产率。教育投入的提高可以促进人力资源的开发和培养，为经济增长提供源源不断的人才支持；医疗和社保的投入则可以保障人民群众的身体健康和社会稳定，为经济增长创造良好的社会环境。这些间接影响虽然不像直接影响那样直接作用于经济增长的速度和质量，但它们是经济可持续性增长的重要支撑。

（四）财政政策的稳定作用与经济增长

财政政策的稳定性对于经济增长至关重要。如果财政政策频繁调整或缺乏连续性，将会给市场带来不确定性预期，影响企业和个人的投资和消费决策，从而制约经济增长。因此，政府需要建立科学的财政预算制度、合理的债务管理及有效的风险防范机制等来保持财政政策的连续性和稳定性。这些措施有助于为经济持续增长提供良好的宏观环境，增强市场主体的信心和预期稳定性。

二、财政收入与经济发展的相互影响

（一）财政收入是经济发展的重要支撑

财政收入作为政府履行职责和提供公共服务的重要资金来源，在经济发展中发挥着不可替代的作用。随着经济的发展和税收制度的完善,财政收入不断增加,为政府投资基础设施建设、教育医疗等公共事业提供了有力保障。这些公共服务和基础设施的建设不仅改善了人民群众的生活条件,还提高了整个社会的运行效率和挖掘了其发展潜力。同时,财政收入的增加也为政府实施更加积极的财政政策提供了空间,进一步促进了经济的发展。

(二)经济发展是财政收入增长的基石

经济发展水平是决定财政收入规模和增长速度的根本因素。随着经济的繁荣和企业效益的提升,税收基数不断扩大,财政收入相应增加。同时,新兴产业的崛起和区域经济的发展也为财政收入提供了新的增长点。这些新兴产业和区域经济往往具有较高的税收贡献率和较大的增长潜力,成为财政收入的重要来源之一。因此,经济发展是财政收入增长的基石和动力源泉。

(三)财政收入结构优化推动经济发展

财政收入的结构变化反映了经济结构的调整和转型方向。政府可以通过优化税收结构、减轻企业负担等措施来促进产业升级和区域均衡发展。例如,减小对污染重、耗能高的行业的税收优惠力度,同时加大对高新技术产业、绿色环保产业等新兴产业的扶持力度,引导资本和资源向更加高效、环保的领域流动。这种财政收入结构的优化有助于推动经济实现更高质量的发展,提高经济增长的可持续性。

(四)财政收入与经济发展的良性互动

合理的财政收入水平能够满足公共支出需求并保持适度财政盈余,为经济稳定增长提供有力保障。同时,经济的发展又为财政收入的增加创造了条件,形成了财政收入与经济发展之间的良性互动关系。这种互动关系体现在两个方面:一方面,随着经济的发展和繁荣,企业和个人的收入水平提高,税收基数扩大,使财政收入增加;另一方面,财政收入的增加又为政府提供了更多的资金来支持经济发展和社会事业建设,进一步促进经济的繁荣和进步。这种良性互动是经济持续健康发展的重要保障。

(五)财政收入分配对经济发展的影响

财政收入分配的公平性和效率性对经济发展具有重要影响。合理的财政分配能够缩小贫富差距,促进社会公平正义,激发社会活力和创新力。运用税收调节、社会保障等手段实现财政收入的公平分配,可以减少社会矛盾和不稳定因素,为经济发展创造和谐稳定的社会环境。同时,提高财政分配的效率也是促进经济发展的重要手段。优化财政支出结构、提高资金使用效率等,可以确保有限的财政资金用在"刀刃"上,以发挥出最大的经济效益和社会效益。反之,财政收入分配的失衡则可能引发社会矛盾激化、消费投资需求不足等问题,制约经济的持续健康发展。因此,政府需要高度重视财政收入分配的公平性和效率性问题,采取切实有效的措施。

三、财政支出对经济结构调整的作用

(一) 财政支出支持产业结构升级

在现代经济发展中,产业结构升级是推动经济增长、提升国际竞争力的关键。财政支出作为一种重要的宏观调控手段,对产业结构升级有着重要的推动作用。政府通过增加对新兴产业、绿色经济等领域的财政支出,可以有效引导社会资本流向,促进这些领域的快速发展。这不仅有助于培育新的经济增长点,还能带动传统产业转型升级,推动整个产业结构的优化和升级。

具体来说,政府可以通过设立产业发展基金、提供财政补贴、实施税收优惠等措施,加大对新兴产业和绿色经济的支持力度。这些政策措施可以降低新兴产业的创业风险和市场开拓成本,提高其市场竞争力,从而吸引更多的社会资本投入。同时,政府还可以通过采购创新产品和服务、推动产学研合作等方式,加强对创新活动的支持,推动科技成果的转化和产业化。这些举措有助于提高经济的整体创新能力和竞争力,推动产业结构向更高层次迈进。

(二) 财政支出引导区域均衡发展

区域发展不平衡是我国经济发展中面临的一个重要问题。针对这一问题,财政支出可以发挥重要的引导作用。政府可以通过差别化的财政支出政策,加大对欠发达地区的扶持力度,支持这些地区的基础设施建设、产业发展等。这不仅可以改善欠发达地区的经济发展条件,还可以引导资本和资源向这些地区流动,促进区域经济的协调发展。

在实践中,政府可以通过设立区域发展基金、实施转移支付等措施,增加对欠发达地区的财政投入。同时,还可以根据各地区的资源禀赋和发展优势,制定差异化的产业政策和发展规划,引导各地区形成错位竞争、协调发展的格局。此外,政府还可以通过加强跨区域合作、推动资源共享等方式,促进区域间的经济联系和互动发展。这些举措有助于缩小区域发展差距,推动形成全面开放、协同共进的区域发展新格局。

(三) 财政支出促进社会事业全面进步

教育、医疗、社保等社会事业是经济发展的重要基石,也是提高人民生活水平、促进社会和谐稳定的重要保障。财政支出在这些领域的投入,不仅可以直接提升公共服务的水平和均等化程度,还可以提高人力资本素质和社会福利水平,为经济增长提供强大的内生动力。

具体来说,政府可以通过加大对教育的投入力度,提高教育质量和覆盖率,为经济发展提供充足的人力资源支持。同时,完善医疗保障体系、提高医疗服务水平等措施,可以提升人民的健康水平和生活质量。此外,加强社会保障体系建设、提高社保待遇水平等措施,可以增强人民的安全感和幸福感,促进社会和谐稳定。这些举措有助于提升社会的整体福利水平和发展潜力，为经济持续健康发展奠定坚实基础。

（四）财政支出与财政收入的协调配合

在制定财政支出政策时，需要充分考虑财政收入状况和可持续性。一方面，要确保财政支出的规模和结构与经济发展需求和财政承受能力相适应；另一方面，要保持财政政策的连续性和稳定性，避免过度调整对经济造成不利影响。因此，在制定和实施财政支出政策时，需要加强与财政收入的协调配合。

具体来说，政府可以通过优化税制结构、提高税收征管效率等措施，增加财政收入来源；也可以通过加强预算管理、优化支出结构等方式提高财政资金使用效率。在制定财政支出政策时还需要充分考虑经济发展阶段、社会民生需求及国际环境等因素的影响；在实施过程中需要加强监管和评估工作，确保政策措施的有效性和可持续性。采用这些举措可以保持财政政策的稳健性和连续性，为经济结构调整提供良好的政策支持。

（五）财政支出的绩效评估与监管

为了提高财政资金的使用效率和社会效益，需要建立完善的财政支出绩效评估体系。该体系可以对财政支出的效果进行科学评估和有效监管，从而为政策调整和优化提供依据。同时，加强财政支出透明度建设和公众参与监督，也是保障财政资金安全性和规范性使用的重要途径。

具体来说，政府可以制定明确的绩效评估指标和方法体系对各项财政支出进行全面客观的评价；也可以通过引入第三方评估机构、加强社会监督等方式，提高评估结果的公正性和可信度。此外，建立健全的信息公开制度和问责机制，也是提高透明度和加强监督的重要手段。这些举措可以确保财政资金的安全性和有效性，以及推动经济结构调整和转型升级的顺利进行。

四、财政政策与货币政策的协调与配合

在现代宏观经济调控中，财政政策和货币政策是两个最重要的政策工具。它们通过不同的传导机制影响经济，各自具有独特的优势和作用范围。然而，要实现经济的稳定和持续发展，必须确保这两大政策之间的协调与配合。

（一）政策目标的协调

财政政策和货币政策在宏观经济调控中各有侧重，但两者的最终目标应该是一致的，即维护经济的稳定、促进经济增长和充分就业。因此，在制定和实施政策时，双方需要就政策目标进行深入沟通和协调。财政政策可以更加注重调控经济结构和收入分配，通过调整政府支出和税收来影响总需求；而货币政策可以更加注重调控总量，通过调整货币供应量和利率来调控通货膨胀和经济周期。双方应在政策目标上达成共识，确保各自的政策措施能够相互配合，形成合力。

（二）政策工具的协调

财政政策和货币政策在实施过程中需要运用各自的政策工具。财政政策主要通过调整政府支出、税收和国债等手段来影响经济；而货币政策主要通过调整法定存款准备金率、利率和汇率等工具来调控经济。在政策实施过程中，双方需要密切关注经济运行状况和市场反应，根据需要及时调整政策工具的使用力度和方向。例如，在经济过热时，货币政策可以通过提高利率和减少货币供应量来抑制通货膨胀；而财政政策可以通过减少政府支出和增加税收来进一步控制总需求。这种协调配合可以确保政策措施的有效性，避免政策冲突或政策效力相互抵消。

（三）政策传导机制的协调

财政政策和货币政策通过不同的传导机制影响经济。财政政策主要通过财政支出和税收变化影响企业和个人的经济活动；而货币政策则主要通过金融市场和信贷渠道影响实体经济。在政策实施过程中，双方需要关注各自的传导机制是否畅通有效，并就存在的问题进行及时沟通和协调解决。例如，如果货币政策的传导机制受阻，那么即使调整利率和货币供应量，也可能无法达到预期的政策效果。此时，财政政策可以通过调整政府支出和税收来弥补货币政策的不足，确保政策措施能够真正落地生效。

（四）国际经济环境的考量

在经济全球化背景下，各国的财政政策和货币政策都会受到国际经济环境的影响。主要经济体的政策动向、国际贸易和资本流动等因素都可能对国内经济产生重要影响。因此，在制定和实施政策时，需要密切关注国际经济形势变化和主要经济体的政策动向。同时，加强国际政策协调与合作也是非常重要的。

与其他国家进行沟通和协调，各国可以共同应对全球性经济挑战，如气候变化、国际金融危机等。这种国际的政策协调与合作有助于维护全球经济的稳定和可持续发展，从而为各国创造更加良好的外部发展环境。在此基础上，各国可以更有效地运用财政政策和货币政策等宏观调控手段，推动国内经济的结构调整和转型升级，实现经济的长期健康发展。

五、经济全球化背景下财政经济政策的挑战与机遇

（一）全球经济一体化带来的挑战

随着全球经济一体化的浪潮不断推进，各国之间的经济联系日益紧密，相互依存的程度也在不断加深。这种趋势无疑为世界经济的发展带来了巨大的机遇，但同时也伴随着一系列严峻的挑战。在全球经济一体化的背景下，任何一个国家的经济波动都可能对其他国家产生深远的影响，甚至引发全球性的经济危机。因此，各国在制定和实施财政经济政策

时，必须摒弃过去那种孤立、片面的观念，充分考虑国际因素的影响和制约。

全球经济一体化要求各国在财政经济政策上加强协调与合作。由于各国之间的经济相互依存度逐步提升，一国的财政经济政策往往会对其他国家产生溢出效应。如果各国在财政经济政策上缺乏协调，就可能导致政策效力相互抵消，甚至引发国际经济摩擦和冲突。因此，各国需要通过加强国际政策协调与合作，共同维护全球经济的稳定和发展。这种协调与合作可以体现在多个层面，如货币政策、贸易政策、投资政策等。通过加强这些领域的政策协调，各国可以更好地应对全球经济一体化带来的挑战。

此外，全球经济一体化还要求各国积极参与全球经济治理。随着全球经济一体化的深入发展，全球经济治理体系也需要不断完善和适应新的形势。各国需要积极参与全球经济治理体系的建设和改革，共同推动全球经济的可持续发展。这包括加强国际经济组织的作用、推动全球贸易和投资自由化与便利化、加强国际金融监管等。通过这些措施，各国可以更好地应对全球经济一体化带来的挑战，实现共同发展和繁荣。

（二）国际贸易与投资环境的变化

国际贸易与投资环境一直处于不断的变化之中，这种变化对各国财政经济政策产生了深远的影响。近年来，贸易保护主义的抬头成为全球贸易领域的一大挑战。一些国家为了维护自身利益，采取了一系列贸易保护措施，如提高关税、设置非关税壁垒等。这些措施不仅阻碍了全球贸易的自由化进程，还对全球经济增长产生了负面影响。因此，各国需要密切关注贸易保护主义的动态，加强国际贸易合作与交流，共同推动全球贸易的自由化和便利化。

同时，全球价值链的重构也为各国带来了新的机遇和挑战。随着科技的进步和经济全球化的深入发展，全球价值链不断向纵深发展，各国在全球价值链中的地位和作用也在发生变化。一些国家通过技术创新和产业升级，成功攀升至全球价值链的高端环节；而另一些国家则面临被边缘化的风险。因此，各国需要加强对全球价值链的研究与分析，明确自身在全球价值链中的定位和发展方向，积极调整产业结构和贸易结构，以适应全球价值链的重构趋势。

此外，国际投资环境的变化也对各国财政经济政策产生了重要影响。随着全球经济的复苏和增长，国际投资活动逐渐活跃起来。一些新兴市场和发展中国家成为国际投资的热点地区。然而，国际投资环境的变化也带来了一系列风险和挑战，如资本流动波动、汇率风险、政治风险等。因此，各国需要加强对国际投资环境的监测与分析，完善相关法律法规和政策措施，以吸引外资并促进本国经济的稳定发展。

（三）科技创新与产业升级的机遇

在经济全球化的背景下，科技创新和产业升级成为推动经济持续发展的根本动力。随着科技的不断进步和创新，新兴产业和新技术不断涌现，为各国经济发展提供了新的增长点。同时，经济全球化和国际市场的竞争也推动了各国产业的升级和转型。在这个过程中，各国可以充分利用国际资源和市场优势，加强科技创新合作与交流，共同推动产业升级和全球价值链的地位提升。

一方面，科技创新为各国经济发展提供了新的机遇。通过加强科技研发投入、培养创新人才、推动科技成果转化等措施，各国可以加快科技创新步伐，培育新兴产业和新技术，提高经济增长的质量和效益。同时，科技创新还可以推动传统产业的改造和升级，提高产业附加值和竞争力。

另一方面，产业升级也为各国经济发展带来了新的动力。在经济全球化和国际市场竞争的推动下，各国需要不断调整产业结构和发展方向，以适应国际市场需求的变化。通过加强产业合作与交流、推动产业转移和承接、培育新兴产业集群等措施，各国可以加快产业升级步伐，提高产业的整体素质和竞争力。

（四）国际金融市场的波动与风险

国际金融市场的波动和风险对各国财政经济政策产生了深刻的影响。随着金融全球化的加速发展，各国金融市场之间的联系日益紧密，金融风险的传播速度在不断加快，其影响范围也在不断扩大。金融危机的频发和国际资本流动的加剧使金融市场变得更加复杂和不确定。这些复杂性和不确定性影响了各国经济的稳定增长，对全球经济的稳定与发展构成了威胁。

因此，各国需要强化对国际金融市场的监管及加强国际合作，建立健全风险防范和应对机制。一方面，各国需要完善自身的金融监管体系，加大对金融机构和金融市场的监管力度，防止金融风险的发生和传播。另一方面，各国需要加强国际合作与交流，共同应对国际金融市场的波动和风险。通过加强信息共享、政策协调、危机管理等方面的合作，各国可以更好地应对国际金融市场的挑战。

（五）全球性公共问题的应对

当前，全球性公共问题日益凸显，如气候变化、环境污染、贫困与不平等、跨国犯罪等。这些问题不仅对各国经济发展产生了负面影响，也对全球稳定和可持续发展构成了威胁。因此，各国需要积极承担国际责任和义务，通过制定和实施相关财政经济政策来应对这些全球性挑战。

各国需要加强对全球性公共问题的研究与分析，明确问题的性质、原因和影响。通过科学研究和分析，各国可以更好地了解全球性公共问题的本质和规律，为制定有效的政策措施提供科学依据。各国还需要制定和实施相关财政经济政策来应对全球性公共问题。例如，针对气候变化和环境污染问题，各国可采取节能减排、绿色发展等措施；针对贫困与不平等问题，各国可采取减贫政策、促进社会公平等措施；针对跨国犯罪问题，各国可加强合作与交流，共同打击跨国犯罪活动等。

同时，加强国际合作与交流也是解决全球性公共问题的重要途径之一。全球性公共问题具有跨国性和复杂性等特点，需要各国共同应对。通过加强国际合作与交流，各国可以通过分享经验、互相学习、共同研究解决方案等措施，来应对全球性公共问题。这种合作与交流可以体现在多个层面和领域，如政府间合作、国际组织合作、民间交流等。通过这些合作与交流活动，各国可以更好地了解彼此的情况和需求，为共同应对全球性公共问题提供有力支持。

第三章 财政政策理论与实践

第一节 财政政策的目标与工具

一、财政政策的主要目标

财政政策，作为国家宏观经济调控的关键手段，其目标既具有多元性，又呈现出层次性。在深入分析后，我们可将财政政策的主要目标概括为以下三个核心方面：

（一）经济增长

经济增长，无疑是财政政策的首要目标。经济增长的重要性不言而喻，它既是国家整体经济实力提升的体现，也是解决诸多社会问题的物质基础。通过精心策划和实施财政政策，政府能够刺激总需求，进而提高就业水平，优化产业结构，并推动技术进步。这一系列连锁反应将为实现经济的持续、稳定增长奠定坚实基础。

经济增长的实现，不仅依赖于财政政策的短期刺激效应，更需要考虑其长期效应。因此，政府在制定财政政策时，应注重其与产业政策、科技政策等的协调配合，共同推动经济的高质量发展。此外，还需要关注经济增长的结构性问题，确保经济增长的可持续性和包容性。

（二）物价稳定

物价稳定，是财政政策的另一个重要目标。物价的稳定与否直接影响经济运行的平稳性和人们的日常生活。无论是通货膨胀还是通货紧缩，都会对经济运行产生不利影响。通货膨胀会导致货币贬值，购买力下降，进而影响人们的消费和投资行为；而通货紧缩会导致市场需求不足，企业生产经营困难，进而影响就业和经济增长。

因此，政府需要通过财政政策来调控物价水平，保持物价的基本稳定。这既可以通过调整货币政策来实现，也可以通过直接干预市场价格来达成。但无论采取哪种方式，都需要确保政策的合理性和有效性，避免对市场机制造成过度干扰。

（三）社会公平与收入合理分配

社会公平与收入合理分配也很重要。财政政策作为调节社会收入分配的重要手段，对于实现社会公平具有不可替代的作用。政府需要通过税收政策、社会保障政策等手段，调节社会收入分配，缩小贫富差距，防止社会财富过度集中。

实现社会公平不仅有利于维护社会稳定和激发社会活力，还能够促进经济持续发展。因为公平的收入分配能够确保每个人都有机会分享经济增长的成果，从而提高人们的消费能力和生活水平。公平的收入分配有助于实现经济发展和社会和谐，这将进一步刺激市场需求，推动企业扩大生产规模和增加创新投入，最终实现经济的良性循环。

二、实现财政政策目标的工具与手段

为实现上述财政政策目标，政府可以运用多种工具与手段。这些工具与手段各具特点，相互配合，共同构成了财政政策实施的有力武器。具体来说，主要包括以下几个方面：

（一）预算政策

预算政策是财政政策的核心手段之一。通过编制和执行政府预算，政府可以全面了解和掌握国家财政收支状况，进而对经济总量和结构进行有效调控。预算政策包括财政收入政策和财政支出政策两个方面。财政收入政策主要通过调整税率、税基等方式来影响社会总需求；而财政支出政策主要通过调整政府投资、转移支付等方式来影响社会总供给。

在实施预算政策时，政府需要综合考虑国家经济发展水平、财政收支状况、社会需求等多方面因素，确保预算的合理性和科学性。同时，还需要加强对预算执行情况的监督和评估，及时发现和纠正预算执行中存在的问题和偏差。

（二）税收政策

税收政策是财政政策的重要组成部分之一。通过调整税率、税基、税收优惠等措施，政府可以直接影响企业和个人的经济行为，从而实现宏观调控目标。例如，降低企业所得税税率可以减轻企业税负，刺激企业增加投资和扩大生产规模；提高个人所得税起征点则可以增加居民可支配收入，提高消费能力和水平，进而刺激消费需求增长。

在制定税收政策时，政府需要充分考虑税收对经济和社会的影响作用及可能产生的副作用。同时，还需要关注税收制度的公平性和合理性问题，确保税收制度能够充分发挥其调节收入分配和促进经济发展的作用。

（三）国债政策

国债政策也是财政政策的重要手段之一。国债作为政府筹集资金的一种重要方式，不仅可以用于基础设施建设、社会保障等领域的投入，还可以通过调节货币供应量来影响市场利率水平。国债政策的运用需要综合考虑国债规模、期限结构、发行方式及市场接受程度等。

在实施国债政策时，政府需要合理安排国债发行规模和期限结构，确保国债市场的平稳运行和健康发展。同时，还需要加强对国债资金使用情况的监管和评估工作，确保资金能够得到有效利用并产生良好的经济效益和社会效益。

（四）财政补贴政策

财政补贴政策是政府为实现特定经济目标而对企业或个人提供的一种财政援助手段。通过向特定领域或行业提供财政补贴，政府可以引导社会资金流向这些领域或行业，进而促进产业结构调整和优化升级。例如，为节能环保等产业提供财政补贴，可以推动这些产业的快速发展并提升国家在全球竞争中的地位。

在实施财政补贴政策时，政府需要明确补贴的目标和对象及补贴的方式和标准。同时还需要加强对补贴资金使用情况的监管和评估工作，确保资金得到有效利用并达到预期效果。此外，还需要关注补贴政策可能产生的市场扭曲效应，以及与其他政策之间的协调配合问题。

三、财政政策目标与工具的优化选择

在实现财政政策目标的过程中，政府需要根据经济形势和发展需要，对财政政策目标与工具进行优化选择。具体来说，可从以下几个方面入手：

（一）根据经济形势调整财政政策取向

在经济繁荣时期，社会总需求高涨，经济增长速度较快，但同时也可能伴随着通货膨胀和经济过热的风险。为了抑制和化解这些风险，政府可采取紧缩性财政政策。具体来说，政府可以通过减少公共支出，尤其是非必要的建设性支出，降低政府消费和投资规模，从而减少社会总需求。同时，政府还可以通过增加税收，包括提高税率和扩大税基，以降低企业和个人的可支配收入，进一步抑制投资和消费需求。通过这些措施，政府可以减缓经济增长速度，降低通货膨胀率，保持经济的稳定运行。

然而，在经济萧条时期，社会总需求不足，经济增长乏力，甚至可能出现负增长。为了刺激经济增长，政府需要采取扩张性财政政策。具体措施包括增加政府支出，尤其是基础设施建设、教育、医疗等领域的支出，以提高社会总需求。同时，政府还可以减少税收，减轻企业和个人的税收负担，增加其可支配收入，从而刺激投资和消费需求。这些措施有助于扩大总需求，推动经济增长，缓解经济萧条带来的压力。

在实施财政政策时，政府还需要密切关注国内外经济形势的变化，灵活调整财政政策取向。例如，在全球经济不确定性增强的情况下，政府可以适当增大财政政策的逆周期调节力度，以应对外部冲击对国内经济的影响。同时，政府还需要加强与货币政策的协调配合，形成政策合力，共同推动经济的稳定和发展。

（二）协调配合货币政策等其他宏观调控手段

财政政策与货币政策是国家宏观调控的两大主要手段，二者相互配合、相互补充，能够更好地实现宏观调控的目标。在实现财政政策目标的过程中,政府需要密切关注货币政策的实施情况,加强与货币政策的协调配合。

具体来说,政府可以通过与货币当局的沟通协商,确定合适的货币政策取向和实施力度。例如,在刺激经济增长方面,财政政策可以通过增加政府投资来扩大总需求;而货币政策则可以通过降低利率和增加货币供应量来降低企业的融资成本,刺激投资和消费。财政政策和货币政策的协同联动,可以更有效地推动经济增长。

此外,政府还需要注重与其他宏观调控手段的协调配合。例如,产业政策、区域政策等都可以与财政政策相互配合,共同推动经济结构的优化和区域协调发展。通过综合运用各种宏观调控手段,政府可以形成政策合力,以更好地实现宏观调控的目标。

(三)注重财政政策的可持续性和长期效应

在实现财政政策目标的过程中,政府需要注重财政政策的可持续性和长期效应。这意味着政府在制定和实施财政政策时,需要充分考虑财政收支平衡、债务规模控制及财政支出结构优化等问题。

首先,政府需要合理控制财政赤字和债务规模。过度的财政赤字和债务积累可能会对国家财政安全和经济稳定造成威胁。因此,政府需要在保持一定财政赤字和债务规模的同时,注重财政收支的基本平衡。通过加强财政管理、优化财政支出结构等措施,逐步降低财政赤字和缩小债务规模,确保财政政策的可持续性。

其次,政府需要优化财政支出结构。在财政支出方面,政府需要加大对教育、医疗、社保等领域的投入力度,提高公共服务水平和社会保障能力。这些领域的投入不仅有助于改善民生福祉,也是实现经济长期发展的重要基础。同时,政府还需要注重对科技创新、环保等领域的投入,以推动经济结构的优化和转型升级。

最后,政府还需要注重财政政策的长期效应。在制定财政政策时,政府需要充分考虑其对经济长期发展的影响。例如,加大对教育、科技等领域的投入力度,可以提高人力资源素质和科技创新能力,为经济的长期发展奠定坚实基础。同时,政府还需要关注财政政策的代际效应,确保政策的公平性和可持续性。

(四)加强财政政策的监管和评估

为确保有效实施财政政策并取得预期效果,政府需要加强财政政策的监管和评估工作。这是保障财政政策顺利实施、增强政策效果的关键环节。

首先,政府需要加强对预算执行情况的监督检查和绩效评估。各级财政部门应严格按照《中华人民共和国预算法》等相关法律法规的要求,对预算执行情况进行定期检查和不定期抽查,确保预算资金的合规使用。同时,还需要建立完善的绩效评估体系,对各项财政政策的实施效果进行客观、全面的评价,以便及时发现问题并进行整改。

其次,政府需要加强对财政资金使用情况的审计和监督。各级审计部门应依法对财政资金使用情况进行审计,重点关注资金使用的合规性、效益性和安全性。对于发现的违法违规行为,应依法依规进行处理,并追究相关责任人的责任。同时,还需要建立健全社会监督机制,鼓励社会各界对财政资金使用情况进行监督,提高财政透明度。

最后,政府需要建立完善的财政政策评估机制。这一机制应包括对财政政策实施效果的定期评估、对政策执行过程中出现的问题的及时反馈,以及对政策调整和优化的建议等。通过这一机制,政府可以及时了解财政政策的实施效果和社会反响,为政策调整和优化提供依据。同时,还可借鉴国内外先进经验和实践成果,不断完善财政政策体系,增强政策效果。

第二节 财政政策的历史演变与案例分析

一、财政政策的历史演变过程

财政政策,作为国家宏观调控经济的核心手段,其演变历程深刻反映了经济社会的变迁与进步。从原始社会到现代社会,财政政策经历了多次重要的转型和发展,逐步从简单的收支管理演变为复杂而精细的宏观调控工具。

(一)原始财政阶段

在人类社会初期,受生产力水平的严重制约,经济活动相对简单,政府职能也极为有限。这一时期的财政活动主要围绕基本的税收和支出展开,缺乏明确的宏观调控目标和手段。税收多以实物形式征收,主要用于维持政府的基本运转和社会秩序。支出则主要集中在基础设施建设、军事防御等有限领域。这一阶段的财政政策具有显著的原始性和自发性,更多的是顺应自然经济规律而非主动调控。

(二)传统财政阶段

到了封建社会,社会分工日益细化,经济活动日趋复杂。政府职能逐渐从简单的社会管理扩展到经济、文化等多个领域。这一时期的财政政策开始形成以农业税为主要收入来源的税收体系,以及以官僚体制运作为主的支出体系。税收政策在很大程度上体现了封建统治者的意志和利益,用于维护封建等级制度和社会秩序。支出方面则更加多元化,除了基础设施建设,还包括文化、教育等领域的投入。尽管这一阶段的财政政策已经开始具备一定的经济调控功能,但仍然缺乏现代意义上的宏观调控理念和手段。

(三)现代财政阶段

进入资本主义社会后,工业化和市场化的快速发展带来了生产力的巨大飞跃和经济活动的空前繁荣。政府职能进一步扩大,财政活动也日趋复杂化和多样化。现代财政体系的建立成为这一时期的显著特征。所得税逐渐成为税收体系的主体税种,社会保障、公共投资等支出领域也得到了空前的拓展。财政政策开始具备现代意义上的宏观调控功能，成为国家调节经济周期、促进社会稳定的重要工具。通过调整税率、优化支出结构等手段，政府能够有效地影响总需求、调节经济增长速度和就业水平。

（四）积极财政政策阶段

20世纪30年代的"大萧条"给资本主义世界带来了空前的经济打击。市场自动调节机制的失效使得政府不得不更加积极地介入经济运行。凯恩斯主义经济学的兴起为积极财政政策提供了有力的理论支持。这一阶段的财政政策主要表现为通过扩大政府支出、降低税率等措施来刺激总需求增长，进而促进经济复苏和就业扩增。这些政策在很大程度上缓解了经济危机带来的冲击，为第二次世界大战后的经济繁荣奠定了基础。

（五）稳健财政政策阶段

然而，20世纪70年代以后，西方国家普遍面临经济滞胀的困境。高通胀、高失业、低增长的经济状况使得积极财政政策受到严重质疑。此时，新古典宏观经济学的兴起为稳健财政政策提供理论支撑。稳健财政政策强调在保持财政收支基本平衡的前提下进行宏观调控，通过优化财政支出结构、调整税收政策等手段来促进经济增长和物价稳定。这一阶段的财政政策更加注重长期经济发展和结构性问题的解决，而非短期的经济刺激。

二、典型国家财政政策的案例分析

不同国家在不同历史时期的财政政策具有各自的特点和效果。以下通过对几个典型国家的财政政策案例进行分析，进一步揭示财政政策的演变规律和实践经验。

（一）美国"罗斯福新政"

20世纪30年代的"大萧条"给美国经济带来了毁灭性的打击。失业率飙升、企业倒闭潮涌现、社会动荡不安成为当时美国社会的真实写照。为应对这一空前的经济危机，罗斯福上台后实施了一系列积极的财政政策措施，史称"罗斯福新政"。新政的核心内容包括扩大政府支出以刺激经济增长、建立社会保障体系以缓解社会矛盾、加强金融监管以恢复市场信心等。这些措施有效地刺激了美国经济的复苏和发展，为后来的第二次世界大战胜利和战后经济繁荣奠定了基础。罗斯福新政的成功实践不仅证明了积极财政政策在应对经济危机中的重要作用，也为后来各国政府的宏观调控提供了宝贵的经验。

（二）日本"财政重建"

自20世纪90年代以来，日本经济陷入了长达数十年的停滞和通货紧缩困境。为应对这一严峻挑战，日本政府实施了以"财政重建"为核心的稳健财政政策。该政策的主要内容包括削减政府支出以降低财政赤字、改革社会保障制度以减轻财政负担、提高税收以增加财政收入等。这些措施在一定程度上改善了日本的财政状况和经济结构，为后来的经济复苏奠定了基础。然而，实施"财政重建"政策也引发了一系列社会问题和政治争议，如社会福利水平下降、贫富差距扩大等。这些问题使日本政府在后续的政策调整中不得不更加谨慎地权衡各种利益诉求。

（三）中国"一揽子计划"

2008年国际金融危机的爆发给全球经济带来了严重冲击。作为世界第二大经济体，中国经济也面临前所未有的挑战。为应对危机冲击，中国政府迅速出台了十项措施，形成一套比较完整的经济刺激方案，称为"一揽子计划"。该计划的主要内容包括加大基础设施建设投入以刺激内需增长、推动产业转型升级以提升经济竞争力、加强民生保障以维护社会稳定等。这些措施有效地刺激了中国经济的增长和就业，为全球经济的复苏做出了重要贡献。然而，"一揽子计划"的实施也带来了一些结构性问题和债务风险，如产能过剩、地方政府债务膨胀等。这些问题使中国政府在后续的政策调整中不得不更加注重结构调整和风险防范。

三、财政政策成功与失败的原因剖析

财政政策的成功与否，历来都是经济学家、政策制定者及社会各界关注的焦点。财政政策作为国家宏观调控的重要手段，其成功与否直接关系到国家经济的稳定与发展。然而，财政政策的成功并非易事，往往受到多种因素的影响。以下是对财政政策成功与失败原因的深入剖析：

（一）经济环境的不同

经济环境是影响财政政策效果的重要因素之一。不同国家在不同历史时期的经济环境各不相同，这对财政政策的制定和实施产生了重要影响。在繁荣时期，实施紧缩性财政政策可能有助于抑制通货膨胀、稳定物价，从而保持经济的平稳增长。在萧条时期，实施扩张性财政政策则可能通过增加政府支出、减税等措施来刺激总需求，促进经济复苏。然而，如果政策制定者未能准确把握经济形势和发展趋势，制定出与经济环境不相适应的财政政策，就可能导致政策失效甚至加剧经济波动。

例如，在繁荣时期过度实施扩张性财政政策，可能会导致通货膨胀加剧、资产泡沫产生，最终引发经济危机。在萧条时期过度实施紧缩性财政政策，则可能会进一步抑制总需求，加剧经济衰退。因此，政策制定者必须密切关注经济形势的变化，制定出与经济环境相适应的财政政策，以确保政策的有效性。

（二）政策制定的科学性和合理性

财政政策的制定需要建立在科学分析和合理判断的基础之上。政策制定者需要对经济形势、发展趋势及政策目标进行深入研究和准确判断，以确保政策措施的科学性和合理性。如果政策制定者缺乏足够的信息和专业知识，或者受到其他非经济因素的干扰，就可能导致政策决策失误或效果不佳。

例如，在某些情况下，政府可能会为了短期的政治目标而制定不符合经济规律的财政政策。这种政策可能会在短期内带来一定的经济增长或社会稳定效果，但长期来看却可能会对经济造成更大的损害。因此，政策制定者必须坚持科学、客观、公正的原则，制定符合经济规律和发展需要的财政政策。

（三）政策执行的有效性和可持续性

财政政策的执行是确保政策效果的关键环节。如果政策执行不力或缺乏可持续性，那么即使政策本身再科学、再合理，也难以取得预期的效果。政策执行的有效性取决于政府部门的执行力、社会各界的配合程度及政策本身的可行性等因素。政策的可持续性则要求政策在制定和执行过程中必须考虑长期的经济社会发展和财政承受能力。

（四）社会各方面的支持和配合程度

财政政策的成功实施需要得到社会各方面的支持和配合。如果社会各界对财政政策的理解和支持程度较高，那么政策措施就有可能顺利推进并取得预期效果。反之，如果社会各界对财政政策存在误解或抵触情绪，政策实施就可能遭遇阻力和挑战，导致政策失效或变形。

例如，在某些国家进行财税体制改革时，由于触动了部分利益集团的利益，改革措施会受到强烈抵制和阻挠。这种情况下，政府就需要加强与社会各界的沟通和协调，争取更多的理解和支持。同时，政府还需要通过宣传教育、舆论引导等方式来提高公众对财政政策的认识和理解程度，为政策的顺利实施创造良好的社会氛围。

四、从历史经验中汲取财政政策教训

回顾历史，我们可以发现财政政策在调节经济运行、促进社会发展及维护国家财政稳定等方面发挥着重要作用。然而，在实践中也存在着一些问题和不足，需要我们吸取教训并加以改进。以下是从历史经验中吸取的财政政策教训：

（一）避免过度依赖赤字财政

历史上一些国家为追求短期的经济增长而过度依赖赤字财政的教训是深刻的。这种政策虽然可能在短期内实现刺激经济增长、提高就业率等目标，但长期来看却会对国家财政造成沉重负担甚至引发经济危机。因此，政府在运用财政政策时必须坚持可持续性原则，避免过度依赖赤字财政。具体来说，政府可以通过优化税收结构、提高财政收入占 GDP 比重等措施来增强财政的可持续性；同时，可以通过加强财政监管、防范债务风险等措施来确保财政的安全稳定。

（二）注重政策的前瞻性与灵活性

财政政策应当具有前瞻性和灵活性，以适应不断变化的经济形势和发展需要。在历史上的一些案例中，政策调整滞后于经济形势的变化，会导致政策效果大打折扣甚至产生负面影响。因此，政府在制定财政政策时必须加强对经济形势的预判和分析能力以确保政策的前瞻性；同时，还应建立一套灵活的政策调整机制以便在经济形势发生变化时及时调整政策方向。

（三）强化政策的协调性与整体性

财政政策作为宏观调控的重要手段之一，需要与货币政策等其他政策工具相互协调配合，以形成政策合力。在过去的一些实践中，缺乏政策间的有效协调，会导致宏观调控效果不佳，甚至出现相互抵消的情况。因此，政府在制定和实施财政政策时，应注重与其他政策工具的协调配合，确保政策的整体性和一致性。具体来说，政府可以通过建立跨部门协调机制、加强政策间的沟通与衔接等措施，来提高政策的协调性；同时，还可以通过完善宏观调控体系、加强监管与评估等措施来确保政策的整体效果。

（四）关注社会公平与可持续发展

财政政策在调节经济运行的同时，应关注社会公平和可持续发展问题。在一些国家的实践中，过度追求经济增长而忽视社会公平和环保问题，会引发社会矛盾激化、环境恶化等问题。因此，政府在制定财政政策时，应将社会公平和可持续发展纳入政策目标体系，通过优化税收结构、加大社会保障投入等措施来促进社会公平和改善民生；同时，还应关注环保问题，通过绿色税收、环保支出等政策工具来推动可持续发展。具体来说，政府可以通过提高个人所得税起征点、降低企业税负等措施来优化税收结构；通过加大教育、医疗、社保等领域的投入力度来增进民生福祉；通过征收环保税、实施绿色采购等措施来推动绿色发展。

五、当前财政政策实践的启示

结合当前全球经济的复杂形势及各国财政政策实践经验，我们可以得到以下启示：

（一）坚持稳中求进的总基调

在当前全球经济不确定性增强的背景下，各国政府在制定和实施财政政策时，应坚定不移地坚持稳中求进的总基调。这一总基调既是对当前经济形势的深刻把握，也是对未来发展趋势的科学预判。稳中求进，意味着在确保经济稳定增长的同时，高度关注风险防范和化解工作，确保经济不出现系统性风险。同时，在推动结构调整和转型升级的过程中，也要注重保持就业稳定和社会大局稳定，让人民群众对改革有更多获得感。

稳健的财政政策是平衡经济增长与风险防控关系的重要手段。合理安排财政支出和税收收入，可以优化资源配置，提高经济效率，促进经济稳定增长。同时，稳健的财政政策还可以为风险防范和化解提供有力支持，降低经济波动的风险。因此，各国政府应充分发挥财政政策的调控作用，为经济的可持续发展奠定坚实基础。

在坚持稳中求进的总基调下，各国政府还需要密切关注国内外经济形势的变化，灵活调整财政政策取向和力度。在经济增长放缓时，可以适当加大财政刺激力度，推动经济复苏；在经济增长过热时，则应适时收紧财政政策，防范通货膨胀等风险。灵活调整财政政策，可以更好地适应经济形势的变化，保持经济的平稳健康发展。

此外，坚持稳中求进的总基调还需要注重政策的连续性和稳定性。在制定和实施财政政策时，应充分考虑政策的长期效应和社会影响，避免政策频繁变动给企业和市场带来不必要的困扰。同时，还需要加强政策之间的协调配合，形成政策合力，共同推动经济的高质量发展。

（二）深化财税体制改革以适应新发展格局

随着全球经济形势的变化及国内经济进入新的发展阶段，财税体制改革也迎来了新的挑战和机遇。为适应新发展格局的要求，各国政府需要深化财税体制改革，完善税收制度、优化支出结构并提高财政资金使用效率。这不仅是推动经济高质量发展的必然要求，还是构建更加公平、可持续的财税体系的内在需要。

首先，深化财税体制改革需要完善税收制度。税收是国家财政收入的重要来源，也是调节经济分配的重要手段。各国政府应根据经济发展的需要和社会公平的要求，不断完善税收制度，优化税种结构，提高税收征管效率。同时，还需要加强国际税收合作与交流，共同打击跨境税收违法行为，维护国际税收秩序。

其次，优化支出结构也是深化财税体制改革的重要内容。财政支出是政府履行职能的重要手段，也是推动经济发展的重要力量。各国政府应根据经济发展的需要和社会民生的需求，优化财政支出结构，加大对重点领域和薄弱环节的投入力度。同时，还需要加强财政支出的监管和评估工作，确保财政资金的安全有效使用。

最后，提高财政资金使用效率也是深化财税体制改革的重要目标。财政资金是国家的宝贵资源，必须用在"刀刃"上。各国政府应加强预算管理和绩效评价工作，提高财政资金的使用效率和效益。同时，还需要推广运用现代信息技术手段，加强财政资金的监管和透明度建设，让人民群众更加放心满意。

在深化财税体制改革的过程中，各国政府还需要注重与国际社会的合作与交流。财税问题不仅是一国之内的问题，也是全球性的问题。各国政府应加强与国际组织和其他国家的合作与交流，共同推动全球财税治理体系的发展和完善。加强合作与交流，可以借鉴其他国家的成功经验和做法，更好地推动本国财税体制的发展与改革。

（三）创新政策工具以应对复杂多变的经济形势

面对复杂多变的经济形势和日益严峻的挑战，各国政府需要不断创新政策工具来应对这些挑战。创新是引领发展的第一动力，也是推动财政政策发展与改革的重要途径。创新政策工具，可以增强财政政策的针对性和有效性，以更好地适应经济形势的变化和发展需求。

首先，运用数字技术改进税收征管方式是创新政策工具的重要方向之一。随着数字技术的快速发展和应用普及，税收征管方式也迎来了新的变革机遇。各国政府可以利用大数据、云计算等现代信息技术手段来改进税收征管方式、提高税收透明度并降低税收成本。应用数字化税收征管方式，可以实现更加精准、高效的税收征管工作，提高税收征管的效率和质量。

其次，发展绿色金融也是创新政策工具的重要途径之一。随着全球环境问题的日益严峻和可持续发展理念的深入人心，绿色金融已成为推动经济发展的重要力量。各国政府可以通过发展绿色金融来引导社会资本投入环保领域并支持其可持续发展。绿色信贷、绿色债券等金融工具的推广和应用，可以为环保项目提供稳定的资金来源和风险保障，推动绿色经济的发展和壮大。

最后，利用国债市场筹集资金并调节市场利率水平也是创新政策工具的重要手段之一。国债市场是国家财政筹集资金的重要渠道之一，也是调节市场利率水平的重要工具。各国政府可通过发行国债来筹集资金用于基础设施建设、社会保障等领域；同时还可通过调整国债发行规模和利率水平来影响市场利率水平的变化和走势。合理利用国债市场这一政策工具，可以更好地调节经济运行和市场供求关系，推动经济的平稳健康发展。

除了以上几种创新政策工具，各国政府还可以根据实际需要和经济发展情况探索其他创新政策工具的发展和应用。例如，利用政府采购政策来推动技术创新和产业升级；通过设立专项基金来支持中小企业发展等。不断创新政策工具并加强政策之间的协调配合，可以形成更完善的市场体系和更公平的社会环境，推动经济的高质量发展和社会的全面进步。

展望未来，我们需继续深化对财政政策理论与实践的探索和研究；同时，需结合当前全球经济形势和国内发展需求制订更加科学合理的财政政策方案。

第四章 税收政策与经济增长

第一节 税收政策的基本原理与分类

一、税收政策的定义与基本原理

（一）税收政策的定义

作为国家宏观经济调控的重要手段之一，税收政策是国家为实现宏观经济调控目标，通过制定和实施税收法律、法规，对税收关系进行调整，从而影响社会经济活动的总称。它是国家财政政策不可或缺的一部分，在调节收入分配、促进经济增长、优化资源配置、维护社会稳定等方面发挥着重要的作用。

税收政策的制定和实施，必须遵循国家的法律法规，确保税收的合法性和公平性。同时，税收政策还需要根据经济社会的实际情况进行灵活调整，以适应不同时期的发展需要。通过调整税收政策，国家可以引导社会资金流向、优化产业结构、提高经济效率、促进社会公平，从而实现宏观经济的稳定和持续发展。

（二）税收政策的基本原理

税收政策的基本原理主要包括税收的公平性、效率性和财政性。这些原理是制定和实施税收政策的基础和指导原则。

1. 公平性

税收的公平性是指税收应该根据纳税人的负担能力来征收，实现税收的横向公平和纵向公平。横向公平是指具有相同负担能力的纳税人应该缴纳相同的税款；纵向公平则是指负担能力不同的纳税人应该缴纳不同的税款，负担能力越强，缴纳的税款越多。实现税收的公平性，可以确保每个纳税人都能按照其负担能力承担相应的税收责任，避免税收的不公平现象。

为了实现税收的公平性，国家需要建立完善的税收制度，对各类纳税人和各种收入来源进行全面、准确的核算和评估。同时，还需要加强对税收征管的监督和管理，防止税收的逃避和欺诈行为。此外，国家还可以通过税收优惠政策等，对弱势群体和特定行业进行扶持，促进社会公平和协调发展。

2. 效率性

税收的效率性是指税收应该尽量减少对经济活动的干扰，减轻税收的超额负担，促进资源的优化配置。税收的超额负担是指征税导致纳税人经济行为改变而产生的额外损失。为了实现税收的效率性，国家需要选择合理的税种和税率，避免对经济活动产生过多的干扰。同时，还需要简化税制、提高征管效率，降低纳税人的遵从成本和行政成本。

此外，国家还可以通过税收政策的调整，引导社会资金流向和资源配置。例如，对环保、节能等新兴产业给予税收优惠，可以鼓励企业加大投资和创新力度，推动产业升级和转型发展。对高污染、高耗能等行业征收重税，则可以限制其过度发展，促进资源的节约和环境的保护。

3. 财政性

税收的财政性是指税收应该为国家提供稳定的财政收入，满足国家履行职能的需要。税收是国家财政收入的主要来源之一，对于保障国家机器的正常运转、提供公共产品和服务、实施宏观经济调控等具有重要意义。为了实现税收的财政性，国家需要确保税收的足额征收和及时入库，加大税收征管的力度。同时，还需要合理安排财政支出，确保财政资金的有效利用和效益最大化。

在实现这些基本原理的过程中，税收政策还需要考虑经济社会的实际情况和发展需要。例如，在经济发展水平较低的地区或行业，可以适当降低税率或给予税收优惠，以吸引投资，促进发展；在收入分配差距较大的地区，可以加大个人所得税等税种的调节力度，促进社会公平和稳定。

（三）税收政策的目标

税收政策的目标主要包括财政收入目标、经济调节目标和社会公平目标。这些目标是制定和实施税收政策的重要导向和衡量标准。

1. 财政收入目标

财政收入目标是指通过税收筹集国家所需的财政资金，满足国家履行职能的需要。为了实现财政收入目标，国家需要建立完善的税收制度。

2. 经济调节目标

经济调节目标是指通过税收政策的调整，影响经济主体的行为，实现宏观经济的稳定和增长。通过税收政策的调整，国家可以引导社会资金流向、优化产业结构、提高经济效率。例如，降低企业所得税税率可以刺激企业进行投资和生产活动；提高个人所得税起征点则可以增加居民可支配收入，刺激消费需求增长。这些政策措施的实施，有助于实现宏观经济的稳定和持续增长。

3. 社会公平目标

社会公平目标是通过税收政策的实施，调节收入分配，缩小贫富差距，促进社会公平和正义。税收政策是实现社会公平的重要手段之一。个人所得税的累进税率制度、遗产税和赠与税等税种的征收，可以实现对高收入者的多征税、对低收入者的少征税或不征税，促进社会财富的合理分配。同时，加大对教育、医疗、社保等领域的财政投入，提高公共服务水平和质量，也有助于缩小贫富差距、促进社会公平和正义。

二、税收政策的分类及其特点

税收政策可以根据不同的标准进行分类，如按征税对象分类、按税收管理和使用权限分类、按税收与价格的关系分类等。这里主要从商品税类、所得税类、财产税类和特定目的税类四个方面进行介绍和分析。

（一）商品税类政策

商品税类政策主要包括增值税、消费税等针对商品和劳务征收的税种。这类政策的特点是具有较强的财政收入功能。商品税类政策在国家税收体系中占有重要地位，是保障国家财政收入的重要来源之一。

增值税是一种对商品和劳务的增值额征收的税种，具有税源广泛、征收简便等特点。征收增值税，可以确保商品和劳务在流通环节中的税负公平，避免重复征税的问题。同时，增值税还可以通过税率的调整来影响商品和劳务的价格，进而调节消费和投资行为。例如，降低增值税税率可以减轻企业的税收负担，扩大生产规模，促进企业的发展；提高增值税税率则可以抑制某些高消费行为的增长。

消费税则是一种对特定消费品和消费行为征收的税种，如烟、酒、化妆品等。消费税的特点是具有较强的选择性和灵活性，可以根据不同的消费品和消费行为设置不同的税率，以实现特定的政策目标。例如，对烟草制品征收重税可以抑制吸烟行为的增长，降低公共健康风险；对奢侈品征收消费税则可以调节社会消费结构，引导消费者理性消费。

（二）所得税类政策

所得税类政策主要包括个人所得税和企业所得税等针对所得征收的税种。这类政策的特点是可以直接调节个人和企业的可支配收入，进而影响其消费和投资决策。所得税类政策是调节收入分配和实现社会公平的重要手段之一。

个人所得税是针对个人所得征收的税种，具有直接调节个人可支配收入的作用。个人所得税可以通过设置不同的扣除项目和标准，体现对特定群体的照顾和扶持。例如，对赡养老人、子女教育等支出给予一定的扣除优惠，可以减轻纳税人的税收负担，提高其生活质量。

企业所得税则是针对企业所得征收的税种，具有调节企业利润分配和引导企业投资行为的作用。调整企业所得税政策，可以鼓励企业加大投资、创新和技术改革力度，推动产业升级和经济发展。例如，对高新技术企业给予所得税优惠政策，可以减轻其税收负担，提高其市场竞争力；对环保、节能等新兴产业给予所得税减免政策，则可以引导企业加大对这些领域的投资和发展力度。

(三) 财产税类政策

财产税类政策主要包括房产税、土地税等针对财产征收的税种。这类政策的特点是可以对财富的积累进行调节，防止财富过度集中和贫富差距的扩大。财产税类政策是调节财富分配和实现社会公平的重要手段之一。

房产税是针对房屋等不动产征收的税种，具有调节房地产市场和财富分配的作用。征收房产税，可以增加政府的财政收入，同时也可以降低房地产市场的投机性需求，促进房地产市场的健康发展。此外，房产税还可以根据房屋的评估价值或租金收入等因素进行征收，体现对房屋价值的认可和调节。

土地税则是针对土地等自然资源征收的税种，具有促进土地资源的合理利用和保护的作用。征收土地税，可以引导企业和个人节约使用土地资源、提高土地利用效率；同时，也可以为政府提供稳定的财政收入来源。此外，土地税还可以根据不同的土地类型和用途设置不同的税率和优惠政策，以实现特定的政策目标。

(四) 特定目的税类政策

特定目的税类政策是为了实现特定社会经济目标而设立的税种，如环境保护税、资源税等。这类政策的特点是具有明确的目的性和针对性，可以通过税收的征收和使用来实现对特定领域经济发展的支持和调节。特定目的税类政策在促进经济社会可持续发展和保护环境资源方面发挥着重要作用。

环境保护税是针对污染排放和环境破坏行为征收的税种，具有促进环境保护和资源节约的作用。征收环境保护税，可以将污染成本内部化到企业的生产成本中，从而激励企业减少污染排放、采用清洁生产技术；同时也可以为政府提供用于环境保护的资金来源。此外，环境保护税还可以根据不同的污染物种类和排放量设置不同的税率和优惠政策，以实现特定的环境保护目标。

资源税则是针对自然资源的开采和使用征收的税种，具有促进资源节约和合理利用的作用。征收资源税，可以引导企业和个人更加珍惜和节约使用自然资源、提高资源利用效率；同时也可以为政府提供用于资源保护和开发的资金来源。

三、税收政策与经济增长关系的理论基础

(一) 税收政策对经济增长的直接影响

税收政策作为宏观调控的重要工具之一，其对经济增长的直接影响不可忽视。税率和税基的调整能够显著改变企业和个人的经济行为，从而影响整体经济的运行轨迹。当政府决定降低税率时，企业和个人所面临的税收压力随之减小，这使得他们可以保留更多的可支配收入。对于企业而言，减税意味着增加了可用于投资扩张的资金，提高了其市场竞争

力和创新能力。对于个人来说,可支配收入的增加会转化为更高的消费能力,从而刺激市场需求的增长。

此外,税基的扩大也是一个重要的税收政策手段。通过扩大征税范围或提高税收的覆盖率,政府可以增加其财政收入。这些资金在用于公共服务和社会事业建设的同时,也会通过政府的支出活动注入经济体系中,产生乘数效应,进一步拉动经济增长。

(二)税收政策对经济增长的间接影响

除了直接影响,税收政策还通过一系列间接渠道对经济增长产生深远影响。这些影响主要涉及调节收入分配、优化资源配置及改善社会环境等方面。

首先,通过累进个人所得税制度和社会保障税等,政府可以有效调节社会成员之间的收入分配差距。累进税率意味着高收入者需要承担更高的税负,而低收入者则享有更多的税收优惠或补贴。这样的制度安排有助于缩小贫富差距,提高社会整体消费水平,并增强经济体系的稳定性。

其次,税收政策在优化资源配置方面发挥着关键作用。针对特定行业或领域的税收优惠或限制措施可以引导资本、劳动力和技术等生产要素的合理流动。例如,对环保产业给予税收减免,可以鼓励更多的企业和个人投资于环境保护和资源循环利用领域,推动经济朝着更加绿色可持续的方向发展。

最后,税收政策还有助于改善整体社会环境,为经济增长提供有利的条件。通过征收特定目的税种,如环境保护税、资源税等,政府可以引导社会各界关注并解决环境污染、资源浪费等社会问题。这些措施的实施有助于提升国家形象和国际竞争力,为经济发展创造良好的外部条件。

(三)税收政策的长期经济增长效应

税收政策不仅能在短期内对经济产生刺激效应,更能在长期内发挥促进经济增长的重要作用。通过合理的税制设计和政策调整,政府可以助力引导经济结构的优化升级、提高劳动力素质和创新能力、推动科技创新和制度进步等方面的发展。

首先,税收政策在促进产业结构优化升级方面具有显著效果。通过实行差别化的税率和税收优惠措施,政府可以鼓励或限制某些行业的发展。例如,对高新技术产业、战略性新兴产业等给予更多的税收减免和资金支持,这可以加速这些产业的发展壮大并提升其在国民经济中的比重。同时,对高污染、高耗能产业加强税收监管和限制措施,迫使其进行技术改造和转型升级,从而实现经济结构的整体优化。

其次,税收政策对提高劳动力素质和创新能力也起着重要的作用。政府可以通过对教育、培训等领域的税收优惠来鼓励企业和个人加大对人力资本的投资力度。此外,对科技创新活动的税收激励措施也可以有效激发企业和科研机构的创新热情,推动科技成果的转化和应用。

最后,在推动科技创新和制度进步方面,税收政策同样可以发挥积极作用。例如,对研发投入给予税收抵免、对创新型企业给予税收优惠等政策措施，可以有效降低创新成本和风险，加快科技创新和制度进步的步伐。这些创新活动将进一步在提升生产效率、优化资源配置、拓展市场空间等方面发挥重要作用，为经济的长期持续增长提供强大动力。

（四）税收政策与经济增长关系的实证研究

为了验证税收政策与经济增长之间的关系，大量的实证研究得以开展并积累了丰富的成果。这些研究从不同角度、运用不同方法对不同国家和地区的税收政策实践进行了深入分析。

研究结果显示，合理的税收政策安排和实施确实对经济增长具有促进作用。在对比分析中可以发现，那些实行低税率、宽税基及简化税制等改革措施的国家或地区往往能有较好的经济增长表现。这主要是因为这些改革措施减轻了企业和个人的税收负担，提高了其经济活动的积极性和效率；同时简化了税制，也降低了征税成本和税收遵从成本，进一步促进了经济发展。

此外，针对特定领域或行业的税收优惠政策也被证实为有效的促进经济增长的手段。通过对新兴产业、高新技术产业等具有发展潜力的行业实行税收优惠措施，政府可以引导更多的资本和劳动力流向这些领域，加快其发展壮大并形成新的经济增长点。同时，这些优惠政策还有助于提升相关产业的国际竞争力和市场地位。

需要注意的是，实证研究也显示税收政策对经济增长的影响并不是孤立的，而是与其他宏观经济政策如货币政策、产业政策等相互作用、相互制约的。因此，在制定税收政策时需要充分考虑这一点，并与其他政策进行协调配合以达到最佳的政策效果。

四、税收政策在宏观经济调控中的作用

（一）调节总需求与总供给的平衡

税收政策在宏观经济调控中扮演着重要的角色，尤其是在调节总需求与总供给平衡方面。通过精心设计的税收政策，政府能够灵活地影响市场上的消费和投资行为，从而实现经济稳定和健康增长。

具体来说，当市场上出现总需求不足时，政府可以通过降低税率或减少税种等措施来实施减税政策。这将直接减轻企业和个人的税收负担，使其保留更多的可支配收入。随着可支配收入的增加，消费者倾向于增加消费支出，企业则可能增加投资支出，刺激市场上的总需求增长。

相反，当市场上出现总供给不足时，政府可能需要采取增税措施来抑制过度的消费和投资行为。这通常包括提高税率或增加新税种等方式。通过这些措施，政府可以减少市场上的可支配收入，降低消费和投资支出水平，进而控制总需求的过快增长。同时，这也可能为供给方提供足够的调整时间和空间，以便逐步适应并增加市场上的有效供给。

在这个过程中，税收政策的灵活性至关重要。政府需要根据宏观经济形势的变化及时

调整税收政策的方向和力度,确保政策的针对性和有效性。此外,政府还需要密切关注市场动态,加强对税收政策实施效果的监测和评估工作,以便及时发现问题并进行相应调整。

(二)优化资源配置与促进产业升级

在宏观经济调控中,税收政策的另一个重要作用是优化资源配置与促进产业升级。不同行业、地区和产品的税收政策,能够引导资本、劳动力和技术等生产要素的合理流动,从而调整和优化经济结构。

为了实现资源配置的优化,政府可以对新兴产业、高新技术产业和具有发展潜力的行业实施税收优惠。这样的政策可以减轻这些行业的税收负担,增加其吸引力,以引导更多的资源投入这些领域。同时,针对那些污染高、产能落后的行业,政府可以通过提高税率或取消税收优惠等手段,增加其经营成本,促使其进行技术改造或逐步退出市场。

此外,地区性的税收政策也能够有效地引导资源的区域配置。对于经济发展相对滞后的地区,政府可以给予更多的税收优惠和支持力度,以吸引外来投资和促进本地产业的发展。在经济发达地区,则可以适当提高税率或调整税收结构,以避免资源的过度集中和浪费。

产业升级是经济持续健康发展的关键。税收政策可以通过鼓励技术创新和进步来推动产业升级。对研发投入、技术创新和节能减排等方面的税收优惠政策,可以激发企业的创新活力,加快技术进步的步伐。同时,针对高耗能和低附加值的产业实施更加严格的税收政策,则有助于迫使其进行产业转型升级或逐步退出市场。

(三)调节收入分配与促进社会公平

税收政策作为调节收入分配的重要手段,对于缩小贫富差距、促进社会公平有着重要作用。在宏观经济调控中,政府可以通过个人所得税的累进税率制度、社会保障税等来调节不同收入群体的税负水平,进而实现公平合理的收入分配。

个人所得税的累进税率制度根据个人所得收入水平的不同而设定不同的税率。通常,低收入者适用较低的税率,而高收入者适用较高的税率。这样的制度设计有助于让高收入者承担更多的税负,而低收入者则可以享受更多的税收减免和福利补贴。这种累进性的税制结构能够在一定程度上缩小贫富差距,使社会收入分配更加公平合理。

社会保障税则是针对个人工资收入的一定比例进行征收的税种。通过社会保障税的征收,政府可以为社会保障基金筹集资金,用于提供养老保险、医疗保险、失业保险等社会福利保障。这种税制的实施能够增强社会的福利保障功能,提高低收入者和弱势群体的生活水平,从而进一步促进社会公平。

除了个人所得税的累进税率制度和社会保障税,政府还可以通过遗产税、赠与税等特定税种来调节收入分配。这些税种的征收可以防止财富过度集中和代际传承过程中的不公平现象,保障社会财富的合理分配。

需要注意的是，税收政策在调节收入分配时需要综合考虑各方面因素，避免过度干预市场机制和损害经济发展效率。同时，加强税收征管的公正性和透明度也是确保税收政策有效实施和发挥其调节作用的关键。

（四）增加财政收入与保障国家职能履行

税收政策是国家财政收入的重要组成部分，对于国家的发展和稳定具有重要的作用。安排和实施合理的税收政策，可以有效增加财政收入，进而保障国家职能的顺利履行。

首先，合理的税收政策能够确保税收的公平性和效率性。公平性意味着税收应该根据个人的支付能力来征收，避免对弱势群体造成过大的负担。效率性则要求税收系统尽可能地减少避税和逃税行为，确保税收收入的最大化。优化税制结构，降低税率并扩大税基，可以激发市场活力，促进经济增长，从而增加税收收入。

其次，税收政策在调节经济和社会发展中发挥着重要作用。例如，实施差别化的税收政策，可以引导资本流向国家鼓励发展的产业和地区，推动经济结构的优化和升级。此外，税收政策还可以用于调节收入分配，促进社会和谐稳定。

最后，增加财政收入对于保障国家职能履行具有重要意义。国家需要足够的财政收入来支持基础设施建设、教育、医疗、社会保障等公共服务。这些公共服务是保障人民基本生活水平和提高国家整体竞争力的重要基础。通过合理的税收政策增加财政收入，可以确保国家有足够的资源来履行这些职能，为人民创造更好的生活环境和发展条件。

综上所述，合理的税收政策对于增加财政收入和保障国家职能履行具有重要的作用。我们应该根据国家的实际情况和发展需要，不断优化和完善税收政策，以推动经济的持续健康发展和社会的全面进步。

第二节　税收政策对经济增长的影响机制

一、税收政策影响经济增长的传导机制

税收政策作为政府宏观调控的重要手段，其对经济增长的影响是通过多种传导机制实现的。这些传导机制不仅直接影响国民经济的收入分配、投资和消费等关键环节，还间接作用于国际贸易和资本流动等领域，从而全方位地促进或抑制经济增长。

（一）税收政策的收入分配效应

税收政策在国民收入分配中发挥着重要的作用。通过调整不同税种的税率和税基，政府可以有目的地影响社会各阶层的收入状况，这对总体消费水平、储蓄率和投资意愿等产生着深远影响。具体来说，对高收入群体适当增税、对低收入群体给予减税或税收优惠，有助于缩小收入差距，促进社会公平和稳定。收入分配的合理化不仅能够激发消费新活

力、提升社会总体消费水平,还能通过刺激内需增长来拉动经济增长。反之,如果税收政策导致收入差距过大,可能会抑制消费需求,不利于经济增长。

(二)税收政策的投资激励效应

投资是经济增长的重要动力之一,而税收政策是影响企业投资行为的关键因素。通过降低企业所得税税率、提供投资税收抵免或加速折旧等优惠政策,政府可以增加企业的税后利润,从而降低企业投资成本、提高投资收益率。这将有效激励企业扩大投资规模、加快技术进步和产业升级步伐。同时,针对特定行业或地区的税收优惠政策还可以引导资本流向这些优先发展领域,进一步促进经济结构调整和优化。需要注意的是,过度依赖税收优惠政策可能会导致资源错配和产业结构失衡等问题,因此,政府需要谨慎制定相关政策并确保其与市场机制相协调。

(三)税收政策的消费引导效应

消费作为最终需求,在经济增长中起着基础性作用。税收政策可以通过对商品和服务的课税来影响消费者的购买行为和消费结构。例如,对奢侈品征收高税可以抑制过度消费和奢侈浪费现象,引导消费者形成理性、绿色的消费观念;而对生活必需品给予减税或免税有助于保障低收入群体的基本生活需要,维护社会稳定。通过合理设置消费税、增值税等税种的税率和税基,政府还可以进一步促进消费升级和消费结构优化,从而推动经济增长由投资驱动向消费驱动转变。

二、税收政策对投资和消费的影响

(一)税收政策与投资行为

投资行为受多种因素影响,税收政策是一个不可忽视的因素。降低企业所得税税率、减免资本利得税等优惠措施可以直接提高投资者的税后收益率,进而刺激企业扩大投资规模、增加设备更新和研发投入等。此外,政府还可以通过提供研发费用加计扣除、环保节能项目税收优惠等政策措施来鼓励企业在创新、环保等领域加大投资力度,推动经济转型升级和高质量发展。然而,税收政策对投资行为的影响并非单向的,还需要考虑其他经济、社会和政策因素的综合作用。

(二)税收政策与消费行为

消费是经济增长的最终目的和动力源泉,而税收政策在调节消费行为方面发挥着重要作用。通过调整个人所得税的起征点、税率及税前扣除范围等,政府可以直接影响居民的可支配收入和消费能力。提高个人所得税起征点、扩大税前扣除范围等减税措施可以增加居民的实际收入,进而提升消费水平和质量;而对特定消费品如汽车、家电等实施税收优惠政策,可以进一步刺激相关领域的消费需求和市场活力。需要注意的是,在制定消费相关税收政策时，政府需要充分考虑不同收入群体的消费特点和需求差异，以确保政策的有效性和公平性。

（三）税收政策对投资和消费结构的引导

投资和消费结构是衡量经济增长质量和效益的重要指标之一。通过制定差别化的税收政策，政府可以有针对性地引导资本和消费者在不同领域和行业之间进行选择。例如，对高新技术产业、绿色经济等战略性新兴产业实施税收优惠政策，可以吸引更多的资本投入和消费需求；而对高污染、高耗能行业加征环保税等限制性措施，可以抑制这些领域的过度扩张和不合理投资。这将有助于优化资源配置、提高经济增长的质量和可持续性。同时，政府还需要密切关注市场动态和技术发展趋势，及时调整相关政策以确保其与实际需求相匹配。

（四）税收政策对经济增长的间接影响

除了直接影响投资和消费行为，税收政策还可以通过国际贸易和资本流动等间接渠道对经济增长产生影响。降低关税和增值税等出口退税政策可以提升本国产品的国际竞争力、促进出口增长；而对外国投资实施税收优惠政策，可以吸引外资流入、增加国内投资规模。这些政策措施不仅有助于拓展经济增长的空间、挖掘潜力，还能通过促进国际经贸合作和交流来提升本国的经济地位和影响力。然而，在制定相关税收政策时，政府也需要充分考虑国际经济环境和竞争格局的变化，以及国内产业结构和发展需求的实际情况。

三、税收政策对劳动和资本的影响

（一）税收政策与劳动力市场

税收政策，尤其是个人所得税和社会保险，对劳动力市场的供求关系和劳动者的实际收入水平有深远影响。个人所得税税率的调整直接关系到劳动者的税后收入，进而影响其工作积极性和消费能力。社保缴费比例的变动则关系到劳动者的社会保障待遇和未来的养老、医疗等福利。

当政府降低个人所得税税率时，劳动者的实际收入相应增加，这有助于提高其劳动参与率，促进劳动力市场的活跃度。反之，若税率提高，劳动者的实际收入减少，可能导致部分劳动者选择退出劳动力市场，从而降低市场的供求平衡。

同样地，社保缴费比例的调整也会影响劳动者的实际收入和劳动力市场的供求关系。降低社保缴费比例可以减轻劳动者的负担，增加其可支配收入，进而提高其劳动积极性。提高缴费比例则可能增加劳动者的负担，抑制其劳动参与意愿。

因此，政府在制定税收政策时，需要充分考虑其对劳动力市场的影响，确保政策的合理性和可持续性。

（二）税收政策与资本市场

税收政策在资本市场中同样发挥着重要作用。企业所得税、股息红利税等税种的调整直接影响投资者的投资收益和成本。降低企业所得税税率和股息红利税可以提高投资者的税后收益率，从而吸引更多的资本流入资本市场。这不仅有助于提升市场的活跃度，还能促进企业的融资和发展。

反之，若提高这些税率，投资者的税后收益率将相应降低，可能导致部分资本流出资本市场，抑制市场的活跃度。因此，政府在调整税收政策时，需要权衡其对资本市场的影响，确保政策的稳定性和连续性。

此外，针对特定类型的投资提供税收优惠政策也是政府常用的调控手段。例如，对风险投资、创业投资等提供税收优惠，可以鼓励更多的资本流入这些领域，促进技术创新和经济发展。这些政策措施有助于优化投资结构，提升资本市场的整体效率。

（三）税收政策对劳动力和资本配置的影响

税收政策在引导劳动力和资本在不同地区和行业之间进行合理配置方面发挥着重要作用。通过实施差别化的税收政策，政府可以鼓励劳动力和资本流向欠发达地区和新兴产业，促进区域协调发展和产业结构优化。

对欠发达地区实施税收优惠政策可以减轻企业和个人的税收负担，提高其经济收益，从而吸引更多的劳动力和资本流入这些地区。这将有助于推动欠发达地区的经济发展和进步。

同样地，对新兴产业实施税收优惠政策，可以降低其创业和发展成本，提高其市场竞争力，进而吸引更多的劳动力和资本投入这些领域。这将有助于推动新兴产业的快速发展和壮大，提升国家的整体产业竞争力。

对过剩产能和夕阳产业实施限制性税收政策，则可以通过增大税收负担来促使其进行转型升级或逐步退出市场。这将有助于优化资源配置，减少无效和低端供给，推动经济的高质量发展。

（四）税收政策与经济增长的长期关系

从长期来看，合理的税收政策对经济增长的可持续性具有积极的促进作用。通过调节收入分配、引导投资消费、优化资源配置等机制，税收政策可以推动经济转型升级和创新发展。

首先，通过调节个人所得税和企业所得税等税种的税率和征收方式，政府可以合理调节收入分配格局，提高社会整体消费水平。这将有助于扩大内需市场，推动经济的持续增长。

其次，实施差别化的税收政策引导投资方向和消费结构，也是政府常用的调控手段。例如，对环保、节能等绿色产业实施税收优惠政策，可以鼓励更多的资本投入这些领域，推动绿色经济的发展。对高污染、高耗能等产业实施限制性税收政策，可以抑制其过度发展，促进产业结构的优化和升级。

最后，随着经济增长和财政收入的增加，政府也可以进一步调整和完善税收政策体系，以更好地适应经济社会发展的需要。例如，在经济发展初期，政府可以采取更加积极的财政政策来刺激经济增长；而在经济成熟阶段，政府可以更加注重税收政策的公平性和可持续性。

四、税收政策对创新和产业结构的影响

（一）税收政策与研发创新

研发创新是推动经济持续发展的重要动力之一，而税收政策在刺激企业加大研发投入力度方面发挥着重要作用。研发费用加计扣除、高新技术企业税收优惠等可以直接降低企业的研发成本和提高创新收益，从而激发企业的创新活力。

研发费用加计扣除政策允许企业在计算应纳税所得额时，将实际发生的研发费用按照一定比例加计扣除。这意味着企业可以通过增加研发投入来降低税负，提高盈利能力。这种政策有助于鼓励企业加大研发投入力度，推动技术创新和产业升级。

高新技术企业税收优惠则是对符合国家认定标准的高新技术企业给予一定的税收减免或优惠。这种政策可以降低高新技术企业的税收负担，提高其市场竞争力，进而促进其快速发展壮大。同时，这也有助于引导更多的资本和资源投入高新技术领域，推动产业结构向高端化发展。

（二）税收政策与产业结构升级

产业结构升级是经济发展的必然趋势，而税收政策在引导资本和资源在不同产业之间进行重新配置方面发挥着重要作用。通过对不同产业实施差别化的税收政策，政府可以鼓励或限制某些产业的发展，从而推动产业结构升级和经济增长方式的转变。

对高新技术、绿色经济等新兴产业实施税收优惠政策，可以降低其创业和发展成本，进而吸引更多的资本和资源投入这些领域。同时带动相关产业链的发展和完善，形成良性循环。

对传统产业实施限制性税收政策，则可以通过增大税收负担来促使其进行技术改造或转型升级。例如，对高污染、高耗能等产业加征环保税可以促使其采用更加环保、节能的生产方式和技术手段，减少对环境的破坏。这将有助于推动传统产业的转型升级和可持续发展。

（三）税收政策与区域协调发展

区域发展不平衡是许多国家面临的问题之一，而税收政策在促进区域协调发展方面具有一定的作用。通过实施差别化的税收政策，政府可以引导资本和资源在不同区域之间进

行合理流动和配置，促进区域经济的协调发展。

对欠发达地区实施更加优惠的税收政策，能促进全国范围内的资源优化配置和区域协调发展。对发达地区实施适当增大税收负担的政策，可以推进其进行产业转移和升级。增大税收负担来限制某些低端产业的发展并鼓励高端产业的发展，是推动发达地区经济转型升级的重要手段之一。这将有助于优化发达地区的产业结构并提升其在全球价值链中的地位。

（四）税收政策与国际竞争力提升

在经济全球化背景下，国际竞争力成为衡量一个国家经济实力和国际地位的重要指标之一。税收政策在提升本国企业国际竞争力方面具有一定的作用。降低企业所得税税率、简化税制、加强国际税收合作等措施，都有助于提升本国企业在全球市场的竞争水平。

降低企业所得税税率可以减轻企业的税收负担并提高其盈利能力，从而使其在全球市场中更具竞争力。简化税制则可以降低企业的税收遵从成本并提高其运营效率，有助于企业在全球市场中快速响应和灵活调整。加强国际税收合作，可以避免双重征税和税收歧视等问题，为企业创造更加公平和透明的国际税收环境。

此外，针对跨国公司的国际税收筹划行为进行合理规制，也是维护国家税收主权和经济利益的重要手段。通过打击跨国避税行为并加强与其他国家的税收信息共享和合作，政府可以确保本国企业在全球市场中获得公平竞争的机会并维护国家的整体经济利益。这些政策措施都有助于提升国家的整体经济实力和国际地位。

第三节　税收政策的优化与改革方向

一、现行税收政策存在的问题

税收政策作为国家宏观调控的重要手段，在促进经济发展、调节收入分配、维护社会公平等方面发挥着重要作用。然而，随着经济社会的发展，现行税收政策也暴露出一些问题，亟待优化和完善。

（一）税收结构不尽合理

当前税收结构在一定程度上存在偏重流转税、轻所得税的问题。流转税以商品和劳务的流转额为征税对象，具有征收简便、税源广泛等优点，但同时也存在对价格影响较大、税负容易转嫁等缺点。所得税则以纳税人的所得额为征税对象，能够直接调节收入分配，但征收难度较大。流转税在税收总收入中占比较大，导致税收对于收入分配的调节作用有限。此外，部分税种的设置和税率的设计也未能完全体现公平与效率的原则。例如，个人所得税采用分类征收模式，不同来源的所得适用不同的税率和扣除标准，容易导致税负不公。同时，一些税种的税率设计过高或过低，也不利于税收的公平性和效率性。

（二）税收征管效率不高

税收征管是税收政策实施的重要环节，直接关系到税收收入的质量和效率。然而，现行税收征管体系在应对复杂多变的税收环境时，显得力不从心。一方面，税收征管信息化水平有待提高。随着经济的发展和科技的进步，纳税人的经营方式和交易手段日益多样化、复杂化，给税收征管带来了新的挑战。现有税收征管信息系统在数据处理、信息共享、风险监控等方面还存在不足，难以满足实际需要。另一方面，税收征管人员的素质和能力也亟待提升。部分征管人员缺乏专业知识和实践经验，难以适应新形势下税收征管工作的要求。此外，一些地方和部门在税收征管中存在执法不严、违法不究等问题，也严重影响了税收征管的效率和公信力。

（三）税收优惠政策过多过滥

为了吸引投资、促进经济发展，各级政府出台了大量的税收优惠政策。这些政策在一定程度上发挥了积极作用，但也存在一些问题。第一，部分税收优惠政策缺乏统一性和规范性。不同地方和部门为了自身利益，纷纷出台各自的税收优惠政策，导致政策之间缺乏协调性和互补性。这不仅容易引发税收漏洞和税收不公平现象，还不利于形成公平竞争的市场环境。第二，过多的税收优惠政策削弱了税收的严肃性和权威性。一些纳税人通过"钻政策空子、打擦边球"等方式逃避纳税义务，严重损害了税收的公平性和正义性。第三，过多的税收优惠政策也增加了税收征管的难度和成本，降低了税收体系的运行效率。

二、税收政策优化的目标与原则

针对现行税收政策存在的问题，我们需要明确优化的目标与原则，为税收政策的改革和完善提供指导。

（一）优化税收结构，提高税收公平性

优化税收结构是提高税收公平性的重要途径。首先，我们需要调整税种设置和税率设计，使税收更加公平地分担于社会各阶层。具体而言，可以适当提高所得税等直接税在税收总收入中的比重，降低流转税等间接税的比重，以增强税收对收入分配的调节作用。同时，还需要加大对高收入群体的税收征管力度，防止税收流失和避税行为的发生。其次，通过完善个人所得税制度、推进房地产税立法等措施，逐步建立以直接税为主体的税收体系，提高税收对于收入分配的调节作用。最后，还需要加大对企业所得税的征管力度，防止企业通过关联交易、转移定价等方式不履行纳税义务。

（二）提高税收征管效率，降低税收成本

提高税收征管效率是降低税收成本、提高税收体系运行效率的关键。首先，我们需要

加强税收征管信息化建设。通过完善税收征管信息系统、推进电子税务局建设等措施，提高数据处理能力和信息共享水平，实现对纳税人经营活动的全面监控和风险管理。同时，还需要加强对纳税人的宣传教育和辅导培训，提高其自觉纳税意识和能力。其次，我们需要提高税收征管人员的素质和能力。通过加强培训教育、引进优秀人才等措施，建立一支高素质、专业化的税收征管队伍，提高其对复杂税收环境的适应能力和应对能力。最后，还需要加强对税收征管工作的监督和考核，确保各项政策措施得到有效执行和落实。

（三）规范税收优惠政策，维护税收严肃性

规范税收优惠政策是维护税收严肃性、防止税收漏洞的重要途径。首先，我们需要对现有的税收优惠政策进行清理和规范。通过梳理现有政策、评估政策效果等，保留那些对经济发展有积极作用、符合公平与效率原则的政策，废除那些过时、无效或存在漏洞的政策。同时，还需要加强对新出台政策的审核和把关，确保其符合法律法规和国家政策导向的要求。其次，我们需要加强对税收优惠政策的监管和评估。通过建立健全政策执行情况的监测机制和评估机制，及时发现和纠正政策执行中存在的问题和偏差，确保政策得到有效执行和落实。最后，还需要加大对违法违规行为的查处力度，严厉打击偷税漏税等违法犯罪行为，维护税收的严肃性和权威性。

（四）促进经济发展方式转变和产业结构调整

税收政策在促进经济发展方式转变和产业结构调整方面发挥着重要作用。通过制定差别化的税收政策，我们可以引导资本、技术、人才等生产要素向新兴产业、绿色产业等领域流动，推动经济发展方式的转变和产业结构的调整。具体而言，可以对新兴产业、绿色产业等领域给予更多的税收优惠和支持，降低其经营成本和风险；同时对高污染、高耗能等传统产业领域加大税收征管力度和加强环境保护要求，迫使其转型升级或逐步退出市场。此外，还可通过加强国际税收合作与交流等方式，学习借鉴其他国家的先进经验和做法，推动我国税收政策不断发展创新和完善。

（五）增强国际税收竞争力

在经济全球化的背景下，各国之间的税收竞争日益激烈。优化税收政策、提高国际税收竞争力对于吸引国际资本、促进国际贸易具有重要意义。首先，我们需要加强与其他国家的税收合作与交流。通过签订双边或多边税收协定、开展情报交换和联合反避税等措施，加强与其他国家在税收领域的合作与交流；同时，积极参与国际税收论坛等活动，分享经验，学习借鉴其他国家的先进做法和理念。其次，我们需要完善涉外税收政策体系。可以通过制定更加开放、透明、便捷的涉外税收政策体系，降低跨国企业的税收成本和风险水平；同时，需加大对跨国企业的服务和支持力度，提高其在我国投资的积极性和满意度。最后，我们还需要加强对国际税收规则的研究和应对能力。需密切关注国际税收规则的变化趋势和发展动态，以及时调整和完善我国的税收政策体系；同时，需加大对跨国企

业税收筹划和避税行为的监管和打击力度，维护我国税收主权和利益不受侵害。

三、税收政策改革的具体措施与建议

（一）推进个人所得税改革

个人所得税作为直接税的一种，对于调节收入分配、促进社会公平具有重要意义。为推进个人所得税改革，应建立综合与分类相结合的个人所得税制度，提高个人所得税的累进性和公平性。具体而言，可将个人的各种所得进行分类，如工资薪金所得、劳务报酬所得、稿酬所得等，然后按照不同的税率进行征收。同时，应提高个人所得税的起征点，减轻中低收入人群的税收负担。应加大对高收入人群的税收征管力度，防止税收流失。此外，还应考虑引入以家庭为单位的征收方式，更好地体现税收的公平性。

在实施个人所得税改革时，应注重与其他税种的协调配合，形成税收政策的合力。推进个人所得税改革，可以更好地调节收入分配，促进社会公平和经济发展。

（二）完善企业所得税制度

企业所得税是企业的重要税种之一，对于促进企业发展、调节经济具有重要作用。为完善企业所得税制度，应降低企业所得税税率，减轻企业税收负担。具体而言，可以根据企业的类型和规模，制定差异化的税率政策，鼓励企业进行技术创新和产业升级。同时，应扩大企业所得税的税基，加大对企业税收的征管力度。这可以通过完善税收法规、加强税收征管人员的培训和管理等方式实现。

此外，为鼓励企业进行技术创新和产业升级，还可以考虑引入企业所得税的优惠政策。例如，对于进行技术创新和产业升级的企业，可以给予一定期限的税收减免或优惠税率等支持。这些措施可以有效地激发企业的创新活力，推动经济的持续健康发展。

（三）优化增值税制度

增值税是我国的主要税种之一，对于促进经济发展具有重要作用。为优化增值税制度，应简化增值税税率结构，降低增值税税率水平。具体而言，可以减少增值税的税率档次，降低部分行业和产品的税率水平，以减轻企业的税收负担。同时，应扩大增值税的抵扣范围，允许企业更多地抵扣进项税额，降低企业的实际税负。这可以通过完善增值税抵扣机制、加强发票管理等方式实现。

此外，为加大对增值税的征管力度，应建立健全的税收征管体系，加强对企业的日常监管和风险评估。对于存在偷税漏税行为的企业，应依法进行查处并追究相关责任人的法律责任。这些措施可以有效地防止税收流失和偷税漏税行为发生，维护税收的公平和正义。

（四）加强税收征管信息化建设

随着信息技术的发展和应用，税收征管信息化建设已成为提高税收征管效率和质量的重要手段。为加强税收征管信息化建设，应利用现代信息技术手段提高税收征管效率和质量。具体而言，可以建立全国性的税收征管信息平台，实现信息共享和数据互通；推广使用电子税务局等便捷办税工具，方便纳税人进行申报和缴税；加强对税收数据的分析和挖掘，为政策制定和风险管理提供有力支持等。

同时，应加大对税收征管人员的培训和管理力度，提高他们的素质和能力水平。这可以通过定期组织培训、建立考核机制等方式实现。通过这些措施可以有效地提高税收征管的效率和质量，为经济发展和社会进步提供有力保障。

四、国际税收政策改革经验借鉴

（一）OECD 成员国的税收政策改革经验

经济合作与发展组织（Organization for Economic Co-operation and Development，OECD）国家作为世界上经济最发达的国家群体之一，在税收政策改革方面积累了丰富的经验。例如，通过降低税率、扩大税基等措施优化税收结构；通过加强税收征管信息化建设提高税收征管效率；通过引入税收竞争机制增强国际税收竞争力等。这些经验对于我国的税收政策改革具有重要的借鉴意义。具体而言，我们可以借鉴 OECD 国家的做法，逐步降低税率水平并扩大税基范围，以实现税收结构的优化；积极参与国际税收竞争与合作，逐步提升我国在国际税收领域的话语权和影响力等。

（二）发展中国家的税收政策改革经验

发展中国家在税收政策改革方面也取得了一定的成果。例如，通过制定差别化的税收政策，促进经济发展方式转变和产业结构调整；通过加大税收征管力度，防止税收流失和偷税漏税行为的发生等。这些经验对于我国来说同样具有重要的借鉴意义。具体而言，我们可以根据国情和发展阶段制定符合自身特点的税收政策；加大对税收征管的监管力度，确保税收收入的稳定增长；注重税收政策的公平性和可持续性，促进社会和谐与稳定；等等。

（三）国际税收合作与协调的经验

在经济全球化的背景下，国际税收合作与协调显得尤为重要。各国之间需要加强沟通和协作共同应对跨国税收问题。例如，通过建立双边或多边税收协定，避免双重征税和税收歧视现象的发生；通过加强国际税收征管合作打击跨国偷税漏税行为；等等。这些经验对于我国来说具有重要的借鉴意义，可以帮助我们更好地融入全球经济体系并提升在国际税收领域的地位和影响力。具体而言，我们可以通过积极参与国际税收协定的谈判和签署工作，维护国家税收权益；加强与其他国家的税收征管合作，共同打击跨国偷税漏税行为；等等。

五、未来税收政策发展趋势与展望

（一）数字化和智能化将成为税收征管的重要趋势

随着信息技术的迅猛发展和普及，数字化和智能化已经成为引领时代发展的重要动力。在税收征管领域，数字化和智能化的应用将带来革命性的变革，成为未来税收征管的重要趋势。

数字化强调的是将传统的税收征管过程转化为数字化形式的过程，通过电子化的手段进行管理和操作。这不仅可以大幅提高税收征管的效率，减少人力物力的浪费，还可以降低错误率，提高数据的准确性和可靠性。例如，通过电子税务局等在线平台，纳税人可以方便快捷地完成税务申报、税款缴纳等操作，而不需要再耗费大量时间和精力去税务部门排队等待。同时，税务部门也可以实时掌握纳税人的申报和缴税情况，及时发现和处理可能存在的问题。

智能化则是在数字化的基础上，进一步运用人工智能、大数据分析等先进技术，对税收征管过程进行智能化处理。运用智能化的手段，可以更加精准地识别税收风险，及时发现和打击偷税漏税等违法行为，提高税收征管的精准度和有效性。例如，利用大数据分析技术，可以对纳税人的申报数据进行深度挖掘和分析，发现其中可能存在的异常情况和风险点，为税务部门的决策提供有力支持。同时，应用人工智能技术，还可以实现自动化审核、智能化咨询等，进一步提高税收征管的服务水平和质量。

（二）绿色税收将成为未来税收政策的重要方向

随着全球环境问题的日益严峻，环境保护已成为全球共同关注的重要议题。在税收政策方面，绿色税收将成为未来税收政策的重要方向，可以通过经济手段引导企业和个人减少污染排放、节约资源使用，推动社会经济的可持续发展。

绿色税收的核心思想是通过税收政策的调整，对环境保护和资源节约利用产生积极的影响。具体来说，可以对高污染、高耗能的产品和行业征收较高的税，增加其生产成本和市场价格，从而降低其市场竞争力，减少生产和消费；对于环保、节能的产品和行业则给予税收优惠或减免，鼓励其发展和推广。这种差别化的税收政策可以引导企业和个人更加注重环境保护和资源节约，推动社会的绿色转型。

此外，绿色税收还可以为环保事业提供稳定的资金来源。将部分税收收入用于环保项目的投资和支持，可以促进环保产业的发展和壮大，提高环保技术的研发和应用水平。同时，还可以加强环保宣传和教育，提高公众的环保意识和参与度，形成全社会共同关注环保、参与环保的良好氛围。

(三) 国际税收竞争与合作将更加激烈和深入

在经济全球化的背景下，国际税收竞争与合作已成为国际经济关系中的重要组成部分。随着经济全球化的不断发展和深入，国际税收竞争与合作将更加激烈和深入，各国之间需要加强沟通和协作，共同应对跨国税收问题。

国际税收竞争主要体现在各国为了吸引外资、促进经济发展而采取的税收优惠政策上。这种竞争在一定程度上可以促进国际资本流动和资源配置优化，但也可能导致税收收入的减少和税收制度的扭曲。因此，各国在制定税收政策时需要充分考虑国际竞争的影响，避免过度竞争和恶性竞争的发生。

同时，国际税收合作也显得尤为重要。随着跨国公司的不断增多和国际贸易的日益频繁，跨国税收问题也日益突出。例如，跨国公司的利润转移、国际避税等问题已经成为全球共同面临的挑战。为了应对这些问题，各国需要加强国际税收征管合作，共同打击跨国偷税漏税行为，维护国际税收秩序和公平。

此外，随着全球经济的不断融合和发展，国际税收规则也需要不断适应新的形势和变化。各国需要积极参与国际税收规则的制定和修改，推动建立更加公平、合理、透明的国际税收体系。同时，还需要加强与其他国家的沟通和协作，共同应对全球性税收挑战。

第五章 财政支出与公共服务

第一节 财政支出的结构与效率分析

一、财政支出的分类与结构

（一）财政支出的分类

财政支出作为政府经济活动的重要组成部分，其分类方式多种多样，旨在从不同维度揭示支出的性质和目的。

按经济性质分类，财政支出可分为购买性支出和转移性支出。购买性支出是指政府为获取商品和劳务而发生的支出，如基础设施建设、公共服务采购等；转移性支出则是政府为实现社会公平和收入再分配而进行的无偿资金转移，如社会保障支出、补贴等。

按功能分类，财政支出可分为经济建设支出、社会发展支出和国家政权建设支出等。经济建设支出主要用于支持经济发展和产业升级，如交通、能源等基础设施建设；社会发展支出侧重于教育、医疗、文化等社会事业的投入；国家政权建设支出则是保障政府行政运行和国家安全所必需的支出。

按行政级别分类，财政支出可分为中央财政支出和地方财政支出，分别反映不同层级政府的财政活动范围和重点。

这些分类方式不仅有助于我们全面理解财政支出的构成，还为政策制定和预算管理提供了重要依据。例如，通过分析按功能分类的财政支出数据，我们可以清晰地看到政府在各个领域的投入力度和优先顺序，从而评估政府政策的执行情况和效果。

（二）财政支出结构的特点

财政支出结构是指各类财政支出在总支出中的占比关系，它反映了政府在不同领域和事务上的资源配置情况。财政支出结构的特点主要表现为动态性、复杂性和政策性。

动态性是指财政支出结构会随着经济社会的发展而不断调整优化。在不同的经济发展阶段和社会背景下，政府面临的主要问题和挑战也会发生变化，这就要求对财政支出结构进行相应调整以适应新的形势和需求。例如，在经济发展初期，政府可能更倾向于增加经济建设支出以推动经济增长；而在经济成熟阶段，社会发展和民生保障支出可能会占较大的比重。

复杂性是指财政支出涉及多个领域和部门，各类支出之间的关系错综复杂。政府的财政支出活动涉及经济、社会、文化等多个领域，每个领域都有其特定的需求和目标。同时，不同领域和部门之间的财政支出也可能存在相互关联和影响。例如，教育支出的增加可能会提高劳动力素质，进而促进经济增长和税收增加；而环保支出的增加则可能提高环境质量，进而提高人民生活水平和社会福祉。

政策性是指财政支出结构受国家政策导向的影响较大，反映了一定时期的政策目标和重点。政府作为国家的管理者和调控者，其财政支出活动必然受到国家政策的影响和制约。国家在不同时期的政策目标和重点不同，其财政支出结构也会相应地进行调整，以体现这些政策的意图。例如，在应对经济危机的时期，政府可能会增加财政赤字和刺激性支出以推动经济复苏；而在经济过热和通货膨胀严重的时期，政府可能会采取紧缩性财政政策，以控制物价上涨和稳定经济秩序。

（三）中国财政支出结构的演变

随着我国经济社会的发展变革，财政支出结构也在不断调整优化。改革开放以来，我国经历了从计划经济向市场经济的转型，政府职能和财政角色也发生了深刻变化。在这一背景下，我国财政支出结构呈现出以下演变趋势：

一是经济建设支出比重逐渐下降，社会发展支出比重稳步上升。在改革开放初期，为了推动经济快速增长和实现工业化目标，我国财政支出中经济建设支出占据了较大比重。然而，随着经济发展进入新阶段和产业结构升级转型的需求日益迫切，政府开始更加注重社会事业的发展和民生保障的投入。因此，近年来在我国财政支出结构中，教育、医疗、社保等社会发展支出的比重逐渐上升。

二是中央财政支出比重有所下降，地方财政支出比重上升。随着分税制改革的实施和财政管理体制的完善，中央和地方之间的财政关系逐渐理顺。在这一背景下，中央财政支出比重有所下降而地方财政支出比重上升成为必然趋势。地方政府在提供公共服务、推动地方经济发展等方面承担着越来越重要的责任。

三是政府购买服务、政府和社会资本合作（Public-Private-Partnership，PPP）等新型财政支出方式逐渐兴起。随着政府职能转变和公共财政体系的建立完善，政府购买服务、PPP 等新型财政支出方式逐渐兴起并成为重要趋势之一。这些新型支出方式旨在通过引入市场机制和社会力量，来提高公共服务供给效率和质量水平，同时也为民间资本提供了更多参与公共事业建设的机会。

（四）财政支出结构优化的必要性

优化财政支出结构是提高财政资金使用效率、促进经济社会协调发展的重要手段之一。在当前我国经济社会发展面临诸多挑战和机遇的背景下，优化财政支出结构显得尤为重要和迫切。

首先，优化财政支出结构有助于更好地满足人民群众对公共产品和服务的需求。随着人民生活水平的提高和社会的发展，人民群众对优质教育、医疗保障、环境保护等公共产品和服务的需求日益增长。通过优化财政支出结构，政府可以更加精准地配置财政资源以满足这些需求，提高人民群众的获得感和幸福感。

其次，优化财政支出结构有助于推动经济转型升级和高质量发展。当前我国经济正处于转型升级的关键时期，面临着产业结构优化升级、创新驱动发展等多重任务。通过优化财政支出结构，政府可以引导社会资金流向新兴产业、科技创新等领域，推动经济实现高质量发展。

最后，优化财政支出结构有助于实现社会公平和正义。财政作为国家治理的基础和重要支柱之一，在调节收入分配、促进社会公平等方面发挥着重要作用。通过优化财政支出结构，政府可以更加公平地分配财政资源以缩小城乡差距、区域差距等，实现社会和谐稳定发展。

二、财政支出效率的评价方法与指标体系

（一）财政支出效率的评价方法

财政支出效率的评价是衡量政府财政活动效果的重要手段，其评价方法多种多样，各具特点。

成本—收益分析是一种常用的经济评价方法，它通过比较项目的成本和收益来评估财政支出的效率。这种方法直观易懂，能够量化地反映财政支出的经济效益。然而，它也存在一些局限性，如难以准确衡量某些非货币性收益和成本等。

数据包络分析（Data Envelopment Analysis，DEA）是一种非参数统计方法，用于评估多投入多产出决策单元的效率。它通过构建生产前沿面来评价决策单元的相对效率，不需预设函数形式，具有较强的适用性。但 DEA 方法也存在对异常值敏感、无法提供具体改进建议等不足。

主成分分析是一种降维技术，通过提取影响财政支出效率的主要因素来简化评价过程。它能够将众多指标转化为少数几个综合指标进行评价，提高了评价的科学性和可操作性。但主成分分析也存在信息损失、解释性不足等问题。

在实际应用中，这些方法往往需要结合使用，以相互补充和验证。例如，可以先使用主成分分析提取关键指标，再运用成本—收益分析和 DEA 方法对关键指标进行效率评价。这样既能简化评价过程，又能提高评价的准确性和可信度。

（二）财政支出效率的指标体系

财政支出效率的指标体系是评价财政支出效果的重要依据和工具。一个科学合理的指标体系应该能够全面、客观地反映财政支出的投入、产出和效果。投入指标主要反映财政资金的投入情况，如财政支出总额、各类财政支出占比等；产出指标主要反映财政资金的

使用效果，如基础设施建设进度、公共服务提供情况等；效果指标则主要反映财政资金使用的社会效益和经济效益，如人民生活水平提高程度、经济增长速度等。这些指标相互关联、互为补充，共同构成了财政支出效率的完整评价体系。

在实际操作中，这些指标可以通过政府部门的统计数据、调查报告等途径获取并进行量化处理。同时，为了确保指标体系的科学性和合理性，还需要根据具体情况对指标体系进行动态调整和优化，以适应经济社会发展的变化和需求。此外，还需要注意指标之间的可比性和一致性，以便进行横向和纵向的比较分析。

三、中国财政支出的现状与问题剖析

（一）中国财政支出的现状

近年来，我国财政支出规模呈现出持续扩大的趋势。随着国家经济实力的不断增强和财政收入的稳步增长，政府有能力在更多领域和更大范围内提供公共服务，满足人民群众日益增长的物质文化需求。在教育、医疗、社保等民生领域，财政投入力度持续加大，推动了社会事业的全面进步。同时，政府还注重发挥财政资金的引导作用，通过加大在基础设施建设、科技创新、环境保护等领域的投入，促进经济结构的优化升级和可持续发展。

从支出结构来看，我国财政支出逐步向优化和均衡的方向发展。在保障和改善民生方面，政府不断加大对教育、医疗、社保等领域的投入力度，提高了基本公共服务均等化水平。在促进经济发展方面，政府注重发挥财政政策的逆周期调节作用，通过加大减税降费力度、扩大投资等措施来稳定经济增长。在推动社会事业发展方面，政府加大了对文化、体育等领域的投入力度，提升了国家软实力。

（二）中国财政支出存在的问题

尽管我国财政支出取得了显著成效，但仍存在一些问题，需要引起关注。第一，部分地区和领域存在财政资金使用效益不高的问题。一些地方和部门在预算编制和执行过程中存在盲目性、随意性和浪费性等问题，导致财政资金未能充分发挥效益。第二，一些地方政府债务风险逐渐显现，对财政安全构成威胁。部分地方政府为追求经济增长速度而过度举债，导致债务规模不断扩大，偿债压力日益加大。部分领域存在"重投入轻管理"的现象。一些地方和部门在项目实施过程中只注重资金投入而忽视后期管理和维护，导致资源浪费和效益低下。第三，财政支出透明度不足也是亟待解决的问题之一。部分地方和部门在财政支出信息公开方面存在不及时、不全面、不准确等问题，影响了公众对财政支出的知情权和监督权。

（三）问题产生的原因分析

上述问题的产生主要有以下几个方面的原因：一是预算管理制度不完善。部分地方和部门在预算编制和执行过程中缺乏科学性和精细化，导致预算编制过于笼统、执行过于随意。二是部分地方政府片面追求经济增长速度。部分地方政府为追求短期政绩而过度举债投资，忽视了财政风险防控和长期可持续发展。三是部分领域管理体制机制不健全。一些领域存在多头管理、职责不清等问题，导致资源配置效率低下和浪费现象严重。四是信息公开和监督机制不完善。部分地方和部门在信息公开和监督方面存在制度缺陷和执行不力等问题，导致财政支出透明度不足和公信力下降。

（四）解决中国财政支出问题的对策

针对上述问题及其产生的原因，本书从以下几个方面提出建议：一是完善预算管理制度。加强预算编制的科学性，提高预算执行的规范性和有效性。同时，建立健全预算绩效评价体系，对财政资金的使用效果进行客观公正的评价。二是加强地方政府债务管理制度。建立风险预警和防控机制，严格控制地方政府债务规模，防范化解债务风险。同时，可以推动地方政府融资平台市场化转型，降低政府隐性债务风险。三是深化相关领域改革。优化资源配置和提高使用效益，推动相关领域管理体制机制创新，加强后期管理和维护工作，确保项目长期稳定运行并发挥效益。四是加强信息公开和监督机制建设。建立健全信息公开制度，及时、全面、准确地公开财政支出信息，接受社会监督。同时，加大审计、监察等部门的监督力度，对违法违规行为进行严肃查处。

四、优化财政支出结构的路径与对策

（一）明确优化财政支出结构的目标和原则

优化财政支出结构的目标能实现财政资金的合理配置和高效使用，更好地满足人民群众的需求和促进社会的协调发展。在优化过程中，应坚持以下原则：一是保障重点原则。要确保关系国计民生的重点领域得到足额保障，如教育、医疗、社保等民生领域以及科技创新、生态环境保护等战略性领域。二是效益优先原则。要注重提高财政资金的使用效益，通过加强预算管理和绩效评价等工作，确保每一笔资金都能用在"刀刃"上。三是公平公正原则。要确保各地区和领域都能享受到公共财政的阳光雨露，推动基本公共服务均等化水平的提高。四是可持续发展原则。要注重长远规划和代际公平，避免过度举债和浪费性支出等行为对未来发展造成负面影响。

（二）调整和优化各类财政支出的比例关系

针对当前财政支出结构存在的问题和不足，应调整和优化各类财政支出的比例关系。具体而言：一是适当压缩一般性支出。降低行政运行成本，提高政府运行效率和服务质量。二是加大民生领域投入力度。提高社会保障水平，提高人民群众的福利待遇。三是支持创新驱动发展战略实施。增加科技研发投入，推动科技创新和成果转化应用，提高国家竞争力和可持续发展能力。四是加大生态环境保护治理投入力度。推动绿色发展理念落地生根，加强生态环境保护治理工作，建设美丽中国。

（三）创新财政支出方式和手段

创新财政支出方式和手段是提高财政资金使用效率的重要途径。可以采取以下措施：一是推广运用 PPP 模式。通过引入社会资本参与提供公共产品和服务，减轻政府财政压力并提高项目运营效率和质量。二是实施更加积极有效的财政政策工具，如减税降费、贷款贴息等支持实体经济发展的政策工具，减轻企业负担并激发市场活力。三是加强财政资金管理使用过程中的信息化建设和智能化技术应用。提高管理效率和透明度，减少人为干预。

（四）加强预算管理和绩效评价工作

加强预算管理和绩效评价工作是优化财政支出结构的重要保障。应做好以下几方面工作：一是完善预算编制程序和方法。提高预算编制的科学性和准确性，确保预算与实际需求相匹配并得到有效执行。二是强化预算执行过程中的监控和纠偏机制。及时发现并纠正预算执行过程中的偏差和问题，确保预算得到有效执行并达到预期目标。三是建立健全绩效评价体系。对财政资金的使用效果进行客观公正的评价，为优化财政支出结构提供科学依据和决策支持。四是加强评价结果的应用和问责机制建设。将评价结果作为预算编制和资金分配的重要依据之一，并对评价结果不佳的项目进行问责和整改，推动预算管理水平不断提升。

（五）深化财税体制改革和配套措施建设

深化财税体制改革和配套措施建设是优化财政支出结构的根本途径。应从以下几个方面入手：

一是完善税收制度，降低企业负担，激发市场活力。通过简化税制、降低税率、扩大税基等措施来完善税收制度，减轻企业负担并激发市场活力；同时，可以加强税收征管工作，防止发生税收流失和逃避现象。

二是推进中央与地方财政事权和支出责任划分改革，明确各级政府的职责边界。通过合理划分中央与地方财政事权和支出责任来明确各级政府的职责边界，避免责任不清和推诿现象的发生；同时，加强中央对地方转移支付制度的规范性和有效性，提高地区间基本公共服务均等化水平。

三是加强财政法治建设，提高依法理财水平。通过制定和完善相关法律法规来规范财政行为，提高依法理财水平；同时，需加大对违法违规行为的查处力度，维护财经纪律的严肃性和权威性。

四是建立健全现代财政制度，推动国家治理体系和治理能力现代化。通过建立健全现代财政制度来推动国家治理体系和治理能力现代化，为优化财政支出结构提供制度保障和支撑；同时，加强与国际社会的交流与合作，借鉴先进经验和做法，推动我国财政支出结构的不断优化和升级。

第二节 公共服务供给的财政保障

一、公共服务的定义与分类

（一）公共服务的定义

公共服务涉及广泛，其核心在于由政府或其他公共组织提供，目的是满足社会公共需要。这些需要可能是基本的，也可能是发展性的，但无论如何，它们都是为了提升社会整体福祉和生活质量。公共服务具有非营利性、非排他性和非竞争性等显著特征。非营利性意味着这些服务并非为了追逐经济利润，而是出于社会公益的考虑。非排他性则强调所有社会成员都有权利享受这些服务，不应被排除在外。非竞争性是指公共服务的提供不应导致某些人或群体之间的竞争，而应该是普遍可得的。通过这些特征，我们可以总结公共服务的本质和目的，那就是为了全体社会成员的基本生活需求和提高社会整体福利水平。

从更深层次的角度来看，公共服务不只是一种产品或服务的提供，它更是社会公平和正义的体现。通过提供公共服务，政府和其他公共组织能在一定程度上缩小社会贫富差距，保障弱势群体的基本生活，推动社会的和谐稳定发展。因此，公共服务的重要性不言而喻，它是现代社会不可或缺的一部分。

（二）公共服务的分类

公共服务涵盖多个领域和方面，可根据其性质和功能的不同，分类如下：

基础性公共服务：这是公共服务中最基础的一类，主要包括基础设施建设和公共交通服务。基础设施如道路、桥梁、水利、电力等，是社会经济发展的重要支撑。公共交通服务则包括公交、地铁、铁路等，是城市居民日常出行的重要保障。这些服务对于社会的正常运转和进步至关重要。

经济性公共服务：这类服务主要围绕经济发展展开，包括科技推广、政策咨询、就业培训等。科技推广能够推动科技创新和成果转化，提升产业竞争力。政策咨询为企业提供政策解读和规划建议，帮助企业把握市场机遇。就业培训则针对劳动力市场需求，提供技能培训和职业指导，促进人力资源的开发和利用。这些服务对提升经济发展质量和效益具有重要作用。

社会性公共服务：这是与人民群众生活最紧密的一类公共服务，主要涉及教育、医疗、社会保障等领域。教育是国之大计、党之大计，对提升国民素质和推动社会进步具有重要意义。医疗服务直接关系到人民群众的身体健康和生命安全，是社会稳定的重要保障。社会保障则通过养老、医疗、失业等保险制度，为人民群众提供基本生活保障，增强社会安全感。这些服务对提升人民群众的生活质量和幸福感具有重要作用。

公共安全服务：这类服务主要涉及公安、消防、应急救援等领域，是维护社会稳定和人民群众生命财产安全的重要保障。公安服务通过打击犯罪、维护治安等，保障人民群众的人身财产安全。消防服务通过火灾预防、灭火救援等，减少火灾对人民群众生命财产的威胁。应急救援服务则针对自然灾害、事故灾难等突发事件，提供紧急救援和灾后重建支持，帮助受灾群众尽快恢复正常生活。这些服务对维护社会稳定和人民群众的生命财产安全具有重要意义。

二、财政在公共服务供给中的作用与定位

（一）财政的作用

财政在公共服务供给中扮演着重要的角色，主要体现在以下几个方面：

资金保障：公共服务项目的实施需要大量的资金投入，而财政作为政府的资金管理部门，通过预算安排和资金投入，为公共服务供给提供稳定的资金来源。无论是基础设施建设、教育医疗投入还是社会保障支出，都需要财政的支持和保障。只有确保有足够的资金投入，才能推动公共服务项目顺利实施和运营。

调节功能：财政不仅是资金的提供者，还具有重要的调节功能。通过税收、补贴等手段，财政可以引导社会资源的配置方向，优化公共服务结构。例如，对于某些急需发展的公共服务领域，财政可以通过提高补贴力度、降低税收负担等方式，吸引更多的社会资源投入其中；对于一些过度发展的领域，可以通过调整税收政策、减少补贴等手段来适当限制。这样一来，财政就能够在公共服务供给中发挥"四两拨千斤"的作用，推动公共服务的均衡和协调发展。

监督管理：公共服务资金的管理和使用涉及广大人民群众的切身利益，因此必须确保资金的安全有效使用。财政作为公共服务资金的主要管理部门之一，承担着重要的监督管理职责。通过建立健全的预算管理制度、资金使用监管机制等，财政可以对公共服务资金的使用情况进行全程跟踪和监控，确保资金能够专款专用、规范使用。同时，对于发现的违规行为和资金使用不当情况，财政也应依法依规进行处理和处罚，保障公共服务资金的安全和有效使用。

（二）财政的定位

在公共服务供给中，财政的定位是"保基本、促公平、可持续"。这一定位既体现了财政在公共服务供给中的基本职责和功能，也反映了财政在推动社会公平和可持续发展方面的重要作用。

"保基本"是指财政要确保基本公共服务的供给。基本公共服务是人民群众最基本、最迫切的需求之一，包括教育、医疗、社会保障等领域。这些服务的供给直接关系到人民群众的基本生活质量和幸福感。因此，财政在公共服务供给中的首要任务就是确保这些基本服务的供给能满足人民群众的需求。通过加大资金投入、优化支出结构等手段，财政可

以推动基本公共服务的均衡发展和质量提升。

"促公平"是指财政要通过均衡性转移支付等手段缩小地区间、城乡间的基本公共服务差距。由于历史、地理、经济等因素的影响，我国不同地区、不同城乡之间的基本公共服务水平存在较大的差距。这种差距不仅影响了人民群众的获得感，还制约了区域经济的协调发展和社会的和谐稳定。因此，财政在公共服务供给中需要发挥调节功能，通过均衡性转移支付等手段加大对欠发达地区的支持力度，推动基本公共服务的均等化发展。同时，还需要建立健全的公共服务标准和评价体系，加强对公共服务质量的监督和评估，确保人民群众都能享受到优质、高效的公共服务。

"可持续"是指财政要确保公共服务的长期稳定发展。公共服务供给不是一时的行为，而是需要长期投入和持续运营的过程。因此，财政在公共服务供给中需要考虑资金的可持续性问题。一方面，要确保公共服务项目有稳定的资金来源和合理的支出安排；另一方面，也要注重提高公共服务项目的运营效率和管理水平，降低运行和维护成本。同时，还需要关注公共服务项目与经济社会发展的协调性问题，确保公共服务项目能够与社会经济发展相适应并持续发挥作用。

三、构建公共服务供给的财政保障机制

（一）明确政府间事权与支出责任划分

合理划分各级政府间的事权与支出责任，是构建公共服务供给财政保障机制的重要前提。事权与支出责任的明确划分，有助于各级政府各司其职、各负其责，避免责任推诿和资源浪费现象的发生，确保公共服务的有效供给。

中央政府作为国家层面的管理者，应主要负责全国性、跨区域的公共服务供给，如国防、外交、全国性基础设施建设等。这些公共服务具有全局性和战略性，需要中央政府进行统一规划和协调。同时，中央政府还应通过财政转移支付等手段，支持地方政府提供地区性公共服务，促进区域均衡发展。

地方政府应主要负责本地区的公共服务供给，如教育、医疗、社保、环保等。这些公共服务与人民群众的日常生活密切相关，需要地方政府根据本地实际情况进行具体规划。地方政府应充分了解本地居民的需求和偏好，提供符合本地特色的公共服务。

在明确事权与支出责任的基础上，各级政府间还应建立有效的协调机制。针对跨区域的公共服务问题，如流域治理、空气污染防治等，需要相关地方政府协同合作，共同解决问题。同时，中央政府也应加强对地方政府的指导和监督，确保公共服务的顺畅供给。

（二）完善财政转移支付制度

财政转移支付制度是平衡地区间财力差距、实现公共服务均等化的重要手段。通过转移支付，中央政府可以向财力较弱的地方政府提供资金支持，帮助其提高公共服务供给能力。然而，目前我国的转移支付制度还存在一些问题，如资金分配不够透明、公正性有待

提高等。

为了完善财政转移支付制度，应首先从制度设计入手，建立科学、合理的转移支付计算公式和分配机制，确保资金能够真正用于公共服务供给。同时，还应提高转移支付的透明度和公正性，加强对资金分配过程的监督和管理，防止权力寻租现象的发生。

其次，应加强对转移支付资金的监管和评估。应建立健全的监管机制，对转移支付资金的使用情况进行定期检查和专项审计，确保其使用效率和效益。同时，还应建立绩效评估体系，对转移支付的效果进行客观评价，为未来的资金分配提供科学依据。

（三）创新公共服务供给方式

在保障公共服务供给的同时，还应积极探索创新公共服务供给方式。传统的政府直接供给方式虽然具有稳定性高、覆盖面广等优点，但也存在效率不高、质量欠佳等问题。因此，需要引入市场机制和社会力量，推动公共服务供给方式的创新。

例如，可以引入市场机制，通过政府购买服务、公私合营等方式，提高公共服务的供给效率和质量。政府购买服务可以将部分公共服务外包给专业机构或社会组织，利用其专业化和规模化优势降低成本、提高效率。公私合营则可以吸引社会资本参与公共服务供给，减轻政府财政压力的同时提高服务质量。

此外，还可利用现代信息技术手段推动"互联网+公共服务"的发展。应用互联网平台和技术手段，可以实现公共服务的在线化、智能化和便捷化，为人民群众提供更加高效、便捷的公共服务体验。例如，在线教育、远程医疗等新型服务模式正在逐渐兴起并得到广泛应用。

（四）加强财政预算管理与监督

预算管理是财政保障公共服务供给的重要手段之一。加强财政预算管理，可以确保公共服务的资金需求和供给得到有效匹配和平衡。具体来说，应加大对公共服务预算的编制、审批和执行等环节的监管力度。预算编制应科学、合理、全面反映公共服务的实际需求；审批过程应严格、规范，避免权力寻租现象的发生；执行过程则应注重效率和质量双提升。

同时，还应建立健全的预算绩效评价体系和监督机制。对公共服务供给的财政资金使用情况进行全面跟踪和评估，可以发现存在的问题和不足之处，并及时采取措施加以改进和优化。这样可以确保资金的安全使用，并推动公共服务供给质量的持续提升。

四、提高公共服务供给质量与效率的财政政策

（一）加大财政投入力度

提高公共服务供给质量与效率的首要措施是加大财政投入力度。财政投入是公共服务供给的重要资金来源，只有确保有足够的投入，才能满足人民群众对高质量公共服务的需

求。各级政府应充分认识到公共服务供给的重要性，合理安排预算支出结构，确保公共服务领域的投入稳定增长。在预算编制过程中，应优先考虑公共服务领域的资金需求，确保重点项目的顺利实施。同时，还应积极争取中央财政的转移支付资金和各类专项资金支持，拓宽公共服务供给的资金来源渠道。通过多渠道筹集资金，为公共服务供给提供稳定的财力保障。

（二）优化财政支出结构

优化财政支出结构是提高公共服务供给质量与效率的关键环节。财政支出结构的合理性直接影响公共服务的供给效果。各级政府应根据经济社会发展的实际需求和人民群众的迫切需求，优先安排基础性、经济性、社会性和公共安全类等重点领域的财政支出。这些领域是公共服务供给的核心内容，直接关系到人民群众的切身利益。优化财政支出结构，可以使有限的财政资金用在"刀刃"上，提高公共服务供给的针对性和有效性。

同时，在优化财政支出结构的过程中，还应注重区域均衡发展和城乡协调发展。不同地区在经济发展水平、人口结构、资源禀赋等方面存在差异，因此公共服务需求也存在差异。各级政府应根据本地实际情况制定差异化的公共服务供给策略，推动公共服务的均等化进程。通过加大对欠发达地区的财政支持力度，缩小区域和城乡之间的公共服务差距，让人民群众共享改革发展成果。

（三）推行绩效管理机制

推行绩效管理机制是提高公共服务供给质量与效率的有效手段。绩效管理强调结果导向和效益优先，可以通过设定明确的绩效目标、制定科学的绩效评价体系和考核机制，将绩效理念贯穿于公共服务供给的全过程。这样可以激发服务提供者的积极性和创新性，推动其不断改进服务方式、提高服务质量。

在推行绩效管理机制的过程中，应注重对公共服务项目的绩效评估和监督考核。对项目的投入、产出、产生效果等方面进行全面评估和分析。同时还应建立健全的激励机制和约束机制相结合的管理体系，对表现优秀的服务提供者给予奖励和表彰；对表现不佳的服务提供者则要问责并令其限期整改。这样可以形成有效的激励约束机制，推动公共服务供给质量与效率的持续提升。

（四）引入市场竞争机制

引入市场竞争机制是提高公共服务供给质量与效率的重要途径之一。市场竞争具有优胜劣汰、效率优先的特点，可以激发服务提供者的积极性和创新性，促使其不断改进服务方式、提高服务质量；还可以降低服务成本、提高服务效率等。在公共服务领域引入市场竞争机制需要建立健全的市场准入和退出机制、完善的市场监管体系及公平公正的市场环境等。实施这些措施，可以逐步打破政府垄断的局面，以吸引更多优秀的社会力量和资本进入公共服务领域，形成多元化的供给格局，从而更好地满足人民群众多样化、个性化的需求。

同时，在引入市场竞争机制的过程中也应注意防范市场风险和维护公共利益。政府应加大对市场主体的监管力度，规范市场秩序，防止恶性竞争和损害公共利益的行为发生。此外，还应建立健全的公共服务定价机制和成本补偿机制等，确保公共服务的公益性和可持续性不受影响。

（五）加强人才培养与队伍建设

加强人才培养与队伍建设是提高公共服务供给质量与效率的基础保障之一。人才是推动事业发展的关键因素之一，只有高素质、专业化的人才队伍才能为公共服务供给提供有力的支撑和保障。各级政府应高度重视公共服务领域的人才培养和队伍建设工作，加大人才培养投入力度，提高公共服务从业人员的专业素质和技能水平，为其提供更好的职业发展平台和机会，吸引更多优秀人才投身于公共服务事业中。

同时，还应推动人才队伍的持续优化和发展。即加大对公共服务从业人员的培训和教育力度，提高其服务意识和职业素养，培养其创新精神和团队协作能力，为公共服务供给提供有力的人才保障和智力支持。

五、公共服务均等化与财政转移支付制度

（一）公共服务均等化的内涵与意义

公共服务均等化是指在一定范围内（如全国或某地区），无论人们身处何地、从事何种职业、拥有何种社会地位，都能享受到大致相同的公共服务水平。实现公共服务均等化有助于缩小区域差距、城乡差距和社会阶层差距，促进社会公平正义和全面可持续发展。

（二）财政转移支付制度在促进公共服务均等化中的作用

财政转移支付制度是实现公共服务均等化的重要政策工具之一。通过财政转移支付制度，中央政府可以向地方政府提供资金支持，帮助地方政府改善公共服务供给条件和能力；也可以通过调节不同地区间的财力分配格局，来缩小地区间基本公共服务水平差距。因此，完善财政转移支付制度对于促进公共服务均等化具有重要意义。

（三）完善财政转移支付制度的措施

为完善财政转移支付制度并更好地发挥其作用，可以采取以下措施：一是建立科学规范的转移支付计算方法和标准体系；二是加大中央对地方转移支付资金的监管力度；三是推动形成以一般性转移支付为主、专项转移支付为辅的转移支付结构；四是逐步实现以常住人口为依据进行转移支付资金的分配等。这些措施将有助于政府更好地发挥财政转移支付制度在促进公共服务均等化中的作用。

第三节 财政支出与经济发展的协同效应

一、财政支出与经济增长的关系理论

（一）财政支出的增长效应

财政支出，作为政府在经济活动中发挥调控作用的重要手段，对经济增长具有直接且显著的促进作用。当政府增加在基础设施建设、教育、医疗等关键领域的财政支出时，这些资金将被直接注入经济体系，刺激相关产业的发展和扩张。基础设施的完善可以提升物流效率、降低生产成本，从而提高整体经济的生产力水平。教育和医疗领域的投入则能够提升人力资源质量，保障劳动力供给，为经济增长提供持续的动力。

除了直接促进作用，财政支出还可以通过引导社会资本流向、优化资源配置等方式间接促进经济增长。政府投资往往具有示范效应，能够吸引社会资本跟随投入，从而放大财政支出的影响力。同时，政府还可以通过财政支出政策来引导社会资本投向符合国家发展战略和产业政策的领域，推动经济结构的优化和升级。

（二）财政支出的结构效应

财政支出的结构对经济增长的影响同样重要。不同领域的财政支出对经济增长的贡献程度存在差异，这种差异主要源于各领域对生产要素的依赖程度和对经济增长的拉动作用不同。例如，教育、科技等领域的财政支出可以提高人力资本水平和科技创新能力，这些要素是经济增长的核心驱动力，能够为经济增长提供持续的动力。因此，增加这些领域的财政支出有助于提升国家整体的创新能力和竞争力。

相比之下，社会保障、环保等领域的财政支出对经济增长的贡献可能不那么直接，但它们同样具有重要意义。社会保障支出可以维护社会稳定，减少社会矛盾和冲突，为经济增长提供良好的社会环境。环保支出则可以保护生态环境，避免因环境污染和生态破坏而造成的经济损失，同时为绿色发展和可持续发展提供支撑。

因此，优化财政支出结构是实现经济增长的重要途径。政府应根据经济发展阶段和国家战略需求，合理调整财政支出结构，确保资金投向最具增长潜力和社会效益的领域。同时，还应提高财政支出效率，确保资金的有效使用和效益的最大化。

（三）财政支出的挤出效应

虽然财政支出对经济增长具有促进作用，但过度的财政支出也可能产生挤出效应。当政府增加财政支出时，可能会导致社会资本流向政府投资领域，从而减少对其他领域的投资。在这种情况下，政府投资可能会挤占私人投资的空间，导致整体投资效率下降。此外，过度的财政支出还可能引发通货膨胀等问题，对经济增长产生负面影响。

因此，在制定财政支出政策时，政府需要权衡利弊，避免过度干预市场运行。政府应尊重市场规律，充分发挥市场在资源配置中的决定性作用。在制定财政支出政策时，应注重其与货币政策的协调配合，保持适度的财政赤字和债务规模，避免对经济产生过大的冲击。

（四）财政支出与经济增长的互动关系

实际上，财政支出与经济增长之间存在一种互动关系。这种互动关系体现在两个方面：一方面，经济增长为财政支出提供了更多的资金来源和更大的支出空间；另一方面，合理的财政支出安排又可以推动经济增长。当经济增长较快时，政府可以通过增加税收等方式筹集更多的财政收入，从而扩大财政支出的规模和范围。这些支出可以用于支持基础设施建设、教育、医疗等领域的发展，进一步推动经济增长。同时，合理的财政支出安排也可以引导社会资本流向、优化资源配置、提升创新能力等，为经济增长提供持续的动力。

这种互动关系要求我们在制定财政政策时充分考虑经济增长的需要和财政的承受能力。在制定财政支出政策时，应注重其与经济增长目标的协调配合，确保财政支出规模和结构与经济增长需求相适应。同时，还应加强财政预算管理和监督，提高财政资金使用效率和效益，确保每一笔支出都能发挥最大的经济效益和社会效益。

二、财政支出对经济发展的促进作用分析

（一）推动产业升级与转型

财政支出在推动产业升级与转型方面发挥着重要作用。政府可以通过增加对新兴产业的财政支出，如新能源、节能环保等领域，来引导社会资本的流向，促进这些产业的快速发展。这种支持不仅可以提供资金上的帮助，还可以通过政策引导、市场培育等方式为新兴产业的成长创造良好的外部环境。新兴产业的快速发展将带动相关产业链条的完善和提升，进而推动整个经济体系的转型升级。

此外，政府还可以通过设立科技创新基金、提供研发补贴等方式鼓励企业进行技术创新和产品升级。这些政策措施可以降低企业的创新风险和创新成本，提高企业的创新积极性和能力。技术创新和产品升级将提高产业的附加值和竞争力，推动产业向高端化发展。同时，技术创新还将产生溢出效应，带动其他产业和领域的创新发展，形成良性循环。

（二）优化资源配置、提高效率

财政支出在优化资源配置和提高效率方面也发挥着重要作用。政府可以通过购买服务、公私合营等方式引入市场竞争机制。这些方式可以突破传统模式下政府单一供给的局限性，引入更多的社会力量和资本参与到公共服务领域。引入市场竞争机制，可以推动公

共服务供给主体之间的竞争和合作，提高服务效率和质量水平。同时，公私合营等方式还可以减轻政府的财政压力、降低风险，实现共赢发展。

除了公共服务领域，政府还可以通过设立产业投资基金、引导社会资本投向重点领域和薄弱环节等方式，优化产业结构布局和区域发展格局。这些政策措施可以引导社会资本流向具有发展潜力和比较优势的产业和地区，推动经济结构的优化和升级。同时，政府还可以通过财政支出政策来协调区域发展不平衡的问题，促进区域经济的均衡发展。

（三）促进就业与社会稳定

财政支出在促进就业和社会稳定方面也发挥着重要作用。政府可以通过加大对教育、培训等领域的投入力度来提高劳动者的就业能力和素质水平。教育和培训是提高人力资源质量的重要途径，可以通过提升劳动者的知识技能和综合素质来增强其就业竞争力和适应能力。这有助于缓解就业压力、减少失业问题，为经济发展提供稳定的人力资源保障。

同时，政府还可以通过加大对社会保障、医疗卫生等领域的支持力度，来保障人民群众的基本生活需求和维护社会稳定大局。社会保障体系的完善可以减少社会矛盾和冲突，增强人民群众的安全感和幸福感。医疗卫生服务的提升则可以保障人民群众的健康权益，提高整体健康水平和生活质量。这些措施都将为经济发展创造良好的社会环境和人力资源基础。

（四）增强国际竞争力与合作水平

财政支出还可以通过支持企业"走出去"、参与国际竞争与合作等方式增强国家的竞争力。随着经济全球化的深入发展，国际竞争与合作已经成为推动经济发展的重要力量。政府可以通过设立海外投资保险制度、提供出口退税等政策措施，来降低企业海外投资风险，鼓励企业积极参与国际市场竞争。这将有助于提升我国企业在国际舞台上的地位和影响力，拓展更广阔的市场空间和机遇。

同时，政府还应加强与其他国家和地区的经贸合作及交流活动，推动双边或多边贸易关系深入发展。加强国际合作与交流，可以增进相互了解和信任，促进贸易和投资自由化、便利化水平提升。这将有助于为我国经济发展创造更加开放、包容、互利的外部环境，推动形成全面开放的新格局。

三、经济发展对财政支出结构与规模的影响

（一）经济增长带来财政收入增加

随着经济的持续增长，政府财政收入也会相应增加，这是经济发展带来的直接效益之一。财政收入的增加为政府扩大财政支出规模、优化财政支出结构提供了有力的资金保障，使政府有更多的资金用于满足社会需求和提供公共服务。经济增长意味着企业盈利的增加、个人收入的提高及消费水平的提升，这些都将转化为税收的增加，进而充实政府的

财政库。同时，经济增长也带来了更多的社会需求和公共服务需求，要求政府在教育、医疗、社保、环保等领域加大投入力度，以满足人民群众对美好生活的向往和需求。因此，经济增长不仅为政府带来了更多的财政收入，也为政府优化财政支出结构、提高公共服务水平提供了动力和契机。

在经济增长的推动下，政府可以更加积极地发挥财政政策的作用，通过扩大财政支出规模来刺激总需求、促进就业和经济增长。同时，政府也可以根据经济发展阶段和社会需求的变化，调整财政支出结构，将更多的资源投向关键领域和薄弱环节，以推动经济社会的协调发展。

（二）产业结构变化引导财政支出方向调整

随着经济的发展和产业结构的调整优化，不同产业在国民经济中的地位和作用也在不断变化。这就要求政府根据产业发展趋势和市场需求变化及时调整财政支出方向和支持重点，以确保财政资金发挥最大的效益。例如，随着新能源、节能环保等产业的快速发展，政府需要加大对这些产业的支持力度，以推动其成为新的经济增长点。同时，对于传统产业和夕阳产业，政府可以适当减少财政支持，引导资源向更高效、更环保的产业转移。

产业结构的变化是经济发展的必然结果，也是推动经济转型升级的重要动力。政府需要根据产业结构的变化趋势，及时调整财政支出方向和支持重点，以实现财政资金的优化配置和高效利用。

（三）区域发展差异要求实行差别化财政政策

我国地域辽阔，不同地区的经济发展水平、产业结构和社会需求存在较大差异。这就要求政府在制定财政政策时要充分考虑地区差异，实行差别化的财政政策，以促进区域协调发展。对于西部地区和东北地区等老工业基地，由于其历史和地理位置等因素，经济发展相对滞后，政府需要给予更多的财政支持和政策倾斜，以帮助其加快发展步伐；对于东部沿海地区，由于其经济基础较好、发展潜力较大，政府应注重引导其转型升级和创新发展，提升经济质量和效益。

实行差别化财政政策是区域协调发展的重要手段之一。通过对不同地区采取不同的财政政策措施，政府可以有针对性地解决各地区面临的实际问题，推动各地区实现优势互补、协调发展。同时，差别化财政政策也有利于促进全国范围内的资源优化配置和高效利用，推动社会的全面协调发展。

（四）国际经济环境变化对财政政策产生影响

当前国际经济环境复杂多变，贸易保护主义抬头、地缘政治风险加剧等都可能对我国的经济发展产生影响。这就要求政府在制定财政政策时要密切关注国际经济环境变化，及时调整政策方向和力度以应对外部挑战。例如，在全球经济复苏乏力的背景下，我国可以适度扩大内需、稳定外需，以保持经济平稳增长；同时，可以加强与其他国家和地区的经贸合作与交流，共同应对全球性挑战。此外，国际经济环境的变化也可能为我国带来新的发展机遇和合作伙伴，需要政府及时调整财政政策，以把握这些机遇。

四、实现财政支出与经济发展良性互动的对策

（一）建立科学民主的决策机制

要实现财政支出与经济发展的良性互动，首先要建立科学民主的决策机制。在制定财政政策时，要广泛听取各方面的意见，确保政策制定的科学性和合理性。同时，要加强对政策执行情况的监督和评估，及时发现问题并进行调整和完善，以确保政策的有效性。建立科学民主的决策机制是实现财政支出与经济发展良性互动的重要保障之一。只有广泛听取各方面的意见，才能确保政策制定的科学性和合理性；只有加强对政策执行情况的监督和评估，才能及时发现问题并进行调整和完善。因此，政府需要不断完善决策机制，提高决策的科学性和民主性，以促进财政支出与经济发展的良性互动。

具体来说，政府可以通过建立专家咨询制度、公众参与制度等方式，广泛收集各方面的意见；通过加强对政策执行情况的监督和评估，及时发现并纠正政策执行中存在的问题；通过建立信息公开制度等方式，提升政策的透明度和公信力。这些措施将有助于建立科学民主的决策机制，推动财政支出与经济发展的良性互动。

（二）优化财政支出结构，提高资金使用效率

针对当前财政支出结构存在的问题，我们需要进一步优化财政支出结构，提高资金使用效率。具体而言，就是要加大对教育、科技、环保等领域的投入力度，推动这些领域的快速发展。教育是国家发展的基石，科技是第一生产力，环保是可持续发展的保障。只有加大对这些领域的投入力度，才能为经济发展提供持续的动力和支持。同时，要压缩一般性支出，降低行政运行成本，为经济发展腾出更多的资金和空间。一般性支出过多会挤占用于经济社会发展的关键领域和薄弱环节的支出，不利于经济社会的协调发展。因此，政府需要进一步优化财政支出结构，合理安排各项支出，确保资金使用的效率和效益。

此外，在优化财政支出结构的过程中，还需要注重资金的使用效率和效益。政府需要加强对财政支出的监管和评估，确保资金使用的合法性和合规性；同时，还需要建立完善的绩效评价机制，对各项支出的效果进行科学评估和分析，为未来的决策提供有力依据。

（三）加强预算管理，规范资金使用行为

预算管理是财政管理的重要组成部分，也是实现财政支出与经济发展良性互动的重要保障。具体而言，要建立完善的预算管理制度，明确预算编制、审批、执行和监督等各个环节的职责和权限。只有建立完善的预算管理制度并严格执行才能确保财政资金的安全和有效使用，避免出现浪费和滥用的情况。同时，要加强对预算执行情况的监督和检查，及时发现并纠正违规使用资金的行为。对于发现的违规行为要依法依规进行处理并追究相关

人员的责任,以维护国家财经纪律的严肃性和权威性。

此外,在加强预算管理的过程中还需要注重信息化建设和科技手段的应用。利用先进的信息技术和科技手段,可以提高预算管理的效率和准确性,降低人为干预的风险、缩小误差。同时也有助于实现财政资金的透明化和公开化,方便社会各界对财政资金使用情况的监督和管理。

(四)深化财税体制改革,完善财政政策体系

要实现财政支出与经济发展的良性互动,还需要从制度层面入手深化财税体制改革,完善财政政策体系。具体而言就是要深化税收制度改革,降低企业税负,激发市场活力;完善转移支付制度,加大对中西部地区和贫困地区的支持力度,促进区域协调发展;加强财政与货币政策的协调配合,形成政策合力,以更好地服务经济发展大局。这些措施将有助于完善我国的财政政策体系,提高政策执行效率,促进财政支出与经济发展的良性互动。

在深化财税体制改革的过程中,我们需要注重改革的系统性、整体性和协调性。各项改革措施需要相互配合、相互促进,形成有机的政策体系。同时,我们还需要注重改革的渐进性和稳健性,确保改革能够平稳推进、取得实效。通过不断深化财税体制改革,我们可以为财政支出与经济发展的良性互动提供坚实的制度保障。

(五)加强国际交流与合作,借鉴先进经验

在经济全球化背景下,加强国际交流与合作对于实现财政支出与经济发展的良性互动具有重要意义。我们可以通过参与国际经济组织、开展双边或多边经贸合作等方式学习借鉴其他国家的先进经验和做法,不断完善我国的财政政策体系和提高政策执行效率。具体而言,可以加强与发达国家在财政政策制定、预算管理、税收征管等领域的交流与合作,学习借鉴其先进的理念和做法;同时也可以与发展中国家分享我国的成功经验和做法,帮助其加快发展步伐,实现共同繁荣。通过加强国际交流与合作,我们可以不断拓宽视野、更新观念,推动我国的财政支出与经济发展实现更高水平的良性互动。

此外,在加强国际交流与合作的过程中,我们还需要注重人才培养和团队建设。通过培养具有国际视野和专业技能的人才队伍,我们可以更好地参与国际交流与合作,学习借鉴其他国家的先进经验和做法。同时,通过加强团队建设和管理,我们可以提高团队协作能力和创新能力,为推动财政支出与经济发展的良性互动提供有力的人才保障和智力支持。

第六章 财政风险与财政安全

第一节 财政风险的识别与评估

一、财政风险的定义与分类

（一）财政风险的定义

财政风险，是指政府财政在运行过程中所面临的潜在危险和不确定性。这种风险主要源于各种内外部因素的存在和影响，它们可能导致财政资金遭受损失，或者使财政运行陷入异常状态。财政风险的严重性不容忽视，它不仅直接关系到政府财政的稳定性和安全性，更会在宏观层面上对国家经济的健康发展和社会稳定产生深远影响。

具体来说，财政风险可能表现为财政收入的减少、财政支出的增加、财政赤字的扩大、政府债务的累积等。这些风险一旦爆发，将会对政府财政造成巨大压力，甚至可能引发连锁反应，导致更广泛的经济、社会问题。因此，对财政风险的防范和化解是政府财政管理工作的重要任务之一。

（二）财政风险的分类

财政风险是一个复杂且多元的概念，可根据其来源和性质进行分类。以下是对财政风险分类的详细阐述：

1. **收入风险**

收入风险主要指政府财政收入的不确定性。这种风险可能来源于多个方面，如经济周期的波动、产业结构的调整、税收政策的变动等。当经济处于下行周期时，企业效益下滑，税收收入可能减少；同时，非税收入也可能受到各种因素的影响而出现波动。此外，政策调整如减税降费等措施的实施，虽然有利于激发市场活力，但也会在一定程度上减少政府的财政收入。管理漏洞也是导致收入风险的重要因素之一，如税收征管不力、偷税漏税等行为都会造成财政收入的损失。

2. **支出风险**

支出风险则主要关注政府财政支出过程中可能出现的各种问题。预算超支是支出风险的一种常见表现形式，可能是项目规划不合理、预算编制不严谨等导致的。支出结构不合理也是支出风险的重要方面，如过度依赖投资拉动经济增长而忽视民生投入等，可能导致财政资源的错配和浪费。此外，资金使用效率低下也是支出风险的一种体现，如项目执行缓慢、资金闲置等都会造成财政资源的浪费。

3. 债务风险

债务风险主要是指政府债务规模过大或债务结构不合理所引发的风险。近年来，随着地方政府债务规模的快速扩张和债务率的不断攀升，债务风险已经成为财政风险的重要组成部分。政府债务风险一旦爆发，将可能导致政府信用危机、财政危机甚至国家经济安全危机。因此，对债务风险的防范和化解是当前财政管理工作的重中之重。

4. 政策风险

政策风险主要关注政府财政政策调整或变动所带来的不确定性。财政政策是政府调控经济的重要手段之一，但政策制定不合理、政策执行不到位或政策环境的变化等都可能导致财政运行出现异常。政府在制定和执行财政政策时需要充分考虑各种因素的影响，确保政策的科学性和有效性。

二、识别财政风险的方法

识别财政风险是预防和化解财政风险的第一步。只有准确识别出财政风险，才能有针对性地采取措施进行防范和化解。以下是一些常用的财政风险识别方法：

（一）财务报表分析法

财务报表分析法是一种通过对政府财政的财务报表进行深入分析来识别财政风险的方法。这种方法主要依赖于财务报表中的各项数据，包括收入、支出、资产、负债等关键指标。对这些数据进行比较、分析和趋势预测，可以揭示出财政运行过程中存在的潜在风险点。例如，收入增长率下降、支出增长率上升、资产负债率升高等都可能预示着财政风险的存在。

在使用财务报表分析法时，需要注意数据的真实性和准确性。财务报表可能会受到人为操纵或会计政策选择的影响，因此，需要对数据进行必要的调整和处理，以消除异常值和噪声干扰。同时，还需要结合其他信息和方法进行综合判断，以提高风险识别的准确性和有效性。

（二）专家调查法

专家调查法是一种借助专家的专业知识和经验来识别财政风险的方法。这种方法通常通过问卷调查、访谈等方式收集专家对财政风险的看法和意见。专家通常具有深厚的理论素养和丰富的实践经验，他们往往能够洞察到一些普通人员难以发现的风险点。因此，专家调查法在财政风险识别中具有重要作用。

在使用专家调查法时，需要注意选择合适的专家团队。专家团队的选择应该基于其专业领域、实践经验和学术声誉等因素进行综合考虑。同时，还需要设计科学合理的问卷和访谈提纲，以确保能够充分收集到专家的意见和看法。

（三）情景分析法

情景分析法是一种通过对未来可能出现的各种情景进行模拟和分析，来预测财政风险的方法。这种方法可以帮助政府预见和应对可能出现的风险挑战，以制定更加科学合理的财政政策和措施。情景分析法的核心在于构建一系列可能的未来情景，并评估这些情景对财政运行的影响。

在使用情景分析法时，需要注意情景构建的合理性和全面性。情景构建应该基于对当前经济形势、政策环境、社会状况等因素的深入理解和分析。同时，还需要考虑各种不确定性因素的影响，以确保情景分析的准确性和有效性。此外，在情景分析过程中还需要保持开放和灵活的态度，及时调整和完善分析框架和假设条件。

（四）定量分析法

定量分析法是一种运用数学模型和统计方法对财政风险进行量化分析的方法。这种方法可以更加客观、准确地评估财政风险的大小和可能性，为风险防范和化解提供科学依据。定量分析法通常包括风险指标体系的构建、风险概率的计算及风险评估结果的解释等步骤。

在使用定量分析法时，需要注意选择合适的数学模型和统计方法。数学模型和统计方法的选择应该基于风险类型、数据特征和分析目的等因素进行综合考虑。同时，还需要确保数据的真实性和准确性，以避免模型误差对结果的影响。此外，在解释评估结果时也需要注意客观公正的态度，避免主观偏见对决策的影响。

三、财政风险评估的指标体系与模型

财政风险评估是指对识别出的财政风险进行量化评估，确定风险的大小、可能性和影响程度，为风险防范和化解提供决策依据。以下是一些常用的财政风险评估指标体系与模型：

（一）财政风险评估指标体系详解

1. 债务率

债务率是指政府债务余额与当年 GDP 的比率。这一指标是衡量政府债务规模是否合理、是否可持续的关键参数。债务率过高可能意味着政府财政压力巨大，未来偿债风险加大，甚至可能影响到国家的经济稳定和发展。因此，合理控制债务率，确保其在安全范围内，是财政风险管理的重要任务。

债务率的计算通常涉及政府债务余额和 GDP 两个数据。政府债务余额是指政府欠债的未偿还部分，也就是政府的债务减去已偿还的债务，是一个动态变化的数据。GDP 则反映了国家一定时期内所有常住单位的生产活动总量，是衡量国家经济规模的重要指标。计算债务率，可以直观地了解政府债务规模与经济发展水平的匹配程度，为政策制定者提供重要参考。

2. 赤字率

赤字率是指政府财政赤字与当年 GDP 的比率，用于衡量政府财政收支平衡情况。财政赤字是政府财政支出超过财政收入的部分，通常以年度为单位进行计算。赤字率的高低直接反映了政府财政收支的紧张程度及财政政策的取向。

赤字率的计算需要准确掌握政府财政赤字和 GDP 的数据。政府财政赤字可以通过财政收入和支出的差额来计算，而 GDP 则如上所述，反映了国家一定时期内的经济总量。将赤字与 GDP 进行对比，可以了解政府财政赤字在经济总量中的占比，从而判断财政赤字的合理性和可持续性。

赤字率过高可能意味着政府财政收支严重失衡，需要通过增加税收、减少支出或发行国债等方式来弥补赤字。这不仅会对经济发展产生负面影响，还可能引发通货膨胀、货币贬值等问题。因此，合理控制赤字率，确保财政收支基本平衡，是财政政策制定的重要目标。

3. 财政收入增长率

财政收入增长率反映了政府财政收入的增长速度。这一指标是衡量财政收入稳定性和可持续性的重要依据。财政收入是政府履行职能、提供公共服务和进行宏观调控的物质基础。因此，保持财政收入的稳定增长对于维护国家经济稳定和发展具有重要意义。

财政收入增长率的计算通常涉及本期财政收入与上期财政收入的比较。计算财政收入增长率，可以了解财政收入的变化趋势和增长速度。如果财政收入增长率保持较高水平，说明政府财政收入稳定增长，财政状况相对较好。反之，如果财政收入增长率出现下滑或负增长，则可能意味着政府财政面临压力和挑战。

4. 财政支出增长率

财政支出增长率反映了政府财政支出的增长速度。这一指标是衡量财政支出合理性和有效性的重要依据。财政支出是政府履行职能、提供公共服务和进行宏观调控的重要手段。因此，合理控制财政支出增长率，确保财政支出的有效性，是财政政策制定的重要目标。

财政支出增长率的计算与财政收入增长率类似，也涉及本期财政支出与上期财政支出的比较。计算财政支出增长率，可以了解财政支出的变化趋势和增长速度。如果财政支出增长率保持合理水平，说明政府财政支出得到有效控制，财政资金使用效率较高。反之，如果财政支出增长率过高或出现无序增长，则可能意味着政府财政存在低效、浪费等问题。

5. 财政风险准备金率

财政风险准备金率反映了政府为应对财政风险而储备的资金规模。这一指标是衡量政府应对风险能力的重要依据。财政风险准备金是政府为应对未来可能出现的财政风险而提前储备的资金，通常用于弥补财政赤字、偿还债务或应对其他突发事件等。

财政风险准备金率的计算涉及财政风险准备金与政府财政总收入或总支出的比较。计算财政风险准备金率，可以了解政府为应对风险所储备的资金规模是否充足。如果准备金率较高，则说明政府具备较强的风险应对能力；反之，如果准备金率较低或没有储备足够的资金，则可能意味着政府在面对风险时缺乏足够的应对实力。

（二）财政风险评估模型详解

1. 线性回归模型

线性回归模型是一种通过建立财政风险指标与影响因素之间的线性关系，来预测财政风险发展趋势和可能结果的模型。这种模型适用于影响因素较简单、线性关系明显的情况。在线性回归模型中，自变量通常指影响财政风险的各种因素，如经济增长率、通货膨胀率、失业率等；因变量则指财政风险指标，如债务率、赤字率等。利用回归分析，可以找出自变量与因变量之间的线性关系，从而预测未来财政风险的发展趋势。

线性回归模型的优点在于简单易用、易于理解。然而，它也存在一定的局限性。第一，线性回归模型假设自变量与因变量之间存在线性关系，但在实际情况中，这种关系可能并不总成立。第二，线性回归模型对异常值和多重共线性等问题较敏感，可能导致预测结果不准确。因此，在使用线性回归模型进行财政风险评估时，需要注意这些问题并采取相应的处理措施。

2. 神经网络模型

神经网络模型是一种模拟人脑神经网络运行方式的复杂非线性模型。这种模型可以处理多因素、非线性、动态变化的财政风险问题，具有较高的预测精度和适应性。神经网络模型通常由输入层、隐藏层和输出层组成，其中，输入层负责接收影响财政风险的各种因素数据，隐藏层负责对这些数据进行处理和分析，输出层则负责输出预测结果。

神经网络模型的优点在于其拥有强大的非线性处理能力和自学习能力。它可以通过学习和训练自动调整网络参数，来适应不同的财政风险情况。然而，神经网络模型也存在一些局限性，如模型复杂度高、计算量大、易出现过拟合等问题。因此，在使用神经网络模型进行财政风险评估时，需要合理选择网络结构和参数，并进行充分的训练和测试。

3. 模糊综合评价模型

模糊综合评价模型是一种运用模糊数学理论和方法将多个财政风险指标综合起来进行评价的模型。这种模型可以处理模糊性、不确定性的财政风险问题，给出更加全面、客观的评价结果。在模糊综合评价模型中，通常需要先确定各个财政风险指标的权重和隶属度函数，然后根据实际情况进行综合评价。

模糊综合评价模型的优点在于其能够处理模糊性和不确定性的问题，使评价结果更符合实际情况。然而，它也存在一些局限性，如权重和隶属度函数的确定具有一定的主观性和随意性，可能影响评价结果的准确性和客观性。因此，在使用模糊综合评价模型进行财政风险评估时，需要科学合理地确定权重和隶属度函数，并进行充分的验证和测试。

4. 风险矩阵模型

风险矩阵模型是一种将财政风险按不同等级进行分类并构建风险矩阵，来评估不同等级风险的可能性和影响程度的模型。这种模型可以直观地展示财政风险的整体情况和重点风险点，为风险防范和化解提供有力支持。在风险矩阵模型中，通常需要先确定各个财政风险指标的风险等级和可能性等级，然后根据这些等级构建风险矩阵并进行评估。

风险矩阵模型的优点在于其能够直观地展示财政风险的整体情况和各个风险点的重要性和紧急性。然而，它也存在一些局限性，如风险等级和可能性等级的确定具有一定的主观性和随意性，可能影响评估结果的准确性。因此，在使用风险矩阵模型进行财政风险评估时，需要合理地确定各个等级的标准，并进行充分的验证和测试。

5. 压力测试模型

压力测试模型是一种通过模拟极端情况下的财政运行情景来测试政府财政在极端压力下的承受能力和风险状况的模型。这种模型可以帮助政府提前发现财政运行中的薄弱环节和潜在风险点，以制定更有针对性的风险防范措施。

压力测试模型的优点在于其能够测试政府财政在极端情况下的承受能力和风险状况，为风险防范提供有力支持。然而，它也存在一些局限性，如极端情景的设定具有一定的主观性和随意性，可能影响测试结果的客观性。因此，在使用压力测试模型进行财政风险评估时，需要科学合理地设定极端情景并进行充分的测试。

第二节 财政风险的防范与化解机制

一、财政风险防范的制度建设

财政风险防范是国家财政稳定与安全的重要保障，而制度建设是防范财政风险的基础和前提。下面将从完善财政法规体系、强化财政预算管理、建立财政风险准备金制度以及加强财政监督和管理四个方面，详细阐述财政风险防范的制度建设。

（一）完善财政法规体系

建立健全财政法规体系是防范财政风险的首要任务。财政法规体系是政府财政活动的法律依据和行为规范，对于保障财政活动的合法性和规范性具有重要作用。因此，需要制定和完善一系列财政法律、法规，明确政府财政的职责、权限和行为规范，确保财政活动在法治轨道上正常运行。

具体而言，应加快制定和修订财政基本法律、行政法规和部门规章，构建内容完整、层次分明、协调统一的财政法规体系。同时，应加大对财政违法行为的处罚力度，加强财政法规的威慑力和执行力。对于违反财政法规的行为，应依法追究相关责任人的法律责任，确保财政法规的严肃性和权威性。

此外，还应加强财政法规的宣传和普及工作，提高全社会对财政法规的认知度和遵守意识。可以通过举办各种形式的宣传活动、开展财政法规教育等方式，增强公众对财政法规的了解和认同，为财政法规的实施营造良好的社会氛围。

（二）强化财政预算管理

预算管理是防范财政风险的重要手段之一。加强预算编制、审批、执行和监督等环节的管理，可以确保预算的合理性、科学性和有效性，从源头上防止财政风险的发生。

在预算编制环节，应坚持量入为出、收支平衡的原则，合理安排预算收入和支出。同时，应细化预算编制内容，提高预算的透明度和可操作性。在预算审批环节，应加强对预算草案的审核和把关，确保预算安排符合法律法规和政策要求。在预算执行环节，应严格按照预算批复执行预算，严禁超预算或无预算安排支出。在预算监督环节，应建立健全预算监督机制，加强对预算执行情况的监督和检查，及时发现和纠正预算执行中的问题。

此外，还应建立预算绩效评价体系，对预算执行情况进行全面、客观的评价。可以通过制定科学合理的绩效评价指标和方法，对预算资金的投入、使用和管理情况进行全面评估和分析，提高预算资金的使用效益和管理水平。

（三）建立财政风险准备金制度

为应对可能发生的财政风险事件，政府应建立财政风险准备金制度。该制度旨在通过设立专门的财政风险准备金账户，按照一定比例提取财政资金作为风险准备金，用于应对突发性的财政风险事件。这样可以提高政府应对风险的能力，确保财政的稳定和安全。

具体而言，应根据实际情况合理确定财政风险准备金的提取比例和管理方式。同时，应加强对财政风险准备金账户的监管，确保资金的安全和有效使用。当发生财政风险事件时，应及时启动财政风险准备金制度，用风险准备金进行应对。

（四）加强财政监督和管理

加强财政监督和管理是防范财政风险的重要保障之一。建立健全财政监督机制和管理制度，可以加强对财政活动的监督和检查，及时发现和纠正财政运行中的问题。

具体而言，应建立健全财政内部监督机制和外部监督机制相结合的监督体系。内部监督机制主要包括审计监督、财务检查等，旨在纠正和化解财政内部管理中的问题和风险。外部监督机制主要包括人大监督、社会监督等，旨在加强对政府财政活动的外部约束和监督。

同时，还应加强对财政人员的培训和管理，提高他们的业务素质和职业道德水平。应通过定期开展业务培训、加强职业道德教育等方式，提高财政人员的专业素质和职业操守，确保财政工作的规范性和高效性。此外，还应建立激励和约束机制相结合的财政人员管理制度，对表现优秀的财政人员给予奖励和晋升机会，对违法违纪行为给予严厉惩处。

二、财政风险预警系统的构建与运行

为了及时发现和防范财政风险，构建一套科学有效的财政风险预警系统是至关重要的。下面将从建立财政风险预警指标体系、制定财政风险预警标准、建立财政风险预警信息采集和报送机制、建立财政风险预警响应机制以及定期对财政风险预警系统进行评估和改进五个方面，详细阐述财政风险预警系统的构建与运行。

（一）建立财政风险预警指标体系

构建财政风险预警系统的首要任务是建立一套科学合理的财政风险预警指标体系。这些指标应涵盖财政收入、支出、债务等各个方面，能够全面、准确地反映财政风险的状况和发展趋势。具体而言，可以从以下几个方面选取预警指标：

财政收入方面，包括税收收入、非税收入等指标的增长率、结构变化等；

财政支出方面，包括一般公共预算支出、政府性基金预算支出等指标的增长率、结构变化等；

政府债务方面，包括政府债务余额、债务率、偿债率等指标的变化情况；

其他相关指标，如经济增长率、物价指数等宏观经济指标的变化情况。

同时，应根据实际情况对预警指标进行动态调整和优化，确保预警指标的时效性和准确性。此外，还应根据不同地区和部门的实际情况，制定相应的预警指标体系和标准。

（二）制定财政风险预警标准

制定财政风险预警标准是构建财政风险预警系统的重要环节。这些标准应明确不同风险级别的划分标准和预警信号的发布条件，为政府及时采取风险防范措施提供科学依据。具体而言，可从以下几个方面制定预警标准：

风险级别的划分：根据预警指标的变化情况和风险程度，将财政风险划分为不同的级别，如低风险、中风险和高风险等；

预警信号的发布条件：明确不同风险级别下预警信号的发布条件，如当某项预警指标达到或超过某一临界值时，即触发相应的预警信号；

预警响应措施：针对不同风险级别和预警信号，制定相应的风险防范和化解措施，如加强财政收支管理、优化债务结构等。

财政风险预警标准应具有可操作性和针对性，能够根据不同地区和部门的实际情况进行灵活调整。同时，还应根据实际情况对财政风险预警标准进行定期评估和修订，确保其科学性和适用性。

（三）建立财政风险预警信息采集和报送机制

为确保财政风险预警的准确性和时效性，应建立财政风险预警信息采集和报送机制。该机制旨在通过定期收集各级政府和相关部门的财政信息数据，及时整理和分析财政风险预警指标的变化情况，为政府提供及时、准确的财政风险预警信息。

具体而言，应明确各级政府和相关部门在财政信息数据采集和报送方面的职责和义务。同时，应建立信息共享机制，加强各级政府和相关部门之间的信息沟通和交流。此外，还应建立信息报送考核机制，对信息报送不及时、不准确等问题进行问责和惩处。

（四）建立财政风险预警响应机制

当财政风险预警系统发出预警信号时，政府应立即启动财政风险预警响应机制。该机制旨在通过组织相关部门和专家对预警信号进行深入分析和研判，制定针对性的风险防范和化解措施。同时，加强与其他地区和部门的沟通协调，共同应对可能出现的财政风险事件。

具体而言，应成立专门的财政风险预警响应小组或委员会，负责组织和协调预警响应工作。同时，应建立快速响应机制，确保在预警信号发出后能够迅速采取行动。

（五）定期对财政风险预警系统进行评估和改进

为确保财政风险预警系统的有效性和适应性，政府应定期对预警系统进行评估和改进。评估工作可以从预警指标的选取、预警标准的制定、信息采集和报送机制的运行情况等方面进行，要做到全面评估。同时，还应积极借鉴国内外先进的财政风险预警经验和技术手段，不断提高预警系统的科学性和准确性。

具体而言，可以定期组织专家对预警系统进行评估和审查，提出改进意见和建议。同时，应加强与其他国家和地区的交流合作，学习借鉴先进的预警理念和技术方法。此外，还应加大对预警系统建设的投入力度，为预警系统的持续改进和优化提供有力保障。

三、化解财政风险的策略与措施

（一）优化财政支出结构

优化财政支出结构是化解财政风险的重要策略之一。在当前经济形势下，财政面临着巨大的支出压力，因此，必须通过优化支出结构，降低非必要性和非急需性支出，来确保财政资金的合理使用。具体而言，应该加大对重点领域和薄弱环节的投入力度，如教育、医疗、社保等民生领域。这样不仅可以提高财政资金的使用效益，还能促进社会公平和可持续发展。

同时，加强预算管理和绩效评价工作也是优化财政支出结构的重要手段。科学合理地开展预算编制和执行工作，可以确保财政支出的合理性和有效性。绩效评价则可以对财政支出的效果进行评估和监督，及时发现和纠正问题，提高财政支出的效益。

（二）加强政府债务管理

政府债务是财政风险的重要组成部分。为了化解财政风险，必须加强政府债务管理，严格控制债务规模，优化债务结构，降低债务风险。具体而言，应该建立健全政府债务管理机制和风险防范机制，加强对政府债务的监管和风险控制。这包括完善债务统计和监测体系，及时掌握债务情况；建立债务风险预警机制，提前发现和应对潜在风险；加强债务偿还能力评估，确保债务可持续性等。

此外，积极推进政府债务置换和化解工作也是降低债务风险和成本的有效途径。利用债务置换，可以将高成本、短期限的债务置换为低成本、长期限的债务，降低偿债压力和风险。债务化解则可以通过资产处置、债务重组等方式，减少政府债务存量，从根本上解决债务问题。

（三）深化财税体制改革

财税体制改革是化解财政风险的根本之策。深化财税体制改革，可以完善税收制度和财政转移支付制度，增加政府财政收入来源。具体而言，应该深化税收制度改革，建立公平、合理、可持续的税收体系；完善财政转移支付制度，加大对欠发达地区的支持力度；加大税收征管工作力度，提高税收征管效率和质量水平等。这些措施有助于增强政府财政实力和应对风险的能力。

同时，还应该注重发挥财税政策的调控作用。调整税收政策、优化财政支出结构等，可以引导社会资金流向重点领域和薄弱环节，促进经济结构优化和转型升级。这不仅可以提高经济发展的质量和效益，还可以为财政收入的持续增长提供有力支撑。

（四）引入社会资本参与公共服务领域投资运营

引入社会资本参与公共服务领域投资运营是化解财政风险的创新举措之一。引入社会资本，可以拓宽公共服务供给渠道并降低财政负担。具体而言，应该支持和鼓励社会资本用于教育、医疗、养老等公共服务领域，可以通过公私合营、政府购买服务等方式参与投资运营。这不仅可以缓解财政压力、提高公共服务水平，还可以促进社会资本的有效利用和优化配置。

同时，还应加强对社会资本的引导和监管。通过制定相关政策法规、完善市场准入机制等方式，可以规范社会资本投资行为和保障其合法权益。加强监管则可以确保社会资本的运作合规和风险可控，为公共服务的持续稳定供给提供有力保障。

四、财政风险管理的国际经验借鉴

（一）学习国际先进的风险管理理念和方法

为了提升我国财政风险管理水平，应积极学习国际先进的风险管理理念和方法。全面风险管理、风险量化分析等先进理念和方法，已经在国际财政领域得到广泛应用并取得显著成效。我们应该结合我国实际情况，将这些先进理念和方法引入我国的财政风险管理中来。可以通过加强培训和学习，提高财政人员的风险管理意识和能力水平；可以通过完善相关制度和机制建设，为先进理念和方法的实施提供有力保障。

（二）借鉴国际成功的财政风险管理经验和案例

国际上有许多成功的财政风险管理经验和案例值得我们深入研究和借鉴。一些国家在建立财政风险预警系统、优化财政支出结构、加强政府债务管理等方面取得了显著成效。我们应该对这些经验和做法进行深入剖析和总结提炼，结合我国实际情况进行创新应用。通过借鉴国际成功经验，我们可以少走弯路、提高效率，更好地应对我国面临的财政风险挑战。

（三）加强国际交流与合作

加强与其他国家在财政风险管理领域的交流与合作是提升我国财政风险管理水平的重要途径之一。我们应积极参与国际财政组织、举办双边或多边财政对话等，增进彼此之间的了解与信任；分享各自在财政风险管理方面的经验和做法；共同推动全球财政治理体系的完善和发展。通过加强国际交流与合作，我们可以及时获取国际最新动态和前沿研究成果；拓宽视野、开阔思路；提升我国在国际舞台上的话语权和影响力。

（四）关注国际财政风险动态和发展趋势

密切关注国际财政风险的动态和发展趋势对于我国制定科学有效的风险防范和化解措施具有重要意义。我们应及时了解不同国家和地区的财政风险状况及应对策略，分析全球性财政风险挑战及发展趋势。通过关注国际动态和发展趋势，我们可以更好地把握财政风险的发展规律和特点，为我国制定符合国情的财政风险防范和化解策略提供有力支持。

（五）结合我国实际进行发展和创新

在借鉴国际经验的基础上，结合我国的实际情况进行发展和创新是提升我国财政风险管理水平的关键所在。我们应该深入分析我国财政风险的成因、特点和影响因素，注重实践探索和经验总结，不断优化和完善我国的财政风险管理体系。同时，我们还应该注重发挥科技创新在财政风险管理中的作用，运用大数据、人工智能等先进技术提升财政风险管理的智能化水平，为防范和化解财政风险提供有力支撑。

第三节 财政安全与国家治理

一、财政安全在国家治理中的重要性

（一）财政安全是国家经济平稳运行的基础

财政安全在国家经济中占据着举足轻重的地位。作为国家经济安全的关键构成部分，财政安全直接关乎到国家经济的稳定与持续发展。财政收入的稳步增长是国民经济繁荣的重要体现，它不仅为政府提供了运作所需的资金，还是国家进行宏观调控、推动经济社会发展的重要工具。财政支出的合理安排，则是优化资源配置的重要手段，它能够确保社会各方面的需求得到妥善满足，进而维护社会稳定、增强经济活力。

在经济全球化的今天，国际经济环境的变化日益复杂，财政安全的重要性越发凸显。一旦财政安全受到威胁，如出现财政赤字持续扩大、债务风险累积等问题，就会对国家经济产生严重冲击，甚至可能引发连锁反应，乃至导致金融危机、社会动荡等严重后果。因此，保障财政安全对于国家经济平稳运行来说，不仅是基础，更是前提和必要条件。

此外，财政安全还与国家货币政策、产业政策等宏观经济政策密切相关。只有确保财政安全，才能为这些政策的有效实施提供坚实支撑，进而形成政策合力，共同推动国家经济朝着预定目标健康发展。因此，无论从哪个角度来看，财政安全都是国家经济平稳运行不可或缺的基石。

（二）财政安全是维护社会稳定的重要保障

社会稳定是国家长治久安的重要前提，而财政安全则在维护社会稳定方面发挥着不可替代的作用。财政作为国家治理的重要基础和支柱，直接关系到人民群众的切身利益和社会各方面的稳定发展。

通过合理安排财政支出，政府可以加大对教育、医疗、社保等民生领域的投入，不断提高人民群众的福利水平，增强其获得感、幸福感。这不仅有助于满足人民群众对美好生活的向往和追求，还能够有效缓解社会矛盾，增强社会凝聚力。特别是在经济下行压力加大、就业压力增大等复杂情况下，财政政策的有效调节，可以更好地保障弱势群体的基本生活需求，防止社会不公现象的出现和扩大。

此外，财政安全还在应对突发事件、化解社会风险等方面发挥着重要作用。面对自然灾害、公共卫生事件等突发情况，政府需要及时调动财政资源，为受灾地区和受影响群众提供必要的救援和保障。只有确保财政安全，政府才能有足够的财力和物力应对这些挑战，维护社会的稳定和人民的安宁。

因此，财政安全不仅是经济问题，更是社会问题、政治问题。政府必须高度重视财政安全工作，采取有效措施确保财政收入的稳步增长和财政支出的合理安排，为维护社会稳定提供坚实保障。

（三）财政安全是国家治理能力提升的重要支撑

国家治理能力是指国家在各个领域中管理社会事务、协调社会关系、化解社会矛盾、促进社会和谐的能力。在现代国家治理体系中，财政扮演着至关重要的角色，财政安全则是提升国家治理能力的重要支撑。

首先，财政安全为政府履行各项职能提供了必要的物质基础。政府要想有效地进行社会管理、公共服务、市场监管等工作，就必须拥有足够的财政资源。只有确保财政收入的稳定增长和财政支出的合理安排，政府才能有效地行使权力并承担相应的责任。

其次，财政安全有助于推动国家治理体系的现代化。国家治理体系现代化是一个系统工程，涉及多个领域和方面的改革与创新。在这个过程中，财政不仅发挥着"保工资、保运转、保基本民生"等基础性作用，还承担着推动经济转型升级、促进社会公平正义、加强生态环境保护等重要职责。因此，财政安全是国家治理体系现代化的重要支撑和保障。

最后，财政安全也是衡量国家治理能力的重要标准之一。一个国家的财政状况不仅反映了其经济实力和发展水平，更体现了其政府在社会管理和公共服务方面的能力与水平。如果一个国家连最基本的财政安全都无法保障，那么其治理能力必然受到质疑。相反，只有确保财政安全，政府才能在社会各个方面展现出强大的治理能力和影响力，从而赢得人民的信任和支持。

二、财政安全与国家经济安全的关系

（一）财政安全是国家经济安全的重要组成部分

国家经济安全是一个多维度、多层次的概念体系，涵盖了国家经济发展的各个方面和各个环节。在这个体系中，财政安全作为国家财政收入和支出平衡的重要保障，是国家经济安全的重要组成部分。财政不仅关乎国家经济运行的平稳，还直接影响国家经济发展的可持续性。一旦财政出现问题，如财政收入锐减或财政支出激增，就可能对国家经济安全构成严重威胁。

从全球范围来看，财政安全问题已成为各国政府普遍关注的焦点之一。一些国家，财政问题引发社会动荡和政权更迭等事件时有发生，形成了世界经济发展的不稳定因素。因此，确保财政安全已成为维护国家经济安全的重要手段之一。通过加强财政收入管理、优化财政支出结构、建立风险防范机制等措施，可以有效加大财政安全保障力度，进而维护国家经济安全。

（二）财政安全对促进经济发展具有重要作用

经济发展是一个国家综合实力和国际竞争力的重要体现，也是人民生活水平提高和社会进步的重要基础。在这个过程中，财政安全扮演着重要的角色。财政作为宏观经济调控的重要手段之一，可通过合理安排财政支出结构和调整税收政策等，来引导和推动经济发展。当经济出现衰退或危机时，可以通过实施积极的财政政策来刺激总需求、扩大就业和促进经济增长；而当出现经济过热或通货膨胀时，可以通过实施紧缩性财政政策来控制总需求、抑制通货膨胀和稳定物价。

此外，财政安全还可以通过优化资源配置来提高经济发展的质量和效率。在市场经济条件下，资源配置主要是通过市场价格机制来实现的。然而，市场价格机制在某些情况下可能存在失灵或不完善的情况，如信息不对称、垄断等。这时，政府就可以通过财政手段来干预资源配置过程，引导资本、劳动力等生产要素流向更加合理和高效的领域，从而推动经济持续健康发展。

（三）国家经济安全为财政安全提供有力保障

国家经济安全是财政安全的重要前提和保障。一方面，国家经济安全意味着国内经济保持稳定增长、产业结构合理优化、市场秩序规范等良好态势。这种情况下，税基扩大、税源增加，为财政收入提供了坚实的基础；同时，市场需求旺盛、企业效益提升也为财政支出提供了更多的空间和灵活性。另一方面，国家经济安全还要求具备抵御外部经济风险的能力。在经济全球化背景下，国际金融市场波动、贸易摩擦等问题都可能对国家财政安全造成冲击。因此，只有确保国家经济安全，才能为财政收入增长和财政支出优化提供稳定的环境。

此外，国家经济安全还与财政政策的选择和实施密切相关。在制定财政政策时，必须充分考虑国内经济发展状况和国际经济环境变化趋势等因素，以确保政策的针对性和有效性。同时，还需要加强与其他宏观经济政策的协调配合，形成政策合力共同推动国家经济发展。

（四）财政安全与国家经济安全相互依存、相互促进

财政安全与国家经济安全之间是相互依存、相互促进的关系。首先，财政安全需要依赖国家经济安全。只有在国家经济安全的环境下，财政才能有稳定的税源和可靠的收入基础，进而保障各项职能的履行和财政支出的需求。同时，国家经济安全也使政府能够更好地调节经济、推动社会发展和保障人民福利。

其次，财政安全对国家经济安全具有重要的促进作用。一方面，财政收入的合理增加和财政支出的优化安排，可以为经济发展提供稳定的资金支持，推动产业升级、技术创新和区域协调发展等重要战略的实施。另一方面，财政政策作为宏观经济调控的重要手段之一，可以有效调节经济周期、促进就业增长和保持物价稳定等，从而维护国家经济的稳定运行。

最后，在经济全球化背景下，财政安全与国家经济安全更需要紧密合作、共同应对挑战。随着全球经济一体化程度的不断加深和国际贸易投资的日益频繁，各国经济之间的联

系不断加强，依存度也显著提高。在这种情况下，任何一个国家的经济问题都可能对其他国家产生影响甚至引发全球性危机。因此，维护财政安全和国家经济安全已成为各国政府的共同责任和使命。只有通过加强国际合作、建立风险共担机制等方式来共同应对挑战，才能确保财政安全和国家经济安全。

（五）维护财政安全需要综合考虑国内外经济环境

在维护财政安全的过程中，需要全面、深入地理解和分析国内外经济环境。国际经济环境的变化，如全球经济周期的波动、贸易政策的调整、国际金融市场的变动等，都可能对国内财政收入和支出产生直接影响。同样，国内经济环境的变化，如经济周期的转换、产业结构的升级、社会保障需求的增加等，也会向财政安全发起挑战。

因此，政府需要在制定和实施财政政策时，综合考虑这些因素，科学把握财政收入和支出的平衡点。一方面，要根据国内外经济环境的变化，适时调整税收政策和财政支出结构。另一方面，要加强财政监管和风险防范机制的建设，及时发现和化解财政运行中的风险，确保财政安全。同时，政府还应积极参与国际经济合作和协调，共同应对全球性经济挑战，为维护财政安全和国家经济安全创造更加有利的外部环境。

三、财政安全与社会稳定的关系详解

（一）社会稳定为财政安全提供良好的外部环境

社会稳定是财政安全的重要前提和保障。一个稳定的社会环境可以为财政安全提供良好的外部条件，促进财政收入的稳定增长。

一方面，社会稳定有利于政府更加有效地组织和分配财政资源。在稳定的社会环境下，政府可以更加顺畅地实施财政政策，调整财政收支结构，优化财政资源配置。这不仅可以提高财政资金的使用效率，还可以降低财政风险，确保财政安全。

另一方面，社会稳定有利于增强人民群众对政府的信任和支持。在稳定的社会环境下，人民群众对政府的工作更加满意，这有利于政府顺利实施各项财政政策，包括增加税收、调整支出结构等。这些政策的顺利实施可以为财政安全提供有力的保障。

（二）财政安全与社会稳定相互促进、共同发展

财政安全与社会稳定之间存在着相互促进、共同发展的关系。财政安全为社会稳定提供有力的物质保障和支持；而社会稳定为财政收入增长提供良好的外部环境和动力。两者相辅相成、密不可分。在稳定的社会环境下，经济得以持续发展，税源得以不断扩大，从而为财政收入的稳定增长提供了有力的支撑。

同时，财政安全与社会稳定的共同发展还体现在国家治理体系和治理能力现代化进程中。财政安全是国家治理体系的重要组成部分，而社会稳定是国家治理能力的重要体现。两者共同推动国家治理体系和治理能力现代化进程不断向前迈进。

（三）加强财政安全管理对于促进社会和谐具有重要意义

财政是国家治理的基础和重要支柱，财政安全直接关系到国家经济安全和社会稳定。因此，加强财政安全管理是维护社会稳定、促进社会和谐的重要保障。

首先，加强财政安全管理可以及时发现并化解潜在风险隐患。通过建立健全财政风险预警机制、加强财政监督检查等措施，可以及时发现财政运行中的潜在风险隐患，并采取有效措施进行化解。这可以避免风险隐患的积累和扩散，从而维护财政安全和社会稳定。

其次，通过加强财政安全管理，可以确保财政资金的安全和有效使用，提高政府工作的透明度和公信力。这有利于增强人民群众对政府工作的信任和支持，促进社会和谐与发展。

最后，财政安全是国家治理体系的重要组成部分，加强财政安全管理可以提升国家治理能力和水平。这能为构建更加和谐、稳定的社会提供保障。

四、加强财政安全管理的对策与建议详解

（一）建立健全财政风险预警机制

为加强财政安全管理，首要任务是建立健全财政风险预警机制。这一机制旨在通过科学的方法和手段，及时发现并预警财政运行中的潜在风险，以便政府能够迅速采取有效措施进行防范。

具体而言，应建立完善的预警指标体系，其涵盖债务率、赤字率、财政收入增长率、财政支出增长率等关键指标，并设定合理的风险阈值。同时，需加强数据分析与监测，运用现代信息技术手段对财政数据进行实时监控和动态分析，确保能够及时发现异常情况和风险苗头。

此外，针对地方政府债务风险问题，应建立专门的监测与预警系统，加强对地方政府债务规模、结构、偿债能力等方面的监测和分析，及时发出预警信号并督促地方政府采取有效措施。

（二）加大预算管理和监督检查力度

加大预算管理和监督检查力度是确保财政资金安全和有效使用的重要措施之一。预算是国家财政收支的基本计划和管理工具，加强预算管理有利于从源头上防范财政风险。因此，应建立完善的预算管理制度和监督检查机制，确保预算编制的科学性、合理性和有效性；同时，可加大对预算执行情况的监督和检查力度，确保财政资金按照预算规定的用途和标准使用。

具体而言，应建立科学合理的预算编制程序和方法体系；加大预算审批和执行过程中的监督和管理力度；建立完善的预算绩效评价体系和激励机制；加大对违法违规行为的查处力度并追究相关责任人的责任等。

（三）深化财税体制改革，完善现代财政制度

深化财税体制改革，完善现代财政制度，是加强财政安全管理、提升国家治理能力的根本途径之一。财税体制是国家治理体系的重要组成部分，深化财税体制改革有利于优化资源配置、维护市场统一、促进社会公平、实现国家长治久安。因此，应深化税收体制改革，以降低企业税负并激发市场活力；完善转移支付制度，以缩小区域间发展差距并促进基本公共服务均等化；加强财政与货币政策协调配合，以形成政策合力，推动经济发展等。

具体而言，可以通过降低税率、扩大减免税范围、优化税制结构等措施降低企业税负；通过扩大一般性转移支付规模及增大其比例、规范专项转移支付管理等措施完善转移支付制度；通过加强货币政策与财政政策之间的协调配合、建立逆周期调节机制等措施形成政策合力推动经济发展。这些措施的实施有利于优化财政资源配置、提高财政资金使用效率、促进经济社会持续健康发展。

五、财政安全与国家治理现代化的协同推进

（一）以财政安全为支撑，推动国家治理体系和治理能力现代化

国家治理体系和治理能力现代化，是一个国家发展的重要标志，也是适应时代变革、回应社会期待的必然要求。在这一过程中，财政安全扮演着重要的角色。

财政安全为政府履行职能提供了有力的物质保障。政府作为国家治理的主体，承担着维护社会稳定、推动经济发展、提供公共服务等重要职责。这些职责的履行，无一不需要财政的支持和保障。只有确保财政收入的稳定增长和财政支出的合理安排，政府才能有足够的财力去履行各项职能，为社会提供优质的公共服务，满足人民群众的基本需求。

财政安全有助于提高政府工作效率和服务水平。在财政安全得到保障的前提下，政府可以更加专注于提高工作效率和服务水平，为人民群众提供更加高效、便捷的服务。同时，通过加强财政管理、优化财政支出结构，政府还可以进一步提高资源配置效率，使有限的财政资源能够发挥最大的效益。

财政安全还是国家治理体系和治理能力现代化的重要支撑。国家治理体系和治理能力现代化是一个复杂而系统的工程，需要多方面的支持和保障。其中，财政安全是最基础也是最重要的一环。只有确保财政安全，才能为国家治理体系和治理能力现代化提供坚实的物质基础。同时，通过加强财政制度建设、提高财政管理水平等措施，还可以进一步推动国家治理体系和治理能力的现代化进程。

因此，我们必须高度重视财政安全在国家治理体系和治理能力现代化进程中的作用和地位。要将财政安全理念贯穿于国家治理的全过程，推动财政安全与国家治理体系和治理能力现代化的深度融合与协同发展。

（二）将财政安全理念融入国家治理全过程

财政安全理念是财政工作的重要指导思想，它强调在财政活动中要始终注重风险防范和安全管理，确保财政收入的稳定增长和财政支出的合理安排。

在制定政策时，应充分考虑财政安全因素。各项政策的制定和实施都需要财政的支持和保障，因此，在政策制定过程中，必须充分考虑财政的承受能力和风险状况，确保政策与财政实力相匹配，避免因政策实施而导致财政风险的发生。

在安排支出时，应体现财政安全理念。财政支出是国家治理的重要手段之一，它直接关系到国家各项职能的履行和人民群众福祉的提升。在安排财政支出时，应注重优化支出结构，提高支出效益，确保每一笔支出都能够发挥最大的社会效益。同时，还要加强对财政支出全过程的监管和评估工作，确保支出的合规性和有效性。

此外，还应加强对财政风险的监测与预警工作。财政风险是国家治理过程中不可避免的问题之一，它可能来自经济环境的变化、政策执行的偏差、管理漏洞等多个方面。因此，必须加强对财政风险的监测与预警工作，建立完善的风险管理机制和应对预案，确保在风险发生时能够及时采取有效措施。

将财政安全理念融入国家治理全过程是一个长期而艰巨的任务。需要各级政府和相关部门的高度重视和积极推进，同时也需要全社会的共同参与和支持。只有通过共同努力，才能实现财政安全与国家治理体系和治理能力现代化的协同推进。

（三）加强制度建设，提高财政安全管理水平

制度建设是财政安全管理的重要保障，只有建立完善的制度框架，才能确保财政活动的规范性和安全性。针对当前财政安全管理中存在的问题和挑战，应加强以下几个方面的制度建设：

1. 完善法律法规体系

财政安全管理需要有法可依、有法必依。因此，应加强对财政领域的立法工作，制定和完善相关法律法规，明确各方职责和权利义务，为财政安全管理提供坚实的法律保障。

2. 建立内部控制机制

内部控制是应对财政风险的第一道防线。各级财政部门应建立健全内部控制机制，包括岗位职责明确、审批流程规范、监督检查有力等方面。有效运用内部控制机制，可以及时发现和纠正财政活动中的违规行为和风险隐患，确保财政活动的合规性和安全性。

3. 强化外部监督机制

外部监督是财政安全管理的重要补充。应加大对财政活动的审计、监察和社会监督力度，形成多层次的外部监督体系。有效运用外部监督机制，可以及时发现和纠正不正之风，促进财政活动的公开透明和规范有序。

此外，财政安全管理需要一支高素质、专业化的队伍来支撑。因此，应加大对从业人

员的培训和教育力度，提高其专业素养和道德水平。定期的培训和教育活动，可以使从业人员更好地掌握财政安全管理的相关知识和技能，更好地履行其职责和义务。

在加强制度建设的同时，还应注重制度的执行和监督。各级政府和相关部门应加大对制度执行情况的监督检查力度，确保各项制度都能有效执行和落实。对于违反制度规定的行为和个人，应依法依规进行严肃处理，形成有效的威慑力和约束力。

（四）注重创新驱动，推动财政安全与国家治理现代化相互促进

创新是引领发展的第一动力，也是推动财政安全与国家治理现代化相互促进的有效途径之一。在新的历史条件下，应注重以下几个方面的创新驱动：

1. 制度创新

制度创新是推动财政安全与国家治理现代化相互促进的重要保障。应积极探索符合时代发展要求和人民群众期待的财政安全管理制度和模式，打破传统思维束缚和制度障碍，推动财政安全管理制度的创新和完善。同时，还应加强与其他领域的制度创新协同配合，形成全面推进国家治理体系和治理能力现代化的强大合力。

2. 科技创新

科技创新是推动财政安全与国家治理现代化相互促进的重要支撑。应充分运用云计算、人工智能等现代信息技术手段，提升财政安全管理的智能化、精细化水平。推广和应用科技创新，可以进一步提高财政安全管理的效率和准确性，降低人为因素风险的发生概率。

3. 理念创新

理念创新是推动财政安全与国家治理现代化相互促进的重要引领。应树立以人民为中心的发展思想，坚持问题导向和需求导向相结合的原则，推动财政安全管理理念的发展和创新。创新和转变理念，可以更好地适应时代发展要求、不辜负人民群众期待，推动财政安全管理工作不断迈上新的台阶。

在注重创新驱动的同时，还应积极探索新思路、新方法来解决实际工作中遇到的新问题和新挑战。各级政府和相关部门应加大对创新工作的组织领导和政策支持力度，鼓励和支持社会各界积极参与创新工作，共同推动财政安全与国家治理现代化的深度融合与协同发展。

第七章 财政经济政策对农业农村经济发展的促进作用

第一节 财政金融政策对农业农村的扶持与激励

一、财政支农政策的现状与效果分析

（一）财政支农政策的投入规模与结构

近年来，我国财政支农政策的投入规模呈现出持续扩大的趋势。中央财政和地方财政在预算编制和执行中，始终把农业农村作为优先保障领域，加大投入力度，支持农业基础设施建设、农业科技创新等关键领域和薄弱环节的发展。投入规模的扩大不仅体现在总量的增长上，更体现在对农业农村发展重点领域和关键环节的倾斜支持上。

在投入结构方面，财政支农政策也进行了优化调整。一方面，政策更加注重对绿色农业、生态农业等可持续发展产业的支持，推动农业生产方式的转变和农业产业结构的升级。另一方面，政策还加大了对农村教育、医疗、社保等公共服务的投入力度，致力于改善农村民生，提升农民群众的获得感和幸福感。这种投入结构的优化调整，不仅促进了农业农村的全面发展，还为实现乡村振兴战略目标奠定了坚实基础。

（二）财政支农政策的实施效果评估

从实施效果来看，财政支农政策在促进农业农村经济发展方面发挥了重要作用。首先，农业基础设施的改善显著提高了农业生产效率。通过加大投入力度，支持农田水利、农业机械化等基础设施建设，有效改善了农业生产条件，提高了农业综合生产能力。其次，农业科技的创新推动了农业产业升级。财政支农政策支持农业科技创新和成果转化，培育推广了一批高产优质、绿色安全的农业新品种和新技术，为农业产业升级提供了有力支撑。最后，财政支农政策还带动了社会资本对农业农村的投资。通过发挥财政资金的引导作用和杠杆效应，吸引更多社会资本投入农业农村领域，形成了多元化的投入机制。这种多元化的投入机制不仅拓宽了农业农村融资渠道，更为农业农村经济发展注入了新的活力。

（三）财政支农政策存在的问题

然而，在肯定成绩的同时，我们也应看到财政支农政策在实施过程中存在的一些问题。一是投入不足与结构不合理的问题仍然存在。尽管财政支农投入规模不断扩大，但与农业农村发展的实际需求相比仍显不足。部分地区的农业农村发展仍然缺乏足够的财政支持，制约了当地农业农村经济的发展。二是政策执行中的监管和评估机制不完善。由于监管和评估机制的缺失或不到位，部分政策资金在使用过程中出现截留、挪用等违规行为，未能充分发挥效益。三是农民参与度和受益程度有待提高。当前财政支农政策在设计和实施过程中，对农民的参与度和受益程度考虑不足，导致部分政策措施未能真正惠及广大农民群众。针对这些问题，我们需要进一步完善政策设计和实施机制，提高财政支农政策的有效性和针对性。

二、金融支农政策的创新与实践

（一）金融支农政策的创新举措

为更好地支持农业农村经济发展，金融机构和政策制定者不断创新金融支农政策。在创新举措方面，金融机构和政策制定者主要采取了以下方式：一是推出了一系列针对农业农村的贷款产品。这些贷款产品包括农村土地承包经营权抵押贷款、农户小额信用贷款等，旨在降低农民的融资门槛和成本，解决他们生产经营过程中的资金难题。二是建立了农业保险制度。通过设立农业保险基金、开发适合农业生产的保险产品等方式，为农业生产提供风险保障，提高农民的抗风险能力。当发生自然灾害或市场风险时，农业保险可以及时补偿农民损失，帮助他们恢复生产和生活。三是探索了农村金融综合服务模式。这种模式将金融服务与农业科技、市场信息等相结合，为农民提供更加全面、便捷的服务。整合各类资源，搭建综合服务平台，能为农民提供从生产到销售全过程的金融支持和服务保障。

（二）金融支农政策的实践案例

各地在金融支农政策的实践中涌现出许多成功案例。以下是一些具有代表性的实践案例。某地通过政府担保和财政贴息的方式，引导金融机构加大对农业农村的信贷投放力度。当地政府设立担保基金，为符合条件的农业企业和农户提供担保服务。同时，对金融机构发放的农业农村贷款给予财政贴息支持，降低农民的融资成本。这一举措有效缓解了当地农业农村发展的资金瓶颈问题，推动了农业的产业化和规模化经营。某地建立了农业产业链金融服务平台，为农业产业链上的各环节提供定制化的金融服务。该平台整合了银行、保险、担保等金融机构资源，针对农业产业链上不同环节的需求和特点，提供包括贷款、保险、担保在内的综合金融服务方案。这一创新实践不仅提高了金融服务的针对性和有效性，还促进了当地农业产业链的完善和发展。某地创新了农村金融服务模式，通过设立村级金融服务站、推广移动支付等方式,让农民在家门口就能享受到便捷的金融服务。该村级金融服务站配备了专业的金融服务人员和设备,可以为农民提供存取款、转账汇款、贷款咨询等一站式金融服务;同时,推广了移动支付等新型支付方式,方便农民随时随地进行金融交易。这一创新实践不仅提升了农村金融服务的覆盖率和便捷性,也增强了农民对现代金融服务的认同感。

(三) 金融支农政策的效果与影响

金融支农政策的创新与实践为农业农村经济发展注入了新的活力。首先,通过提供多元化的融资渠道和降低融资成本,金融支农政策促进了农业的产业化经营。农民和农业企业可以获得更多的资金支持,以扩大生产规模,提高生产效率和市场竞争力。其次,通过提供风险保障和综合服务,金融支农政策增强了农民的抗风险能力和市场竞争力。建立农业保险等风险保障机制,使农民在面对自然灾害和市场风险时有了更多的保障;同时,综合金融服务模式的探索和实践,为农民提供了更加全面、便捷的服务支持。最后,金融支农政策还带动了农村金融市场的繁荣和发展。随着金融支农政策的深入推进和实施效果的逐步显现,越来越多的金融机构开始关注并投入农业农村领域中来。这不仅拓宽了金融机构的业务范围和市场空间,还为农村经济的可持续发展提供了有力支撑和保障。同时,我们也应看到在金融支农政策的实施过程中还存在一些问题,需要我们进一步研究和解决。例如,如何更好地发挥政府引导作用、如何完善金融监管体系及如何创新金融产品和服务等,都需要我们在未来的工作中不断探索和实践。

三、财政金融政策的协同作用与农业农村发展

(一) 财政金融政策的协同机制构建

财政政策和金融政策作为宏观经济调控的两大工具,在支持农业农村发展中具有显著的互补性和协同性。为了更好地发挥两者的协同作用,推动农业农村经济的持续健康发展,必须构建完善的协同机制。

首先,要加强政策制定和实施过程中的沟通协调。财政部门和金融监管部门应建立定期沟通机制,就农业农村发展的重大问题、政策目标和实施手段进行深入研讨,确保财政政策和金融政策在目标、手段和时间节点上保持一致性和连贯性。同时,要加强与地方政府的沟通协调,确保政策落地生根,真正惠及广大农民和农村地区。

其次,要建立信息共享和风险评估机制。搭建信息共享平台,使财政、金融、农业等部门之间的信息互通有无,提高政策制定和实施的科学性和针对性。同时,要加强对农业农村发展的风险评估和监测预警,及时发现和应对潜在风险,确保政策资金的安全有效使用。

最后,要加强监管和评估工作。财政部门和金融监管部门应加大对政策执行情况的监督检查力度,确保政策资金专款专用、规范使用。同时,要建立健全政策效果评估机制,

对政策实施效果进行定期评估和总结，为政策调整和优化提供科学依据。

（二）财政金融政策协同作用下的农业农村发展新模式

在财政金融政策的协同作用下，农业农村发展呈现出新的模式和特点，为农业农村经济的可持续发展提供了有力支撑。

第一，以农业产业化为龙头，带动农村第一产业、第二产业、第三产业融合发展。通过财政补贴、税收优惠等政策措施，引导社会资本投向农业产业化领域建设，培育壮大龙头企业，推动农业产业链上下游企业的紧密合作和协同发展。同时，积极发展农村第二产业、第三产业，促进农村产业结构的优化升级和多元化发展。这种融合发展模式有助于提升农业附加值和竞争力，拓宽农民收入渠道，实现农村经济全面振兴。

第二，以科技创新为驱动，推动农业产业升级和绿色发展。财政金融政策应加大对农业科技创新的投入力度，支持农业新品种、新技术、新设备的研发和推广。通过设立农业科技园区、创新平台等途径，集聚创新资源，推动产学研深度融合。同时，积极推广绿色种植、生态养殖等环保型农业生产方式，促进农业可持续发展。这种创新驱动模式有助于提高农业生产效率和农产品质量及安全水平，增强抵御自然风险和市场风险的能力。

第三，以农民为主体，激发农村内生动力和创造力。财政金融政策应尊重农民的主体地位和首创精神，通过扶持农民专业合作社、家庭农场等新型农业经营主体，提高农民的组织化程度和市场竞争力。同时，加强农民技能培训和教育引导，提升农民的综合素质和创业创新能力。这种主体驱动模式有助于激发农民的积极性和创造力，推动农村经济健康发展。

第四，以城乡融合为目标，推进城乡一体化发展和乡村振兴。财政金融政策应打破城乡二元结构壁垒，推动城乡要素自由流动和公共资源均衡配置。通过加大农村基础设施建设投入力度、完善农村公共服务体系等措施，提升农村整体发展水平。同时，积极推动城乡产业融合发展，促进城乡经济互补和协同发展。这种城乡融合模式有助于缩小城乡发展差距，实现共同富裕和全面振兴。

四、政策激励下的农业农村发展新机遇

随着财政金融政策对农业农村扶持力度的不断加大和创新实践的深入推进，农业农村领域迎来了前所未有的发展机遇。这些机遇不仅为农民提供了更多的就业渠道和增收途径，更为农村经济的多元化发展注入了新的活力。

（一）政策激励下的农业农村投资热潮

在财政金融政策的强力支持下，农业农村领域迎来了新的投资热潮。社会资本纷纷涌入农业农村领域寻找商机和发展空间，成为推动农业农村发展的重要力量。这些社会资本不仅带来了资金、技术和管理经验等优质资源，还促进了农业产业链的完善和农村产业结构的优化升级。同时，农民也积极参与到农业农村发展中来，通过创办合作社、发展特色

产业等方式增加收入、改善生活。政府也加大了对农业农村的投资力度,通过设立专项资金、发行政府债券等方式,引导社会资本投向重点领域和薄弱环节,为农业农村发展提供了有力的资金保障。

(二)农业农村发展的新产业新业态不断涌现

在政策激励下,农业农村领域涌现出许多新产业新业态,为农村经济的多元化发展注入了新的活力。休闲农业、乡村旅游等新兴产业快速发展壮大,成为农村经济新的增长点。这些产业以农业资源为依托,以旅游市场为导向,通过提供观光、休闲、度假等多元化服务满足游客需求,带动了农村餐饮、住宿、交通等的发展。同时,智慧农业、数字乡村等新型业态方兴未艾,为农业生产提供了智能化、精准化的服务。这些新型业态运用现代信息技术手段对农业生产进行智能化管理,提高了农业生产效率和农产品质量及安全水平。此外,农业社会化服务、农村生活性服务业等新型服务模式也不断涌现,为农民提供了更加便捷、高效的服务体验。

(三)农业农村发展的国际化趋势日益明显

随着全球经济一体化的深入推进和我国对外开放水平的不断提高,农业农村发展的国际化趋势日益明显。我国与世界各国在农业科技创新、农产品贸易、农业投资等领域的合作与交流日益频繁,为我国农业农村发展带来了更多的机遇。我国农业企业积极"走出去"参与国际竞争与合作,通过海外投资、跨国并购等方式拓展国际市场,提升了我国农业的国际影响力。同时,我国还积极引进国外先进的农业技术和管理经验,推动国内农业产业升级和绿色发展。这些国际化趋势不仅为我国农业农村经济的可持续发展提供了更广阔的空间,还促进了全球农业的共同进步和繁荣。

(四)政策激励下的农业农村人才培养与创新创业

财政金融政策的扶持与激励,不仅为农业农村带来了资本与技术的流动,更为人才培养与创新创业提供了广阔的平台。在政策的引导下,越来越多的青年人才选择回到农村,他们带着先进的理念、技术和资金,为农业农村发展注入了新的活力。

各级政府通过设立人才培养计划、奖学金制度、创业扶持基金等,鼓励和支持青年人才到农村创新创业。这些措施不仅提高了农民的科技文化素质和经营管理能力,更为农村培养了一批懂技术、善经营、会管理的新型职业农民和创新创业人才。

同时,政策还鼓励和支持农民通过参加职业教育、技能培训等方式提高自身素质和能力,增强就业竞争力和创业能力。这些培训项目不仅涵盖农业生产技术、市场营销、电子商务等实用技能,还包括创业意识、创新思维等创新创业素质的培养方面的内容。在政策的激励下,越来越多的农民开始尝试创办自己的企业或合作社,发展特色产业和品牌农业,实现增收致富。

此外,政策还鼓励和支持农业企业与高校、科研机构等开展产学研合作,共同推进农业科技创新和成果转化。这种合作模式不仅提高了农业科技创新的效率和水平，更为农业产业升级和绿色发展提供了科技支撑。

第二节 农业农村经济在财政经济政策优化中的定位与发展策略

一、农业农村经济在国民经济中的地位与作用

（一）农业农村经济是国民经济的基础

农业作为人类生存和发展的基石，始终扮演着举足轻重的角色。它不仅能为人们提供粮食、纤维等生活必需品，保障人类的基本生活需求，还能为工业等其他产业提供丰富的原料和市场。同时，农业也是生态环境的保护者和文化的传承者，对于维护生态平衡、保护生物多样性及传承农耕文明等都具有不可替代的作用。农业农村经济的稳定发展，直接关系到国家粮食安全、经济社会全面协调发展及人民福祉的提升。

在国民经济体系中，农业农村经济占据着基础地位。它不仅是国民经济的重要组成部分，更是整个经济体系运行的基础支撑。农业的稳定发展，能为工业和服务业提供坚实的物质基础和广阔的市场空间。同时，农村经济的繁荣也能带动农村消费市场的扩大，为国民经济的持续增长注入强劲动力。因此，农业农村经济在国民经济中的地位与作用不容忽视，必须高度重视并促进其持续稳定发展。

（二）农业农村经济对国民经济的贡献

农业农村经济对国民经济的贡献是多方面的，主要体现在以下几个方面：

经济增长贡献：农业作为国民经济的基础产业，其发展状况直接影响整个国民经济的增长速度和质量。农业的发展为国民经济增长提供了基础支撑，通过提高农业生产效率、优化农业产业结构等措施，可以推动农业经济持续稳定增长，进而促进整个国民经济的繁荣发展。

就业贡献：农业和农村产业是吸纳劳动力就业的重要领域。随着农业现代化的推进和农村产业结构的优化升级，农业和农村产业将创造更多的就业机会，为大量劳动力提供稳定的就业岗位。这不仅有助于缓解就业压力，维护社会稳定，还能促进农村地区的经济发展。

出口贡献：农产品出口是国际贸易的重要组成部分。通过提升农产品质量、加强品牌建设、拓展国际市场等措施，可以增加农产品出口量，提高外汇收入，进而提升国际竞争力。农产品出口量的增加不仅有助于促进国内农业生产的发展和农民收入的提高，还能为国家带来更多的外汇收入，支持其他产业的发展和国际贸易的扩大。

二、财政经济政策优化对农业农村的影响

（一）财政经济政策优化对农业生产的促进作用

财政经济政策是国家调控经济的重要手段，其优化对于促进农业生产的发展具有积极作用。加强农田水利建设、改善土地质量、推广农业机械化等措施，都是提升农业生产效率和质量的有效途径。此外，提高农业科技创新能力也是推动农业生产发展的关键。通过加大农业科技研发投入、培育和推广优良品种、引进先进技术等措施，可以不断提升农业科技含量、增加农产品附加值。

在优化农业产业结构方面，财政经济政策也发挥着重要作用。通过调整农业产业布局、优化品种结构、发展特色农业等措施，可以推动农业生产向绿色、生态、可持续方向发展。这不仅有助于提升农产品的市场竞争力，还能更好地满足消费者的多样化需求。同时，财政经济政策还可以通过完善农产品价格形成机制、加大农业补贴力度等措施，保障农民的收入水平，激发农民的生产积极性。

（二）财政经济政策优化对农村经济发展的带动作用

除了对农业生产的促进作用，财政经济政策的优化还可以带动农村经济的发展。农村经济发展是一个综合性的过程，需要多方面的支持和保障。加大对农村教育、医疗、社保等公共服务的投入，可以改善农村民生状况，提升农民的生活质量和幸福感。这不仅有助于促进农村社会的和谐稳定，还能为农村经济的发展提供有力的人力资本保障。

在改善农村基础设施条件方面，财政经济政策也发挥着重要作用。加强农村道路、水利、电力等基础设施建设，可以改善农村的交通运输条件和生产生活环境，为农村经济的发展提供坚实的基础。同时，优化农村产业结构也是推动农村经济发展的关键。通过发展农村第二产业和第三产业、培育新型农业经营主体、推动农村产业融合发展等措施，可以促进农村经济多元化发展，提升农村地区的综合竞争力和可持续发展能力。

（三）优化财政经济政策，提高农民收入

提高农民的收入水平是财政经济政策优化的重要目标之一。农民收入的增加不仅可以提升农民的生活水平，还能激发农民的生产积极性，促进农业生产的持续发展。完善农产品价格形成机制，可以保障农民获得合理的农产品价格，增加农民的农业经营收入。同时，加大农业补贴力度也是提高农民收入的有效途径。落实对种粮农民的直接补贴、良种补贴、农机购置补贴等，可以减轻农民的生产成本负担，增加农民的转移性收入和补贴性收入。

此外，推动农村产业融合发展也是提高农民收入的重要途径。发展乡村旅游、休闲农业等新兴产业，可以拓宽农民的收入来源渠道，增加农民的工资性收入和经营性收入。同时，加强农民技能培训和教育也是提高农民收入的关键措施之一。提升农民的就业技能和

创业能力，可以帮助农民更好地适应市场需求变化，实现更高质量的就业和创业发展。

三、农业农村经济发展的战略定位与目标

（一）农业农村经济发展的战略定位

在当今时代背景下，我国农业农村经济发展的战略定位显得尤为清晰和明确。这一战略定位以实施乡村振兴战略为总抓手，不仅是基于对当前农村发展实际的深刻把握，更是对未来发展趋势的前瞻性思考。乡村振兴涵盖经济、文化、社会、生态等多个方面，是推动农村全面发展、全面进步的重要途径。

以推进农业供给侧结构性改革为主线，意味着我们要从农业生产的供给端入手，优化资源配置，提高供给体系的质量和效率。这包括调整农业产业结构，发展优质、高效、绿色、安全的现代农业，满足人民群众对高品质农产品的需求。

以促进农民增收致富为核心，是农业农村经济发展的出发点和落脚点。只有让农民的钱袋子鼓起来，才能真正激发他们的积极性和创造性，推动农业农村经济的持续发展。

加快构建现代农业产业体系、生产体系、经营体系，是实现农业农村现代化的重要支撑。通过构建这"三大体系"，我们可以推动农业生产方式的转型升级，提高农业生产的组织化、规模化、标准化水平，增强农业的综合竞争力和可持续发展能力。

（二）农业农村经济发展的目标

我国农业农村经济发展的目标是实现农业现代化和乡村全面振兴，这是一个宏伟而艰巨的任务。具体来说，这个目标包括以下几个方面：

第一，提高农业生产效率和质量。我们要通过科技创新和先进适用技术的推广应用，提高农业生产的机械化、智能化水平，降低生产成本，提高产出效率。同时，我们还要加强农产品质量安全监管，确保农产品的质量安全，保障人民群众的身体健康。

第二，保障国家粮食安全和重要农产品有效供给。粮食安全是国家安全的重要组成部分，我们必须确保粮食生产的稳定和发展。同时，我们还要根据市场需求和资源环境承载能力，合理调整农产品生产结构，确保重要农产品的有效供给。

第三，促进农民收入持续增长。我们要通过发展现代农业、推进农村产业融合发展、加强农村社会保障体系建设等措施，多渠道增加农民收入，缩小城乡居民收入差距，让农民共享改革发展成果。

第四，改善农村人居环境。我们要加强农村基础设施建设，改善农村生产生活条件；加强农村环境保护和治理，建设美丽宜居乡村；加强农村公共服务体系建设，提高农民的生活质量和幸福感。

第五，加强农村基层基础工作。我们要加强农村基层党组织建设，提高基层治理能力；深化村民自治实践，建立现代乡村社会体制和制度；加强农村思想道德建设和公共文化建设，提高乡村社会文明程度；加强农村平安建设工作，维护农村社会和谐稳定。

通过这些措施，我们可以构建一个充满活力、和谐有序的乡村。

四、财政经济政策优化中的农业农村发展策略

在推动农业农村经济发展的过程中，财政经济政策的优化起着重要的作用。以下是一些具体的策略建议：

（一）加大财政投入力度，支持农业农村发展

各级政府应充分认识到农业农村发展的重要性，进一步加大对农业农村的投入力度。要确保财政支农投入持续增长，并优化投入结构，重点支持农业基础设施建设、农业科技创新等领域。通过加强农田水利、道路、电力等基础设施建设，改善农业生产条件；通过支持农业科技创新和推广应用，提高农业科技含量和农产品的附加值。同时，要加强财政资金管理，提高使用效益。

（二）创新金融支农政策，拓宽融资渠道

金融机构应积极响应国家支持农业农村发展的号召，创新金融产品和服务方式。针对农业农村经济发展的特点和需求，开发出更加灵活、便捷的金融产品，为农业农村经济发展提供多元化的融资渠道。政府可以通过设立农业担保机构、建立风险补偿机制等方式，引导社会资本投向农业农村领域。同时，要加强金融监管和风险防范工作，确保金融支农政策的安全有效实施。通过金融政策的创新和支持，为农业农村经济发展注入活力和动力。

（三）深化农村土地制度改革，释放农村生产力

土地是农业生产的基本要素，也是农民最重要的生产资料。深化农村土地制度改革是推动农业农村经济发展的重要举措。应加快完成农村土地承包经营权确权登记颁证工作，明确农民的土地权益，为土地流转和规模化经营奠定基础。同时，要探索实行"三权分置"办法，即落实集体所有权、稳定农户承包权、放活土地经营权。这有助于促进土地资源优化配置和适度规模经营发展，提高土地利用效率和产出效益。通过深化农村土地制度改革，我们可以进一步释放农村生产力，推动农业农村经济的持续发展。

（四）推进农村产业融合发展，激活发展新动能

农村产业融合发展是推动农业农村经济发展的新动能。随着科技的不断进步和市场需求的不断变化，传统农业已经难以满足现代社会的需求。因此，我们需要依托当地资源禀赋和产业基础优势条件，因地制宜培育主导产业和特色产业。同时，要积极拓展农业多种功能，推进农业与旅游、文化、教育等产业的深度融合。要通过发展乡村旅游、农家乐等新型业态，让农民从中获得更多收益；要通过挖掘和传承农村优秀传统文化，提升农村的文化软实力；要通过加强农村教育，提高农民的整体素质和能力。此外，还应加强农产品

品牌建设和市场营销工作，提高农产品的附加值和市场竞争力。要通过品牌建设，提升农产品的知名度和美誉度；要通过市场营销，拓宽农产品的销售渠道，让更多优质农产品走进千家万户。

在推进农村产业融合发展的过程中，还需要注重以下几点：一是要坚持市场导向，根据市场需求调整产业结构和产品结构；二是要注重科技创新，运用现代科技手段提升农业生产的科技含量和效益；三是要注重人才培养，加强农村教育和人才培养工作，为农业农村经济发展提供有力的人才支撑；四是要注重生态环境保护，坚持绿色发展理念，实现农业生产与生态环境的和谐共生。

第八章　货币政策与金融市场

第一节　货币政策的基本原理与操作工具

一、货币政策的定义与目标

（一）货币政策的定义

货币政策，作为国家宏观经济调控的重要手段之一，是指中央银行或货币当局通过调控货币供应量和利率等手段，影响经济活动，实现预定的宏观经济目标的行为。简言之，货币政策就是中央银行通过调节货币流通，达到稳定物价、促进经济增长等目的的策略和措施。

（二）货币政策的目标

货币政策的目标通常包括以下几个方面：

稳定价格：这是货币政策的首要目标，即使通货膨胀率保持在一个较低的水平。通过控制货币供应量，避免过度的货币贬值和购买力下降，从而维护货币的价值和市场的稳定。

促进经济增长：货币政策也致力于促进经济的持续、稳定增长。通过调节利率和信贷条件，鼓励投资和消费，为经济活动提供必要的货币支持。

实现充分就业：货币政策还关注劳动力市场的状况，力求实现充分就业。通过刺激经济活动和创造更多的就业机会，降低失业率，提高社会的整体福利水平。

达到国际收支平衡：在开放经济条件下，货币政策还需要考虑国际收支的平衡。通过调节汇率和外汇储备等手段，维护本币的稳定和国际竞争力，促进对外贸易和资本流动的平衡发展。

二、货币政策的传导机制

货币政策的传导机制是指中央银行通过调节货币供应量和利率等手段，影响经济活动的过程和途径。具体来说，货币政策的传导机制包括以下几个方面：

(一) 利率传导机制

中央银行通过调节银行间市场的利率（如再贴现率、存款准备金率等），影响商业银行的存贷款利率，进而影响企业和个人的借贷成本和投资消费决策。当中央银行降低利率时，借贷成本降低，有利于投资和消费的增加；反之，则抑制经济过热和通货膨胀。

(二) 信贷传导机制

中央银行通过调节商业银行的信贷规模和条件，直接影响企业和个人的融资难易程度。当中央银行实施宽松的货币政策时，商业银行的信贷规模扩大，有利于企业获得融资支持并扩大生产规模；反之，则限制过度投资。

(三) 资产价格传导机制

中央银行通过调节货币供应量和利率等手段，影响股票、债券等金融资产的价格。当中央银行实施宽松的货币政策时，货币供应量增加，市场流动性增强，有利于股票等资产价格上涨；反之，则可能导致资产价格下跌和市场波动。

(四) 汇率传导机制

在开放经济条件下，中央银行还需要关注汇率的变化对经济的影响。当中央银行实施宽松的货币政策时，本币贬值压力增大，有利于出口增加和进口减少；反之，则可能导致贸易顺差缩小或逆差扩大。同时，汇率的变化还会影响国际资本流动和外汇储备的变化。

(五) 预期传导机制

中央银行的货币政策还会通过影响市场预期来发挥作用。当市场普遍预期中央银行将实施宽松的货币政策时，企业和个人可能会提前做出反应并调整自己的经济行为；反之，则可能保持观望或采取保守策略。因此，中央银行需要密切关注市场预期的变化并及时调整自己的政策策略。

三、货币政策的操作工具与手段

为了实现货币政策的目标，中央银行或货币当局会运用一系列的操作工具与手段来调控货币供应量和利率等关键变量。这些操作工具与手段主要包括：

(一) 公开市场操作

公开市场操作是中央银行最常用的货币政策工具之一。它是指中央银行在公开市场上买卖政府债券等有价证券，以调节银行体系内的流动性。当中央银行希望增加货币供应量时，它会在公开市场上购买债券，从而增加市场上的货币流动性；反之，当需要减少货币供应量时，它会卖出债券以回收市场上的多余流动性。

（二）存款准备金率

存款准备金率是中央银行要求商业银行按照一定比例缴存在中央银行的存款与其吸收存款的比率。通过调整存款准备金率，中央银行可以控制商业银行的信贷扩张能力和在市场上的货币供应量。提高存款准备金率意味着商业银行需要缴存更多的资金到中央银行，从而限制其信贷扩张能力；降低存款准备金率则相反。

（三）再贴现政策

再贴现政策是中央银行通过制定或调整再贴现利率来干预和影响市场利率及货币市场的供应和需求，从而调节市场货币供应量的一种金融政策。当市场利率高于中央银行的再贴现利率时，商业银行会倾向于将持有的票据向中央银行贴现以获得资金；反之，则可能减少贴现行为。通过这种方式，中央银行可以间接地影响市场上的利率水平和货币供应量。

（四）利率政策

利率政策是中央银行通过调整银行间市场的利率来影响市场上的借贷成本和投资消费决策。例如，当中央银行希望刺激经济增长时，它可能会降低银行间市场的利率以降低企业和个人的借贷成本；反之，则可能提高利率以抑制过度借贷和通货膨胀。

（五）汇率政策

在开放经济条件下，汇率政策也是中央银行常用的货币政策工具之一。这种政策通过运用干预外汇市场、调整汇率水平或实行固定/浮动汇率制度等方式，来影响本币的国际竞争力和对外贸易平衡。例如，当中央银行希望提升本币的国际竞争力时，它可能会在外汇市场上卖出外汇以增加本币的供应量并降低其汇率；反之则可能买入外汇以减少本币的供应量并提高其汇率。

第二节　货币政策对金融市场的影响分析

一、货币政策对利率的影响

（一）货币政策的利率传导机制

货币政策的实施主要通过调整货币供应量和市场利率来影响经济体系中的资金成本和投资消费决策。这一机制是货币政策传导的核心。当中央银行实施宽松性货币政策时，如降低存款准备金率或进行公开市场操作购买国债，这些措施将增加金融体系的流动性，进而降低市场利率。市场利率的下降意味着企业和个人的贷款成本降低，这有利于投资和消费的增加，进而推动经济的增长。

相反，当中央银行实施紧缩性货币政策时，如提高存款准备金率或出售国债，这些措施将减少金融体系的流动性，进而提高市场利率。市场利率的上升将增加企业和个人的贷款成本，抑制投资和消费行为，从而对经济增长产生制约作用。

货币政策的利率传导机制不仅影响经济体系中的资金成本，还通过影响市场利率来调整经济体系中的投资和消费决策。因此，中央银行通过货币政策的调整可以影响经济增长速度和通货膨胀水平，以实现稳定宏观经济的目标。

（二）利率变动对金融市场的影响

利率的变动对金融市场具有广泛而深远的影响。

首先，利率的下降将降低企业和个人的贷款成本，这有利于企业扩大生产和投资规模，提升个人的消费能力。贷款成本的降低将激发更多的经济活动，从而推动金融市场的活跃和繁荣。

其次，利率的变动还会直接影响固定收益证券，如债券的价格和收益率。债券是一种典型的固定收益证券，其价格与市场利率呈反向变动关系。当市场利率下降时，债券的价格将上升，反之亦然。因此，利率的变动将直接影响债券投资者的收益和投资决策。

最后，利率的变动还会影响金融机构的盈利能力和风险偏好。金融机构作为金融市场的主要参与者之一，其盈利能力和风险偏好对金融市场的稳定和发展具有重要意义。当市场利率下降时，金融机构的贷款收益将减少，这可能迫使金融机构寻求更高风险的投资机会以维持盈利水平。同时，市场利率的下降还可能改变金融机构的风险偏好，使其更加谨慎地管理资产和负债。

（三）利率市场化与货币政策效果

利率市场化程度是影响货币政策效果的重要因素之一。在利率市场化程度较高的国家，市场利率能够更灵活地反映资金供求关系的变化。这意味着货币政策的调整将更快地传导到市场利率上，从而对经济产生更迅速的影响。因此，在利率市场化程度较高的国家，货币政策的传导效率更高。

在利率管制较严的国家，货币政策的实施可能受到一定限制。由于市场利率不能完全反映资金供求关系的变化，货币政策的调整可能无法有效地影响市场利率。在这种情况下，中央银行可能需要通过其他渠道如信贷政策等来实现政策目标。这可能会降低货币政策的传导效率和效果。

（四）非常规货币政策对利率的影响

在金融危机等特殊时期，传统的货币政策可能无法有效应对经济下滑的压力。为了刺激经济增长和恢复金融稳定，中央银行可能会采取非常规货币政策，如量化宽松（Quantitative Easing，QE）政策等。这些政策通过大量购买金融资产等方式增加货币供应量，以压低长期利率。长期利率的下降将鼓励企业和个人进行更多的投资和消费活动，从而推动经济的增长。

非常规货币政策的实施将对金融市场利率结构产生深远影响。一方面，大量购买金融资产将增加市场的流动性，降低市场的风险溢价水平；另一方面，长期利率的下降将改变投资者的收益预期和风险偏好。这些影响可能导致短期利率与长期利率的背离等现象的发生。例如，在量化宽松政策实施期间，短期利率可能保持低位稳定甚至进一步下降；而长期利率则可能受到投资者对未来经济走势预期的影响而呈现上升趋势。这种背离现象将增强金融市场的不确定性、增大风险。

（五）国际货币政策协调与利率联动

在全球经济一体化的背景下，各国经济之间的联系和依存度不断加深。这使得各国货币政策的调整不仅对本国经济产生影响，还可能对其他国家产生溢出效应。因此，加强国际货币政策协调对于维护金融市场稳定至关重要。

主要经济体之间的货币政策差异可能会导致资本流动和汇率波动等问题。例如，当一国实施紧缩性货币政策时，其国内利率上升可能吸引国际资本流入；而当另一国实施宽松性货币政策时，其国内利率下降可能导致资本外流。这种资本流动将影响各国金融市场的资金供求关系和利率水平。同时，汇率的波动也可能会对进出口企业的盈利能力和竞争力产生影响，进而影响各国的经济增长和就业水平。

为了降低金融市场的不确定性和风险，各国中央银行需要加强沟通和协作，共同应对全球性经济挑战。例如，在金融危机时期，各国中央银行可采取联合降息等措施来稳定金融市场信心；而在经济复苏时期，可采取逐步加息等措施来引导市场利率回归正常水平。这些协调一致的货币政策调整将有助于减小资本流动和汇率波动等问题对金融市场的影响。

二、货币政策对汇率的影响

（一）货币政策的汇率传导机制

货币政策不仅影响国内市场的利率，还通过利率、通胀预期和经济增长等渠道影响汇率水平。汇率，作为两国货币之间的相对价格，其决定因素包括国内外利差、经济基本面、国际收支等。当一国实施宽松性货币政策时，国内利率的下降使得其与其他国家的利差扩大，可能会导致资本外流和本币贬值。这是因为投资者为了追求更高的收益，可能会将资金从低利率国家转向高利率国家。

相反，紧缩性货币政策通常意味着国内利率的上升，这可能会吸引国际资本流入，导致本币升值。此外，货币政策的调整还可能改变市场对未来经济走势和通胀水平的预期，这些预期变化也会影响汇率走势。例如，如果市场认为某国的紧缩性货币政策将有效抑制通胀并推动经济增长，那么该国的货币可能会受到投资者的青睐而升值。

（二）汇率变动对金融市场的影响

汇率的变动对金融市场的影响广泛而深远。首先，汇率波动会影响跨境资本流动。当本币贬值时，国内资产对外国投资者的吸引力下降，可能导致资本外流和金融市场动荡。相反，本币升值则可能吸引外资流入，为金融市场提供更多的流动性支持。这种跨境资本流动的变化不仅会影响金融市场的稳定性，还可能会对宏观经济产生冲击。

其次，汇率变动还会影响进出口企业的盈利能力和竞争力。当本币贬值时，出口商品价格在国际市场上更具竞争力，有利于扩大出口市场份额；但同时，进口商品成本上升，可能对进口企业造成压力。反之，本币升值则有利于进口企业降低成本，但可能对出口企业构成挑战。这种汇率变动对进出口企业的影响会进一步传导到国内生产和就业等领域。

最后，汇率变动还可能影响国际投资者的风险偏好和投资策略。当一国货币面临贬值压力时，国际投资者可能会出于风险考量撤出部分投资，而转向其他更具吸引力的市场。这种投资者行为的变化不仅会影响金融市场的资金流动，还可能对一国的经济基本面产生负面影响。

（三）货币政策与汇率政策的协调

在实践中，货币政策与汇率政策往往需要相互协调以实现经济目标。货币政策主要关注国内经济增长、通货膨胀水平等问题；汇率政策则更多地关注国际收支平衡和金融市场稳定等问题。因此，在制定和执行货币政策时，中央银行需要考虑汇率政策的影响和需要；同样地，在制定和执行汇率政策时，也需要考虑货币政策的目标和效果。

例如，在面临资本外流压力时，中央银行可能会采取提高利率等紧缩性货币政策来稳定汇率；但这种做法可能会牺牲国内经济增长目标。因此，在实践中需要权衡各种因素来制定最优的货币政策和汇率政策组合。又如，在经济衰退时期，通过贬值本币来刺激出口和经济增长可能是一个有效的策略；但这同时可能会导致国际收支恶化和金融市场动荡等问题。因此，在实践中需要综合运用多种政策工具来平衡各种经济目标。

（四）非常规货币政策对汇率的影响

非常规货币政策如量化宽松等可能对汇率产生显著影响。这些政策旨在通过大量购买金融资产等方式增加货币供应量，以压低国内长期利率并刺激经济增长。然而，这种做法可能会导致本币贬值，从而可能引发资本外流和汇率下跌。此外，非常规货币政策的实施还可能引发国际投资者对该国经济前景的担忧，进一步加剧汇率波动。然而，需要注意的是，其他因素如经济增长前景、政治稳定性等也会对汇率产生重要影响，因此，非常规货币政策对汇率的影响并非绝对。

（五）国际货币体系与汇率波动

国际货币体系是影响汇率波动的重要因素之一。在当前以美元为主导的国际货币体系下，美元汇率的波动对其他国家货币汇率具有重要影响。美元的走强或走弱往往会引发其他货币的相对升值或贬值；这种现象在浮动汇率制度下尤为明显。此外，随着人民币等新兴市场国家货币在国际市场中的地位逐渐提升，这些货币的汇率波动也可能对全球金融市场产生重要影响。例如，人民币的升值可能会吸引更多的国际资本流入中国金融市场；而贬值则可能导致资本外流和市场动荡等问题。因此，加强国际货币体系改革和合作对于维护全球金融市场的稳定和繁荣具有重要意义。各国需要共同努力推动国际货币体系的多元化和稳定性发展；同时，需要加强汇率政策协调和合作，以减少汇率波动对全球经济的负面影响。

三、货币政策对资产价格的影响

（一）货币政策的资产价格传导机制

货币政策，作为中央银行调控宏观经济的重要手段，其变动不仅影响整体经济状况，更能对资产价格产生深远影响。这种影响主要通过市场利率和流动性等关键因素来传导。当中央银行实施宽松性货币政策时，如降低存款准备金率或市场操作利率，市场上的货币供应量将相应增加，导致市场利率下降。低利率环境降低了企业和个人的贷款成本，有利于投资和消费的增加。同时，增加的流动性也会促使投资者将更多资金投向股票、房地产等资产市场，从而推动这些资产价格上涨。

相反，当中央银行采取紧缩性货币政策时，如提高存款准备金率或市场操作利率，市场上的货币供应量减少，市场利率上升。高利率环境增加了贷款成本，抑制了投资和消费的增长。同时，减少的流动性也导致投资者从资产市场撤出部分资金，造成股票、房地产等资产的价格下跌。

此外，货币政策的调整还可能改变投资者对未来经济走势的预期和风险偏好。例如，在宽松性货币政策下，投资者可能会更乐观地看待未来经济前景，愿意承担更高的风险以追求更高的收益；而在紧缩性货币政策下，投资者可能会变得更谨慎、更保守，更倾向于将资金投向低风险资产或持有现金。

（二）资产价格泡沫与货币政策应对

宽松性货币政策在刺激经济增长的同时，也可能导致资产价格过度上涨和出现泡沫化现象。当大量资金涌入资产市场，推动资产价格脱离基本面快速上涨时，就形成了泡沫。泡沫的存在使得市场参与者对风险产生麻痹心理，进一步加剧投机行为和市场的非理性繁荣。然而，一旦泡沫破裂，资产价格将迅速下跌，投资者信心将受到严重打击，金融市场可能会出现动荡甚至危机。

因此，中央银行在制定货币政策时需要密切关注资产价格走势，并采取适当措施预防泡沫的产生和破裂。例如，在资产价格过快上涨时，中央银行可以采取提高利率等紧缩性货币政策来抑制投机行为和稳定市场预期。通过提高借贷成本，减少市场上的流动性，降低投资者对高风险资产的热情，减缓资产价格的上涨速度，防止泡沫的进一步扩大。

同时，中央银行还可以运用宏观审慎政策工具来加强对金融体系的监管和风险防范。例如，通过调整金融机构的资本充足率、杠杆率等监管指标，限制其过度扩张；或者通过实施逆周期资本缓冲等机制，增强金融体系的抗风险能力。

（三）货币政策对房地产市场的影响

房地产市场作为经济体系中的重要组成部分之一，对货币政策的变化尤为敏感。宽松性货币政策下，降低的利率和增加的流动性为房地产市场提供了有利的融资环境，推动了房价的上涨和市场的繁荣。然而，这种繁荣背后可能隐藏着风险。一旦货币政策转向紧缩或市场出现其他不利因素，房价可能面临下跌压力，市场可能出现调整甚至危机。

因此，中央银行在制定货币政策时需要充分考虑房地产市场的特点和风险因素。在宽松性货币政策下要关注房价上涨过快可能带来的风险积累问题；在紧缩性货币政策下则要关注房价下跌可能对金融体系和经济增长产生的负面影响。同时，还需要通过加强金融监管、完善房地产税收制度等措施来建立长效机制，促进房地产市场的平稳健康发展。

（四）货币政策对股票市场的影响

股票市场作为经济的晴雨表和投资的重要渠道之一，其表现与货币政策紧密相连。宽松性货币政策下降低的利率和增加的流动性，为股票市场提供了充裕的资金支持，推动了股票价格的上涨和市场活跃度的增加。然而这种上涨也可能伴随着投机行为的增加和市场波动的加剧。

当中央银行采取紧缩性货币政策时，市场上的资金成本上升，流动性减少，投资者可能因此撤出部分资金导致股票价格下跌。此外，紧缩性货币政策还可能通过影响企业盈利预期和投资者信心等渠道，进一步对股票市场产生负面影响。因此，中央银行在制定货币政策时需要权衡经济增长、通货膨胀和金融稳定等多重目标，并密切关注股票市场的反应，以采取适当的政策措施来维护市场的稳定和发展。

（五）跨境资本流动与资产价格联动

在全球经济一体化的今天，跨境资本流动已成为影响各国资产价格的重要因素之一。当一国实施宽松性货币政策时，其国内利率的下降和流动性的增加可能吸引外资流入，寻求更高的收益。这些外资的流入推动了本国资产价格的上涨，进一步吸引了更多资金的涌入，形成正向循环。然而，这也可能导致资产价格过度上涨和泡沫化现象的出现。

相反，当一国实施紧缩性货币政策时，其国内利率的上升和流动性的减少可能导致资本外流。这些外资的撤出会引发本国资产价格的下跌，进一步加剧市场的波动和不确定性。同时，资本外流还可能对本国的汇率和外汇储备产生压力，影响金融市场的稳定。

因此，加强跨境资本流动监管和国际合作对于维护金融市场稳定和防范系统性风险具有重要意义。各国需要密切关注跨境资本流动的规模和方向，建立完善的监管体系来防范潜在风险。同时，还需要加强国际合作和信息共享，共同应对跨境金融风险和挑战；需要通过协调各国货币政策和金融监管措施，促进全球金融市场的稳定和健康发展。

四、货币政策对金融市场稳定性的影响

（一）货币政策与金融稳定的关系

维护金融稳定是中央银行的重要职责之一，而货币政策作为中央银行调控经济的主要手段，对金融市场的稳定性具有重要影响。中央银行通过调整货币供应量和市场利率等手段，来影响金融机构的盈利能力和风险偏好，进而达到维护金融市场稳定的目的。当金融市场出现过度投机、资产价格泡沫等不稳定因素时，中央银行可以采取相应的货币政策措施来引导市场预期、稳定市场情绪、降低金融风险。

（二）货币政策在应对金融危机中的作用

在金融危机时期，货币政策在维护金融市场稳定方面发挥着重要的作用。面对金融危机的冲击和破坏，中央银行可以通过降低利率、提供流动性支持等方式来稳定市场预期和信心。降低利率可以降低企业和个人的贷款成本，有利于投资和消费的恢复；提供流动性支持则可以确保金融机构的正常运转，防止因流动性不足而引发的连锁反应。

此外，中央银行还可以实施非常规货币政策如量化宽松等，来刺激经济增长和恢复市场功能。量化宽松政策通过大量购买国债和其他金融资产来增加市场上的货币供应量，降低长期利率，鼓励投资和消费。这些措施有助于缓解金融危机对金融市场的冲击和破坏，促进经济的复苏和增长。

（三）货币政策与金融监管的协调

在实践中，货币政策与金融监管需要相互协调以更好地维护金融市场稳定。一方面，中央银行需要密切关注金融机构的风险状况和市场动态，及时发现并化解潜在风险。这要求中央银行具备完善的监管体系和风险评估机制，能够对金融机构进行有效的监督和管理。另一方面，金融监管机构也需要了解货币政策的实施情况和目标，以便更好地制定和执行监管政策。这要求金融监管机构与中央银行保持密切的沟通和协作，共同应对金融风险和挑战。

加强货币政策与金融监管的协调，可以更好地维护金融市场的健康发展。中央银行和金融监管机构可以共同制定和执行相关政策措施，确保金融市场有效服务实体经济。同时，还需要加强国际合作和信息共享等方面的工作，共同应对跨境金融风险和挑战。

（四）前瞻性货币政策与金融稳定

前瞻性货币政策是指中央银行在制定货币政策时充分考虑未来经济走势和潜在风险因素，并采取相应的预防措施来维护金融稳定。这种政策强调预防性和主动性，有助于降低

金融市场的不确定性和风险。通过实施前瞻性货币政策，中央银行可以更好地应对潜在风险挑战并维护金融市场的长期稳定。

具体而言，前瞻性货币政策要求中央银行密切关注国内外经济金融形势的变化和发展趋势，及时评估潜在风险和挑战。同时，还需要建立完善的预测模型和风险评估体系来科学制定货币政策决策。在实施过程中还需要加强与市场参与者的沟通和引导，来确保政策的有效性和传导效果。

（五）国际货币政策协调与金融稳定

在全球经济一体化的背景下，各国货币政策的协调对于维护金融市场稳定至关重要。主要经济体之间的货币政策差异可能会导致资本流动和汇率波动等问题，进而影响各国金融市场的稳定性。因此，加强国际货币政策协调有助于降低金融市场的不确定性和风险，促进全球经济的平稳健康发展。

为了实现有效的国际货币政策协调，各国需要加强沟通和协作共同制定和执行相关政策措施。同时，还需要建立完善的国际金融监管体系来加强对跨境金融风险的监测和预警。通过采取一系列措施和方案，共同应对全球金融挑战，维护全球金融市场的稳定和繁荣。

第三节　金融市场对货币政策的反馈机制

一、金融市场的预期与货币政策效果

（一）金融市场预期的形成与影响

在金融市场中，预期是一种强大的力量，它能够引导资金流向，决定市场走势，并对货币政策的效果产生深远影响。市场参与者基于当前可得的信息和对未来经济走势的判断，通过分析和推测得出关于金融市场未来发展趋势的预期。这些预期不仅反映了市场参与者对经济基本面的看法，还融入了他们对政策环境、市场情绪等多种因素的综合考量。

金融市场预期的影响是多方面的。第一，它会影响市场参与者的决策行为。当市场普遍预期某种资产价格将上涨时，投资者可能会纷纷涌入该市场，推动价格上涨；反之，当预期悲观时，投资者可能会选择撤离，导致价格下跌。第二，金融市场预期还会影响货币政策的实施效果。当市场参与者对货币政策形成正面预期时，他们会认为政策将促进经济增长和通胀率稳定，从而积极响应政策调整，使货币政策的效果得到放大；反之，当市场对货币政策持负面预期时，即使政策本身是有利的，其效果也可能会因市场的不信任而大打折扣。

(二）货币政策对金融市场预期的引导

作为宏观经济调控的重要手段，货币政策的目标之一就是引导金融市场预期，以实现经济平稳健康发展。为了达到这一目标，央行会运用各种货币政策工具，如调整利率、存款准备金率等，向市场传递政策信号，引导市场参与者形成合理的预期。这些政策信号的作用在于改变市场参与者对未来经济走势和政策环境的看法，从而影响他们的决策行为。

例如，当央行降低利率时，市场参与者可能会认为这将有利于刺激投资和消费，推动经济增长，从而形成乐观的预期。在这种预期下，投资者可能会增加对风险资产的投资，企业也可能会扩大生产规模，这些行为都将有助于实现货币政策的目标。相反，当央行提高利率时，市场可能会认为这将抑制通货膨胀和经济过热，从而形成相对悲观的预期。在这种预期下，投资者和企业可能会更加谨慎地行事，避免过度扩张和冒险。

（三）金融市场预期与货币政策效果的互动关系

金融市场预期与货币政策效果之间存在紧密的互动关系。一方面，金融市场预期会影响货币政策的效果。当市场形成一致预期时，这种预期往往能够自我实现，推动金融市场价格朝着预期方向发展。如果央行的货币政策与市场预期相符，那么政策效果可能会放大；反之，如果政策与市场预期相悖，则可能引发市场的不信任和抵触情绪，导致政策效果不佳甚至失效。

另一方面，货币政策也会对金融市场预期产生影响。央行通过调整货币政策工具和传递政策信号来引导市场预期的发展方向。当央行实施紧缩性货币政策时，市场参与者可能会形成未来经济下滑的预期；而当实施宽松性货币政策时，则可能会形成经济增长和通货膨胀稳定的预期。这些预期反过来又会影响市场参与者的决策行为和金融市场价格走势，从而形成一个复杂的反馈循环。

二、金融市场创新对货币政策的影响

（一）金融市场创新的含义与类型

在当今这个日新月异的金融时代里，金融市场创新成为推动市场发展的一股重要力量。金融市场创新是指在金融市场交易制度、交易工具、交易技术等方面所进行的创新活动。这些创新活动旨在提高金融市场的运作效率、降低交易成本、增强市场流动性及满足市场参与者的多样化需求。金融市场创新涵盖多个方面，其中产品创新、制度创新和技术创新是最主要的类型。

产品创新是指在金融市场中推出新型金融产品或对现有产品进行改进和优化。例如，资产证券化、期权期货等衍生品及互联网金融产品等都是典型的金融创新产品。这些创新产品不仅丰富了市场的投资选择，还为投资者提供了更加灵活和高效的风险管理工具。

制度创新则是指在金融市场的组织架构、交易规则、监管制度等方面进行的创新。例如，随着金融科技的发展，去中心化金融（Decentralized Finance，DeFi）等新型金融业态逐渐兴起，对传统金融市场的组织架构和交易规则提出了挑战。为了适应这一变化，金融市场需要进行制度创新，以更加开放和包容的态度接纳这些新型业态，并在保障市场安全的前提下推动其健康发展。

技术创新则是利用先进的科技手段对金融市场结构进行改进和优化。例如，区块链、大数据分析、人工智能等新技术在金融市场中的应用越来越广泛。这些技术创新不仅提高了市场的交易速度和准确性，还为市场参与者提供了更加便捷和个性化的服务。

（二）金融市场创新对货币政策传导的影响

金融市场创新对货币政策传导的影响是多方面的。首先，通过提高金融市场的效率，创新活动使货币政策传导更加迅速和有效。新型交易工具和技术的应用降低了市场的摩擦成本，使资金能更快速地流动到实体经济中，从而提高了货币政策对经济活动的调节作用。其次，创新活动降低了交易成本，使更多市场参与者能参与到货币市场中来。这不仅扩大了货币政策的影响范围，还增强了其对经济活动的渗透力。最后，创新活动增强了市场的流动性。流动性是金融市场的重要属性之一，它反映了市场在面对冲击时的稳定性和韧性。推出新型流动性管理工具和产品的金融市场创新，有助于提升市场的流动性水平，使货币政策在调控经济时更加灵活和有效。

然而，金融市场创新也可能对货币政策传导构成一定的挑战。例如，过度创新可能导致市场出现过热和泡沫现象，从而削弱货币政策对经济活动的真实调节作用。此外，新型金融产品和市场可能带来新的风险点和不确定性因素，需要货币政策制定者更加谨慎地评估和管理。

（三）金融市场创新对货币政策目标的挑战

虽然金融市场创新为货币政策传导带来了新的机遇和动力，但同时也对货币政策目标提出了挑战。首先，创新活动可能使得金融市场价格波动更加频繁和剧烈。新型金融产品和市场往往具有较高的波动性和不确定性，这使得央行在调控市场时需要更加精准地把握时机和力度。否则，稍有不慎就可能引发市场的恐慌情绪和连锁风险。其次，创新活动可能使金融市场出现新的风险点。例如，系统性风险、流动性风险等在传统金融市场中较为罕见的风险类型，可能在新型金融市场中表现得更突出。这些新风险点不仅会对市场的稳定性和安全性构成威胁，也会对央行的风险管理能力提出更高的要求。

为了应对这些挑战，央行需要加强对金融市场创新的监管和引导。首先，要建立完善的监管制度和风险防范机制，及时发现和化解市场风险。其次，要加强对新型金融产品和市场的风险评估和监测工作，确保市场的平稳健康发展。最后，要加强与金融机构和市场参与者的沟通协调工作，共同推动金融市场创新朝着有利于经济发展的方向前进。

三、金融市场结构变化对货币政策传导的影响

(一) 金融市场结构变化的含义与表现

金融市场结构变化，从广义上讲，是指金融市场中各类金融机构、金融工具及市场参与者之间的相对关系和比例发生的变化。这种变化是金融市场发展的必然产物，也是金融市场适应经济环境变化的体现。具体来说，金融市场结构变化可能表现为以下几个方面：

金融机构数量的变化：随着金融市场的不断发展，新的金融机构不断涌现，同时也有一些金融机构因各种因素退出市场。这种数量的变化不仅反映了金融市场的活跃度，还体现了金融市场的竞争态势。

金融工具种类的丰富或单一化：随着金融创新的不断深入，金融市场上出现了越来越多的新型金融工具，如衍生品、资产证券化产品等。这些新型金融工具丰富了投资者的选择，也为金融机构提供了更多的风险管理手段。然而，在某些情况下，金融工具的种类也可能呈现单一化的趋势，这通常是因为市场监管加强或投资者风险偏好改变等。

市场参与者结构的多元化或集中化：金融市场上的参与者包括个人投资者、机构投资者、金融机构等。随着金融市场的发展，市场参与者的结构也在发生变化。一方面，机构投资者的比重逐渐增加，成为市场上的主导力量；另一方面，随着金融科技的兴起，个人投资者参与金融市场的渠道和方式也在发生变化。这种市场参与者结构的变化对金融市场的运行和货币政策的传导都产生了深远的影响。

(二) 金融市场结构变化对货币政策传导的影响机制

金融市场结构变化对货币政策传导的影响是一个复杂的过程，涉及多个方面和多个层次。具体来说，这种影响机制主要体现在以下几个方面：

传导渠道的变化：货币政策主要通过信贷渠道、利率渠道、资产价格渠道等传导到实体经济。然而，随着金融市场结构的变化，这些传导渠道的有效性和相对重要性也在发生变化。例如，当直接融资市场比重增加时，企业更多地通过发行股票、债券等方式筹集资金，而不是依赖银行贷款。这种情况下，货币政策通过信贷渠道传导的效果可能会减弱，而通过利率渠道和资产价格渠道传导的效果可能会增强。因为直接融资市场的利率和资产价格对货币政策的反应更敏感、更直接。

敏感性和有效性的影响：金融市场结构的变化还可能影响货币政策的敏感性和有效性。当金融市场变得更加复杂和多元化时，货币政策的调控难度也会相应增加。一方面，央行需要更加精准地把握市场动态和预期变化，以确保货币政策的及时性和针对性；另一方面，央行还需要关注不同市场、不同机构之间的相互影响和传导机制，以避免政策效果的扭曲或抵消。此外，随着金融科技的发展和应用，货币政策的传导速度也会得到提升，但同时也会带来新的风险和挑战。

风险和挑战的增加：金融市场结构变化还可能带来新的风险和挑战。例如，随着影子

银行等非传统金融机构的快速发展，金融市场的脆弱性和不稳定性可能增加。这些非传统金融机构通常缺乏严格的监管和风险控制机制，其业务模式和风险偏好也可能与传统金融机构存在显著差异。因此，它们的快速发展可能增大金融市场的系统性风险，对货币政策的制定和执行带来新的挑战。此外，跨境资本流动、汇率波动等外部因素也可能对国内金融市场造成冲击和影响，需要央行在制定和执行货币政策时予以充分考虑和应对。

（三）应对金融市场结构变化的货币政策建议

针对金融市场结构变化对货币政策传导的影响，以下是一些政策建议：

加强市场监测和分析：央行需要密切关注金融市场结构变化的动态和趋势，及时评估其对货币政策的影响。可以通过定期发布金融市场报告、建立金融市场监测指标体系等方式，加强对市场运行情况的监测和分析。同时，还需要关注国际金融市场的动态和变化，以便及时应对外部冲击和影响。

加强与金融监管部门的沟通协调：央行需要与金融监管部门建立紧密的沟通协调机制，共同应对金融市场结构变化带来的风险挑战。可以通过定期召开货币政策与金融监管协调会议、建立信息共享机制等方式，加强双方之间的合作与配合。同时，还需要关注非传统金融机构的发展情况和风险状况，确保其业务发展与货币政策目标相一致。

灵活运用各种货币政策工具进行调控：央行需要根据金融市场结构变化的情况和货币政策目标的要求，灵活运用各种货币政策工具进行调控。例如，可以通过调整存款准备金率、公开市场操作等方式调节市场流动性；通过调整贷款基准利率、优化贷款结构等方式引导信贷资金流向；通过推动利率市场化改革、完善汇率形成机制等方式增强货币政策的传导效果等。

加强对非传统金融机构的监管和引导：随着非传统金融机构的快速发展和影响力的不断扩大，央行需要加强对这些机构的监管和引导。一方面，需要建立完善的监管框架和风险控制机制，确保非传统金融机构的业务发展和风险管理符合规范；另一方面，还需要通过政策引导、窗口指导等方式，引导非传统金融机构更好地服务实体经济和货币政策目标。

四、金融市场国际化对货币政策协调的挑战及应对策略

（一）金融市场国际化的含义与进程

金融市场国际化是指金融市场的交易活动、交易主体和交易规则等逐渐超越国界限制，向全球范围扩展的过程。这一过程是经济全球化在金融领域的体现，也是金融市场发展的必然趋势。随着国际贸易和投资的日益频繁，以及信息技术的快速发展和应用，金融市场国际化进程不断加快。

在金融市场国际化的进程中，各国金融市场之间的联系和互动日益紧密。资本、信息、技术等要素在全球范围内自由流动和配置，使得金融市场的交易活动更加活跃和多样

化。同时，国际金融机构和跨国公司的崛起也推动了金融市场国际化的进程。它们在全球范围内开展业务活动，为金融市场的国际化提供了重要的支撑。

（二）金融市场国际化对货币政策协调的挑战

金融市场国际化对货币政策协调的挑战主要体现在以下几个方面：

首先，随着金融市场国际化的深入发展，国际资本流动变得更加频繁和复杂。资本在全球范围内自由流动，寻求更高的收益和更低的风险。这种流动不仅涉及股票、债券等传统金融资产，还涉及衍生品、外汇等新型金融工具。国际资本流动的频繁和复杂使各国央行在调控经济时需要考虑更多外部因素，增加了货币政策的制定和执行难度。

其次，国际金融市场上的价格波动可能通过汇率、利率等渠道传导至国内金融市场，影响国内货币政策的实施效果。例如，当国际市场上某种主要货币汇率或利率发生大幅波动时，可能引发国内金融市场的连锁反应，导致国内货币政策的预期目标无法实现。因此，各国央行在制定和执行货币政策时，需要密切关注国际金融市场的动态和变化，以及时应对可能的冲击和影响。

最后，国际金融市场上的风险事件如金融危机、债务危机等也可能会对国内金融市场造成冲击和影响。这些风险事件可能会引发全球范围内的恐慌和不确定性，产生资本流动异常、市场信心丧失等问题。在这种情况下，各国央行需要加强风险管理和应对，以维护国内金融市场的稳定和健康发展。同时，还需要加强国际合作与协调，共同应对全球性的金融风险。

（三）应对金融市场国际化的货币政策协调策略

面对金融市场国际化带来的挑战，各国央行需要采取相应的货币政策协调策略进行应对。具体来说，可从以下方面入手：

第一，各国央行需要加强国际货币政策协调与合作，共同应对国际金融市场波动和风险事件。可以通过定期召开国际会议、建立信息共享机制等方式加强沟通与交流；可以通过签订双边或多边协议、建立货币互换机制等方式加强合作与配合；还可以通过推动国际金融机构改革和完善全球金融治理体系等方式提升国际货币政策协调的有效性和影响力。

第二，各国央行需要根据国内外经济金融形势的变化和货币政策目标的要求，灵活运用各种货币政策工具进行调控。同时，还需要关注国际金融市场的动态和变化以及主要经济体的货币政策走向，以便及时应对外部冲击和影响。

第三，各国央行需要加强对国际资本流动的监管，防止其对国内经济造成过大冲击。可以通过建立完善的跨境资本流动监测体系、加强对外汇市场的干预和调节等方式维护本币汇率的稳定；可以通过加强对跨境投融资活动的监管等方式，防范金融风险跨境传递；还可以通过推动国际金融监管合作和完善全球金融监管体系等方式，增强对国际资本流动的监管能力和效果。

第四，各国央行还需要提高自身的风险管理和应对能力，以应对可能出现的风险。可以通过加强内部风险管理和控制机制建设,提升风险防范意识和应对能力;可以通过推动金融科技创新和应用,提升金融服务效率和安全性;可以通过加强人才队伍建设,提升专业素养和创新能力。同时,还需要保持与政府部门、金融机构、企业等各方面的紧密联系和合作,共同维护金融市场的稳定。

五、金融市场稳定性与货币政策目标的平衡

(一) 金融市场稳定性的含义与重要性

金融市场稳定性是指金融市场在正常运行过程中能够保持相对稳定和有序的状态。这种状态对于维护经济安全、促进经济增长及保障社会稳定具有重要意义。当金融市场出现剧烈波动或失控时,可能会引发系统性风险甚至金融危机,对经济和社会造成巨大损失。

(二) 货币政策目标与金融市场稳定性的关系

货币政策目标与金融市场稳定性之间存在密切关系。一方面,货币政策需要关注经济增长、物价稳定等宏观经济目标;另一方面,也需要关注金融市场的稳定性和风险状况。当金融市场出现不稳定因素时,央行可能需要调整货币政策以维护市场稳定;同时,在制定货币政策时,也需要考虑其对金融市场稳定性的影响。

(三) 平衡货币政策目标与金融市场稳定性的策略

平衡货币政策目标与金融市场稳定性需要采取一系列策略。首先,央行需要建立完善的金融市场监测和预警机制,及时发现和处理潜在风险点。其次,央行需要加强与金融监管部门的沟通协调,共同维护金融市场的稳定和安全。此外,央行还需要灵活运用各种货币政策工具进行调控,确保在实现宏观经济目标的同时维护金融市场的稳定性。最后,央行还需要加强对公众的预期引导和信息披露工作,增强市场参与者的信心。

第九章 金融监管与金融稳定

第一节 金融监管的理论基础与实践模式

一、金融监管的理论基础与必要性

（一）市场失灵理论：金融监管的逻辑起点

市场失灵理论是金融监管的重要理论基础。该理论认为，金融市场存在信息不对称、外部性及公共品等问题，这些问题使得金融市场无法有效配置资源，进而可能导致市场失灵。信息不对称是指交易双方掌握的信息不同，使得某些交易者可能利用信息优势进行不公平的交易。外部性是指金融机构的某些行为可能对其他金融机构或整个金融系统产生负面影响，而这种影响并未直接反映在金融机构的成本或收益中。公共品问题则是指某些金融产品具有公共品特性，即其使用是非排他的，但供给却是有限的，这可能导致资源的过度使用和浪费。

金融监管作为一种矫正手段，旨在通过制定和执行相关规则，减少市场失灵现象的发生。监管机构通过要求金融机构披露信息、限制高风险行为及实施审慎监管等措施，可以有效缓解信息不对称、外部性和公共品等问题，保护消费者利益，维护金融系统的稳定。

具体来说，针对信息不对称问题，金融监管机构可要求金融机构充分披露产品信息、风险情况等重要信息，以便投资者能做出更明智的决策。对于外部性问题，监管机构可通过制定严格的监管规则，限制金融机构的某些高风险行为，防止其对整个金融系统造成负面影响。对于公共品问题，监管机构则可通过限制某些金融产品的过度供给，避免资源的浪费和市场的无序竞争。

因此，市场失灵理论为金融监管提供了逻辑起点和理论基础，强调了金融监管在维护金融市场稳定、保护消费者权益及优化资源配置方面的重要作用。

（二）金融机构的特殊性：金融监管的必要性之一

金融机构作为经济体系中的关键组成部分，具有独特的业务特点和风险特性，这也使得金融监管变得尤为重要。

首先，金融机构在业务运营中常常涉及高杠杆操作。这种操作模式使得金融机构在资产规模扩大的同时，也面临着更大的潜在风险。一旦市场环境发生变化或资产价值下降，金融机构可能会面临严重的财务困境，甚至引发连锁反应，对整个金融体系造成冲击。因此，对金融机构实施严格的监管，限制其杠杆水平，是防范金融风险的重要举措。

其次，金融机构的风险具有传染性和系统性。由于金融机构之间存在复杂的业务联系和资金往来，一旦某个机构出现风险事件，很容易引发其他机构的连锁反应，进而对整个金融体系造成冲击。这种风险的传染性和系统性使得金融监管尤为重要。对金融机构进行全面、持续的监管，可以及时发现和控制风险，防止风险事件的扩散和升级。

最后，金融机构的破产和倒闭会给整个经济社会带来极大的负面影响。金融机构作为信用中介，承担着资金融通和资源配置的重要职责。一旦金融机构出现破产或倒闭，不仅会损害投资者的利益，还会影响企业的融资和生产经营，甚至可能引发社会不稳定因素。因此，对金融机构实施有效的监管，确保其稳健运营，对于维护经济社会的稳定和发展具有重要意义。

（三）金融危机的教训：强调金融监管的重要性

历史上的金融危机给全球经济带来了深重的灾难，这些危机不仅让无数投资者损失惨重，还严重冲击了各国的经济体系。这些沉痛的教训让我们深刻认识到，缺乏有效的金融监管是引发金融危机的重要原因之一。

首先，金融危机暴露了金融市场自我调节能力的局限性。尽管市场具有自我调节和平衡的功能，但在某些情况下，市场也会出现失灵的情况。特别是在信息不对称、投机氛围浓厚及监管缺失的环境下，市场很容易出现过度繁荣和泡沫化，最终导致危机的爆发。因此，必须通过外部监管来纠正市场失灵的状况，避免风险的积累和爆发。

其次，金融危机揭示了金融机构内部风险管理的不足。在追求利润的过程中，一些金融机构往往忽视了风险的控制和管理，过度扩张业务、增加杠杆操作，会导致风险敞口过大。当市场环境发生变化时，这些机构很容易陷入困境，甚至引发连锁反应。因此，金融监管机构需要加强对金融机构内部风险管理的监督和指导，确保其业务运营稳健、合规。

最后，金融危机还暴露了监管体系的不完善。过去的监管体系存在一些漏洞和缺陷，使一些高风险行为和违规操作得以滋生和蔓延。因此，必须完善监管体系，加大监管力度，提高监管效率。这包括建立更加严格的监管规则、加强监管协调和信息共享、提高监管技术的运用等。

（四）保护消费者权益：金融监管的核心任务

保护消费者权益是金融监管的核心任务之一。随着金融市场的不断发展，金融产品和服务日益丰富，但与此同时，消费者在信息获取、风险评估和权益保护等方面也面临着诸多挑战。因此，金融监管机构必须承担起保护消费者权益的职责。

首先，金融监管应确保金融机构充分披露产品信息。金融机构应当向消费者提供清晰、准确、完整的产品信息，包括产品的风险、收益、费用等关键要素。这样，消费者才能充分了解产品特性,做出明智的投资决策。同时,监管机构还应加强对金融机构信息披露的监督和检查,确保其履行信息披露义务。

其次,金融监管应打击金融欺诈和不当销售行为。金融欺诈和不当销售行为严重损害了消费者的利益,破坏了金融市场的公平和秩序。因此,监管机构应加强对金融机构销售行为的监管,防止其利用信息不对称进行欺诈或误导性销售。同时,还应建立有效的投诉处理机制,及时受理和处理消费者的投诉和纠纷。

最后,金融监管还应加强对金融消费者权益保护的教育和宣传。普及金融知识,提高消费者金融素养,帮助消费者更好地识别风险、维护自身权益。监管机构可以联合金融机构、媒体等各方力量,开展金融知识普及活动,提高消费者的金融意识和风险防范能力。

(五)维护国际金融秩序:金融监管的国际合作与协调

随着金融市场的经济全球化趋势日益明显,各国金融市场之间的联系也日益紧密。这种经济全球化趋势使得金融风险跨境传播的可能性增强,任何单一国家的金融市场出现问题都可能对全球金融稳定造成冲击。因此,维护国际金融秩序、防范金融风险跨境传播成为金融监管的重要任务之一。

为了实现这一目标,各国金融监管机构需要加强国际合作与协调。首先,通过信息共享和监管标准的统一,各国可以更加有效地识别和评估跨境金融风险。例如,建立国际金融监管合作机制,定期分享金融监管信息和经验,共同制定和执行国际金融监管标准,提升全球金融监管水平。

其次,在应对跨境金融风险时,各国金融监管机构需要协同行动,共同制定应对措施。例如,在面对全球性金融危机时,各国可以通过联合行动来稳定金融市场、防止风险进一步扩散。此外,各国还可以通过加强跨境监管合作,共同打击国际金融犯罪活动,维护国际金融市场的公平和秩序。

最后,随着金融科技的快速发展,跨境金融监管面临新的挑战和机遇。各国金融监管机构需要加强在金融科技领域的合作与交流,共同探索适应金融科技发展的监管模式和手段。例如,通过共同研发监管科技、建立跨境金融科技监管沙箱等方式,推动金融科技的健康发展。

二、金融监管的目标与理念

(一)金融监管的首要目标:维护金融稳定

维护金融稳定是金融监管的首要目标。一个稳定的金融系统能够确保资金流动畅通,为实体经济提供必要的融资支持,促进经济的持续健康发展。然而,金融市场存在着各种风险,如信用风险、市场风险、流动性风险等,这些风险如果得不到有效管理和控制,就可能引发金融动荡甚至危机。因此,金融监管机构的首要目标就是维护金融稳定,通过制定和执行相关规则,防范和化解金融风险,确保金融市场的平稳运行。

为了实现这一目标，金融监管机构需要采取一系列措施。首先，要对金融机构进行审慎监管，确保其资本充足、风险管理有效，防止因过度扩张或不当经营而引发风险。其次，要加强对金融市场的监测和分析，及时发现和处置市场异常波动和风险事件，防止风险扩散和升级。最后，还要加强与其他国家和地区的金融监管合作，共同应对跨境金融风险，维护全球金融稳定。

在维护金融稳定的过程中，金融监管机构还要注重平衡创新与风险的关系。金融创新是推动金融市场发展的重要动力，但也可能带来新的风险和挑战。因此，金融监管机构要在鼓励创新的同时，加强对创新产品的风险评估和监管，确保其符合市场规则和风险控制要求，避免引发系统性风险。

（二）金融监管的核心理念：保护消费者权益

保护消费者权益是金融监管的核心理念。金融市场作为现代经济体系的核心组成部分，涉及广大消费者的切身利益。因此，金融监管机构必须始终将保护消费者权益放在重要位置，确保金融市场的规范、公平和透明。

在保护消费者权益方面，金融监管机构需要关注以下几个方面。首先，要加强对金融机构行为的监督和管理，防止其利用信息不对称或市场优势地位侵害消费者利益。例如，要规范金融机构的收费行为，防止乱收费、高收费等行为的发生；要加强对金融机构营销行为的监管，防止虚假宣传、误导销售等行为的发生。其次，要加强对金融产品和服务的监管和评估，确保其符合消费者需求和具备风险承受能力。例如，要推动金融机构提供更加多样化、个性化的金融产品和服务；还要加强对金融产品的风险评估和披露，帮助消费者了解产品特性和潜在风险。

同时，随着金融科技的快速发展，金融产品和服务日益丰富和复杂，这对消费者权益保护工作提出了更高的要求。金融监管机构需要密切关注金融科技的发展趋势，加强对新兴金融业态和产品的监管和研究，确保金融科技的发展能够真正惠及广大消费者。

三、金融监管的实践模式与比较分析

（一）分业监管模式

分业监管模式，是指按照金融业务的不同性质，将监管职责划分给不同的监管机构的模式。这种模式下，银行业、证券业、保险业等各自拥有独立的监管机构，负责对其业务进行深度、专业的监管。其优点在于，由于每个监管机构专注于特定领域的金融业务，因此能够更加深入地了解行业特点、风险状况和市场动态，从而实施更精准的监管措施。

然而，分业监管模式也存在一些明显的缺点。第一，不同监管机构之间缺乏统一的标准和协调机制，可能导致监管重叠或监管空白问题的出现。这既增加了监管成本，也可能使一些风险点被忽视。第二，随着金融创新的不断涌现，跨业经营的金融机构越来越多，分业监管模式在应对这些新型金融机构时显得鞭长莫及。

在实践中，许多国家在采用分业监管模式时，也在积极探索如何加强监管机构之间的协调与合作，以克服上述缺点。例如，通过建立信息共享机制、定期召开监管联席会议等方式，加强各监管机构之间的交流，提高监管效率。

（二）统一监管模式

统一监管模式是指由一个综合性的监管机构对所有金融业务和金融机构进行统一监管。在这种模式下，监管机构能够全面掌握整个金融市场的运行情况，从全局角度出发制定和执行监管政策。其优点在于监管效率高、成本低，能够避免监管套利的问题。

然而，统一监管模式也存在一些潜在的风险。首先，由于权力过于集中，可能会使监管机构内部出现官僚主义、权力寻租等问题。其次，由于不同金融业务的风险特性和监管要求存在差异，统一监管模式可能难以兼顾各种业务的特点，导致监管不够精准。

因此，在采用统一监管模式时，需要建立健全的内部监督机制，确保监管权力的规范行使。同时，还需要根据不同业务的特点和风险状况，制定差异化的监管政策和措施，确保监管的针对性和有效性。

（三）双峰监管模式

双峰监管模式是一种折中的方案，它通过设置两个相对独立的监管机构，分别负责维护金融稳定和保护消费者权益。这两个机构在各自领域内拥有较高的专业性和独立性，能够更好地履行职责。

维护金融稳定的监管机构主要关注整个金融系统的风险状况和稳定性，通过制定和执行宏观审慎监管政策，确保金融市场的平稳运行。保护消费者权益的监管机构则主要关注金融机构的行为和市场实践，通过监督金融机构的合规性、打击金融欺诈等行为，保护消费者的合法权益。

双峰监管模式的优点在于能够兼顾金融稳定和消费者权益保护两个目标，实现监管的全面性和有效性。然而，这种模式也可能产生两个监管机构之间的协调问题。因此，需要建立健全的协调机制，确保两个机构之间的信息共享和合作，避免出现监管空白或重复劳动的情况。

（四）跨国监管合作

随着金融全球化的深入发展，跨国监管合作变得越来越重要。各国监管机构需要加强信息共享、协调监管政策，共同应对跨境金融风险。跨国监管合作有助于提升全球金融体系的稳定性和透明度，促进金融市场的健康发展。

然而，跨国监管合作也面临着一些挑战。首先，不同国家的法律、监管体系和文化存在差异，这可能导致监管标准、监管方法等方面存在分歧。其次，跨境金融机构的复杂性使得对其进行有效监管变得更困难。因此，需要加强国际沟通与协调，建立统一的监管标准和信息共享机制，以推动跨国监管合作的深入开展。

四、金融监管的创新与发展趋势

（一）科技驱动的监管创新

在科技迅猛发展的当下，金融科技为金融监管带来了前所未有的机遇与挑战。大数据、人工智能、区块链等技术的应用，使得监管机构能更加精确地识别风险、预测市场趋势，提高监管的效率和准确性。

具体而言，大数据技术可以帮助监管机构收集和分析海量的金融数据，发现潜在的风险点和违规行为；人工智能技术可以通过机器学习和自然语言处理等技术手段，实现对金融市场的实时监控和预警；区块链技术则可以凭借其去中心化、不可篡改的特性，提高金融监管的透明度和可信度。

然而，科技驱动的监管创新也带来了一些新的问题。例如，如何确保数据的安全性和隐私性？如何避免技术滥用和误判？这些都需要监管机构认真思考和解决。

（二）监管沙箱与实验室

监管沙箱与实验室是近年来兴起的监管创新方式，旨在为金融创新提供一个受控的测试环境。在这种环境中，金融机构可以测试新的业务模式和产品，而监管机构则可以观察其运行情况，评估风险，并制定相应的监管政策。

监管沙箱与实验室的优点在于能够降低金融创新的成本和风险，促进金融市场的活力和竞争力。同时，通过实际测试和数据反馈，监管机构可以更好地了解金融创新的实际情况和风险状况，从而制定更科学合理的监管政策。

然而，监管沙箱与实验室也存在一些局限性。例如，其测试环境可能与真实市场环境存在差异，导致测试结果不够准确；同时，由于测试范围有限，可能无法涵盖所有可能的风险和情况。因此，在运用监管沙箱与实验室时，需要谨慎评估其适用性和局限性，并综合使用其他监管手段。

（三）强化行为监管

随着金融产品日益复杂和消费者保护意识的提高，行为监管在金融监管中的地位不断提升。行为监管关注金融机构的行为和市场实践，旨在保护消费者权益和维护市场公平。

强化行为监管的措施包括加强金融机构的内部管理、规范销售行为、打击金融欺诈等。同时，还需要加强消费者教育和风险提示，提高消费者的金融素养和风险意识。强化行为监管，可以有效遏制金融机构的不当行为和市场乱象，维护金融市场的稳定和健康发展。

（四）结合使用宏观审慎监管与微观审慎监管

宏观审慎监管关注整个金融系统的稳定性和风险，而微观审慎监管关注单个金融机构的风险管理。未来,可以结合使用这两种监管方式,以实现金融稳定和保护消费者权益的双重目标。

具体而言,宏观审慎监管将加强对系统性风险的监测和评估,制定和执行逆周期调节政策,防范和化解金融风险。微观审慎监管则将加强对金融机构的内部管理和风险控制的监督,确保其业务运营合规稳健。宏观审慎监管和微观审慎监管的有机结合,可以形成全面、有效的金融监管体系,维护金融市场的稳定和发展。

(五)国际合作与标准协调

在经济全球化的背景下,各国金融市场的联系日益紧密,跨境金融活动日益频繁。因此,加强国际合作与标准协调成为金融监管的重要趋势。

国际合作有助于各国监管机构共同应对跨境金融风险和挑战,分享监管经验和信息资源,提升全球金融监管的效率和水平。同时,推动国际金融监管标准的制定和协调,促进各国监管体系的趋同和互认,降低跨境金融活动的成本和风险。

然而,国际合作与标准协调也面临着一些挑战。例如,不同国家的法律、文化和监管体系存在差异,在合作过程中可能会产生分歧和摩擦。因此,需要各国监管机构加强沟通与交流,增进相互理解和信任,共同推动全球金融监管的发展和完善。

综上所述,金融监管的实践模式与创新发展是一个不断演进的过程。随着金融市场的变化和技术的进步,监管机构需要不断适应新形势、新挑战,加强创新与合作,以维护金融市场的稳定和发展。

第二节 金融稳定的内涵与维护机制

一、金融稳定的定义与重要性

(一)金融稳定的定义

金融稳定,作为一个核心概念,在现代经济社会中扮演着举足轻重的角色。它是一个综合性、全局性的概念,涵盖金融体系中的各个环节和层面,不只局限于某一金融机构或市场的稳定。

具体来说,金融稳定是指金融体系在面对各种内外部冲击时,能够保持正常运转,有效配置金融资源,防范和化解金融风险,从而维护经济社会的平稳健康发展。这里的"内外部冲击"可能包括宏观经济波动、政策调整、国际金融市场变动等多种因素,而"正常运转"则意味着金融体系能够持续、稳定地为实体经济提供融资支持,促进经济增长。

同时,金融稳定还涉及金融机构、金融市场、金融基础设施等各个方面的稳定。金融机构是金融体系的重要组成部分,其稳健运营对维护金融稳定至关重要;金融市场是金融资源配置的主要场所，其稳定运行对促进资金融通和降低交易成本具有重要意义；而金融基础设施是金融体系高效运转的基础保障，其完善程度直接影响金融体系的整体稳定。

（二）金融稳定的重要性

金融稳定对于经济社会发展的重要性不言而喻。首先，金融稳定是经济平稳健康发展的重要保障。金融体系作为现代经济的核心，通过资金融通、风险分散和资源配置等功能，为实体经济发展提供强大的支持。一旦金融体系出现动荡或危机，将引发信用收缩、投资下降、消费减少等一系列连锁反应，对实体经济造成严重冲击。因此，保持金融稳定对于维护经济平稳健康发展具有重要意义。

其次，金融稳定有助于维护社会和谐稳定。金融风险具有传导性和扩散性强的特点，一旦某一环节出现问题，很容易引发连锁反应，波及整个金融体系乃至经济社会。金融风险的爆发往往伴随着资产价格暴跌、金融机构破产、投资者损失惨重等，这不仅会破坏市场信心，还可能引发社会信任危机，对社会稳定造成极大威胁。因此，保持金融稳定对于维护社会和谐稳至关重要。

此外，金融稳定也是金融业自身可持续发展的基础。金融业作为一个高风险行业，其稳定发展离不开良好的金融环境。只有保持金融稳定，才能吸引更多投资，推动金融业不断发展和创新。同时，金融稳定也有助于提升金融机构的声誉和竞争力，扩大其在国际金融市场上的影响力。

（三）金融稳定的特征

金融稳定具有一系列鲜明的特征，这些特征共同构成了金融稳定的基本内涵和外在表现。

第一，金融稳定具有全局性。这是因为金融体系作为现代经济的核心，其稳定与否直接关系到整个经济社会的稳定与发展。金融稳定不仅关乎金融业自身，更与实体经济、社会民生等各个领域紧密相连。因此，维护金融稳定需要从全局出发，综合考虑各方面因素，确保金融体系与经济社会发展的协调与平衡。

第二，金融稳定具有动态性。这意味着金融稳定不是一成不变的，而是需要随着经济社会的发展而不断调整和优化的。金融体系在面临内外部冲击时，需要不断适应新的形势和环境变化，通过改革创新来提升自身的稳定性和韧性。同时，金融监管部门也需要根据市场变化和风险状况及时调整监管政策和措施，确保金融体系的稳健运行。

第三，金融稳定具有效益性。这主要体现在金融资源的有效配置和利用上。金融稳定有利于优化金融资源配置，提高资金使用效率，促进经济社会的发展。同时，金融稳定也有助于降低金融风险和成本，提升金融业的整体效益和竞争力。

第四，金融稳定具有综合性。这是因为金融稳定涉及多个方面和多个层次的因素，需要综合考虑金融市场、金融基础设施等各个方面的稳定情况。只有实现各个方面的综合稳定，才能确保整个金融体系的稳健运行。

二、金融稳定的风险来源与挑战

（一）风险来源

金融的风险来源多种多样，每一种风险都可能对金融体系的稳定造成威胁。

市场风险是金融稳定面临的主要风险之一。它主要来自金融市场价格的波动，包括股票、债券、外汇等市场价格的变动。市场价格的波动可能导致金融机构的资产价值发生大幅变化，进而影响其偿付能力和运营稳定性。尤其是在金融市场存在信息不对称和投机行为的情况下，市场风险可能进一步放大，对金融稳定造成更大的冲击。

信用风险是另一个重要的风险来源。它主要来自借款人或债务人违约的风险，即债务人无法按时偿还债务或履行合约义务。信用风险可能导致金融机构面临坏账损失和资金流动性问题，进而影响其正常运营和盈利能力。在经济下行或周期性调整时期，信用风险往往容易集中暴露，对金融稳定构成严重威胁。

流动性风险也是金融稳定不可忽视的风险之一。它主要源于金融机构或市场参与者无法及时获得足够资金以应对到期债务。流动性风险的爆发可能导致金融机构面临资金链断裂和违约风险，进而引发市场恐慌和信任危机。尤其是在金融市场出现恐慌性抛售和流动性枯竭的情况下，流动性风险可能迅速蔓延至整个金融体系，对金融稳定造成巨大冲击。

此外，操作风险也是金融稳定面临的重要风险之一。它主要来自金融机构内部操作失误或外部欺诈等行为。操作风险的存在可能导致金融机构面临重大损失和法律风险，进而影响其声誉和市场地位。尤其是在金融科技创新和跨界融合的背景下，操作风险可能更加复杂和隐蔽，对金融稳定构成新的挑战。

（二）金融稳定面临的挑战

当前，金融稳定面临着诸多挑战。这些挑战既来自国内，也来自国际；既涉及金融体系内部，也涉及外部环境。

首先，全球经济金融环境日趋复杂多变，给金融稳定带来极大挑战。随着经济全球化进程的加速推进和各国经济联系的日益紧密，国际金融市场波动对各国金融体系的影响也日益显著。国际金融市场的动荡、主要经济体货币政策的调整、地缘政治冲突等都可能对全球金融稳定造成冲击。在这种背景下，各国金融体系需要更加灵活和稳健地应对外部冲击，维护自身稳定。

其次，金融科技的发展推动了金融创新和跨界融合，但同时也带来了新的风险和问题。金融科技的快速发展为金融行业带来了便利和创新，但也带来了数据安全、隐私保护、技术风险等问题。此外，金融科技还推动了金融业务的跨界融合，使传统金融机构与科技公司之间的边界变得模糊，这也给金融监管带来了新的挑战。如何在鼓励金融创新和保护消费者权益之间找到平衡，成为当前金融稳定面临的重要课题。

部分金融机构存在过度扩张、过度竞争等问题，导致风险不断累积。一些金融机构为了追求短期利益，过度扩张业务规模、放松风险管理，导致风险敞口过大、资产质量下降。同时，金融机构之间的竞争也日益激烈，为了争夺市场份额和客户资源，一些机构可能采取激进的经营策略和风险控制手段，这也增加了金融稳定的风险。

最后，金融监管体系尚不完善，存在监管空白和监管套利等问题，也给金融稳定带来了一定隐患。尽管各国都在加大金融监管力度，但监管体系仍然存在一些问题和不足。例如，一些新兴金融业态和跨境金融活动可能游离于监管之外，形成监管空白；同时，不同国家和地区之间的监管标准和政策可能存在差异，导致出现监管套利现象。这些问题都可能对金融稳定造成潜在威胁。

三、金融稳定的维护机制与制度安排

（一）维护机制

金融稳定作为现代经济体系的核心支柱，其维护机制的构建与完善至关重要。这一机制旨在确保金融体系在面临内外部冲击时，能够迅速恢复稳定状态，继续为实体经济提供稳健、高效的金融服务。

第一，强化金融监管是维护金融稳定的关键所在。监管体系需要不断完善，以适应金融市场的快速发展和变化。可以通过提高监管效能，确保金融机构遵守规则、稳健经营，防止市场出现过度波动和风险积累。

第二，推动金融机构完善内部治理结构和风险管理体系至关重要。金融机构作为金融市场的主体，其内部治理结构的健全与否直接影响市场的稳定。因此，需要引导金融机构建立科学、合理的治理结构，明确权责关系，加强风险管理。同时，鼓励金融机构采用先进的风险管理技术和工具，提高风险防范和化解能力。

第三，加强金融市场基础设施建设也是维护金融稳定的重要一环。这包括提升市场透明度、完善交易规则、优化交易系统等。通过加强基础设施建设，可以提高市场运行效率，降低交易成本，增强市场的稳定性和韧性。

第四，加强国际合作对维护全球金融稳定具有重要意义。在全球经济一体化的大背景下，各国金融市场相互依存、相互影响。因此，需要加强国际金融监管合作，共同应对全球性金融风险和挑战。可以通过分享经验、协调政策、加强信息沟通等方式，维护全球金融市场的稳定。

（二）制度安排

在维护金融稳定的过程中，制度安排的合理性和有效性起着至关重要的作用。这些制度旨在通过法律、法规和政策等，为金融稳定提供坚实的制度保障。

第一，完善金融法律法规体系是保障金融稳定的基础。可以通过制定和完善相关法律法规，明确金融机构的权利和义务，规范市场行为，保护投资者权益。同时，需加大执法力度，确保法律法规得到有效执行，为金融稳定提供法律保障。

第二，建立金融安全网制度是维护金融稳定的重要手段。这包括存款保险制度、最后贷款人制度等，旨在为金融机构提供必要的风险保障。当金融机构面临破产风险时，这些制度能及时介入，防止风险扩散，维护金融市场的稳定。

第三，完善金融市场准入和退出机制也是维护金融稳定的重要一环。可以通过制定合理的准入标准，确保进入市场的金融机构具备相应的资质和能力。同时，需要建立有效的退出机制，对经营不善或违规的金融机构进行整顿和清理，以维护市场的公平竞争秩序。

第四，加强金融消费者权益保护制度也是维护金融稳定的重要方面。可以通过建立健全的消费者权益保护机制，加强对金融机构的监管和约束，防止其侵害消费者权益。同时，需要提高消费者的金融素养和风险意识，帮助他们更好地识别风险、保护自身权益。

四、金融稳定与经济发展的关系

（一）相互促进

金融稳定与经济发展之间存在相互促进的关系。一方面，金融稳定为经济发展提供了良好的金融环境和支持。稳定的金融市场能够吸引更多的资金流入，为实体经济提供充足的资金支持。同时，金融市场的稳定运行也有助于降低企业的融资成本，提高企业的投资效率，推动经济的快速增长。

另一方面，经济发展也为金融稳定提供了坚实的基础和保障。随着经济的不断发展，实体经济的规模和效益不断提升，为金融业提供了更多的优质资产和业务机会。同时，经济的发展也推动了金融业的不断创新，使其能够更好地适应市场需求，提高服务质量和效率。

这种相互促进的关系使金融稳定与经济发展成了一个不可分割的整体。只有保持金融稳定，才能为经济发展提供有力的支持；而只有经济发展了，才能为金融稳定提供坚实的基础和保障。

（二）相互制约

尽管金融稳定与经济发展之间存在相互促进的关系，但它们之间也存在着相互制约的关系。一方面，金融风险的累积和爆发会对经济发展造成严重冲击和影响。如果金融市场出现过度波动或风险事件频发，会导致投资者信心下降、资金流出，进而影响实体经济的发展。严重时甚至可能引发金融危机，对整个经济体系造成巨大破坏。

另一方面，经济发展的不平衡和结构性问题也会给金融稳定带来隐患和挑战。如果经济发展过于依赖某些特定行业或领域，或者存在严重的区域发展不平衡问题，这些风险点就有可能成为金融稳定的隐患。一旦这些风险点爆发，就会对金融市场造成冲击，影响金融稳定。

因此，在推动经济发展的同时，必须注重防范和化解金融风险，实现金融稳定与经济发展的良性互动。这要求我们在制定经济政策时，既要考虑促进经济增长的因素，也要充分考虑维护金融稳定的需要；在推动金融创新时，既要鼓励探索新的金融产品和服务，也要加强对其风险的评估和监管。

（三）政策协调

为实现金融稳定与经济发展的良性互动，需要加强政策协调。政策协调涉及多个方面和多个层次，需要政府、监管机构、金融机构和社会各界共同参与和努力。

一方面，要制定和实施稳健的货币政策和财政政策。货币政策和财政政策是宏观经济调控的重要手段，对于维护金融稳定和促进经济发展具有重要意义。在制定货币政策时，要充分考虑金融市场的实际情况和风险状况，保持合理的货币供应量和利率水平；在制定财政政策时，要注重优化财政支出结构，加大对实体经济的支持力度，降低企业税负和运营成本。

另一方面，要加强金融监管政策与货币政策、财政政策的协调配合。金融监管政策旨在维护金融市场的稳定和公平，防止风险事件的发生。在制定金融监管政策时，要充分考虑货币政策和财政政策的影响，确保各项政策之间的协调和一致。同时，要加强对金融机构的监管和约束，防止其利用监管漏洞进行违规操作或过度投机。

（四）从长期视角来看二者的关系

从长期视角来看，金融稳定与经济发展是密不可分的。只有实现金融稳定才能为经济发展提供持续稳定的金融支持；而只有经济持续健康发展才能为金融稳定提供坚实的基础和保障。因此，我们需要将金融稳定与经济发展纳入长期规划中，进行统筹考虑和安排。

首先，要建立健全的金融稳定长效机制。这包括完善金融监管体系、加强金融市场基础设施建设、推动金融机构内部治理结构和风险管理体系的完善等方面。构建长效机制，能够确保金融体系在面对各种内外部冲击时迅速恢复稳定状态。

其次，要推动经济结构的优化和升级。经济结构的不合理和落后是导致金融风险积累的重要原因之一。因此，我们需要通过调整产业结构、优化区域布局、加强创新驱动等，推动经济结构的优化和升级。这不仅能够提高经济的整体素质和竞争力，还能够降低金融风险的发生概率和影响程度。

最后，要加强金融教育与普及工作。提高公众的金融素养和风险意识是维护金融稳定的重要基础。因此，我们需要加强金融教育和普及工作，提高公众对金融产品和服务的认识和理解能力。这有助于增强公众的风险防范意识和自我保护能力，减少因盲目投资或过度借贷等行为产生的金融风险事件。

综上所述，金融稳定与经济发展之间存在着密切的关系。只有通过加强政策协调、完善制度安排等方面的努力，才能实现金融稳定与经济发展的良性互动和长期均衡发展。

第三节　金融监管与金融稳定的互动关系

一、金融监管对金融稳定的影响

（一）规范市场秩序，降低金融风险

金融监管的首要任务是通过制定和遵守一系列监管规则，规范金融机构和市场的行为，从而维护金融市场的秩序。实施审慎监管，可以确保金融机构的资本充足、风险管理有效，防止因个别机构的风险暴露而引发系统性金融风险。此外，金融监管还能通过打击非法金融活动，保护投资者的合法权益，降低市场风险。

具体而言，金融监管机构能通过对金融机构的设立、运营、退出等各个环节进行严格的审批和监管，确保金融机构的合规经营。同时，可以通过对金融机构的资本、资产、负债等方面的监管，控制金融机构的风险水平，防止因过度扩张或风险暴露而引发金融风险。此外，金融监管机构还能通过对金融市场的监测和预警，及时发现和处理市场异常波动，维护市场的稳定。

（二）促进金融机构稳健经营，增强市场信心

金融监管通过要求金融机构建立完善的风险管理制度和内部控制机制，促进其稳健经营。同时，通过公开透明的监管信息披露，增强市场参与者对金融机构的信任度，从而维护金融市场的稳定。

在稳健经营方面，金融监管机构要求金融机构建立科学的风险评估体系，对各类风险进行准确识别和计量。同时，通过定期检查和评估金融机构的风险管理状况，确保其风险管理措施的有效性。此外，金融监管机构还能推动金融机构加强内部控制机制建设，防止道德风险等问题。

在促进市场信心方面，金融监管机构通过及时发布监管报告、政策解读等信息，增强市场参与者对监管政策的了解和信任。同时，通过对违规行为的查处，维护市场的公平和公正，提高市场参与者对金融机构的信心。

（三）引导金融创新，促进金融发展

在维护金融稳定的同时，金融监管也注重引导和支持金融创新。监管机构能通过制定灵活的监管政策，为金融机构提供创新空间，推动金融产品和服务的多样化，满足实体经济的需求。同时，它能通过对创新业务的风险评估和管理，确保创新活动在可控范围内进行，防止因创新引发金融风险。

此外，金融监管机构还会积极与金融机构合作，共同推动金融科技的发展和应用。通

过引入先进的信息技术手段，提高监管效率和准确性，降低监管成本。同时，金融监管机构能利用金融科技手段加强对金融市场的监测和预警，及时发现和处理潜在风险。

二、金融稳定对金融监管的反馈作用

（一）稳定的市场环境能为金融监管提供有力支撑

金融稳定不仅关系到整个金融系统的安危，还直接影响金融监管工作的顺利开展。在一个稳定的市场环境中，金融机构的运营风险相对较低，市场参与者的信心也会更坚定。这种环境为金融监管机构提供了实施监管措施的良好土壤。

稳定的市场环境意味着金融机构的资产质量和盈利能力较稳健，这降低了监管机构对金融机构进行风险处置和救助的可能性，从而使其能够更专注于日常监管工作，提升监管效率。

市场参与者的信心增强有助于形成理性投资氛围，减少市场波动和投机行为。这有助于监管机构更好地把握市场动态，及时发现和处置潜在风险。

稳定的市场环境还会为金融监管机构提供更多的监管资源和手段。例如，在稳定的市场中，监管机构可以通过引入更多的科技手段，如大数据、人工智能等，来提升监管的效率和精准性。

由此可见，金融稳定对于金融监管来说是一种强有力的支撑，它为监管机构提供了一个良好的工作环境，有助于其更好地履行监管职责，确保金融市场的稳定运行。

（二）市场变化推动金融监管不断创新和完善

金融市场的变化和发展是永恒的，而金融监管需要紧跟市场的步伐，不断创新和完善监管政策和手段。

金融创新的不断涌现，为金融监管带来了新的挑战。例如，互联网金融、区块链等的出现，突破了传统金融的边界，为金融市场注入了新的活力。然而，新兴金融业态也带来了诸多问题，如信息安全、消费者权益保护等。因此，金融监管机构需要加强对这些领域的监管研究和实践，确保监管政策的有效性。

市场结构的调整也对金融监管提出了新的要求。随着全球经济一体化的深入发展，金融市场的复杂性日益增强。这要求金融监管机构不仅要关注国内市场的变化，还要密切关注国际市场的动态，加强与国际金融监管机构的合作与交流。

随着科技的发展，金融监管也需要不断引入新的技术手段，实现对金融市场的实时监控和预警。

由此可见，金融市场的变化和发展是推动金融监管不断创新和完善的重要动力。只有紧跟市场的步伐，不断创新和完善监管政策和手段，才能确保金融市场的稳定和健康发展。

三、金融监管与金融稳定的协同作用机制

（一）政策协同：确保监管政策与稳定目标一致

金融监管与金融稳定之间的协同作用首先体现在政策协同上。监管政策的制定和实施需要紧密结合金融稳定的目标和要求，确保二者在方向上一致。

具体而言，金融监管机构在制定监管政策时，应充分考虑金融市场的整体稳定状况和风险状况。对于可能引发系统性风险的金融机构或业务，应采取更严格的监管措施；对于有助于市场稳定和健康发展的创新业务，则应在风险可控的前提下给予一定的支持。

同时，金融稳定部门也需要考虑监管的实际需求和限制。在制定金融稳定政策时，应充分征求金融监管机构的意见，确保政策实施不会对金融机构的正常运营造成过大的冲击和影响。

通过政策协同，金融监管与金融稳定可以形成合力，共同维护金融市场的稳定和发展。这种协同作用不仅有助于提升监管效果，还有助于增强金融市场的信心和稳定。

（二）信息协同：加强信息共享与交流

信息协同是金融监管与金融稳定协同作用机制的重要组成部分。金融监管机构在履行职责过程中积累了大量的金融数据和信息，这些信息对于评估金融稳定状况、发现潜在风险具有重要意义。

加强信息共享与交流，可以使金融稳定部门更加全面、准确地了解金融市场的运行情况和风险状况，从而制定更科学合理的稳定政策。同时，金融监管机构也可以从金融稳定部门获取更多关于市场稳定状况和风险趋势的信息，为制定监管政策提供有力支持。

此外，信息共享与交流还有助于提升双方的工作效率。共享数据和信息，可以减少重复劳动和信息不对称的情况，提高双方的工作质量。

因此，加强金融监管机构与金融稳定部门之间的信息共享与交流，是实现金融监管与金融稳定协同作用的重要途径。双方应建立定期沟通机制，加强信息共享平台建设，提升信息共享的效率和安全性。

（三）风险协同：共同应对和处置金融风险

风险协同是金融监管与金融稳定协同作用机制的另一个重要方面。面对金融风险事件，金融监管与金融稳定机构（部门）需要共同应对和处置，确保金融市场的稳定和安全。

金融监管机构需要及时发现和处理风险事件。通过日常监管和检查，发现金融机构存在的风险隐患和问题，及时采取措施进行处置和纠正。对于可能引发系统性风险的重大风险事件，应迅速启动应急预案，协调各方力量进行处置。

金融稳定部门需要评估风险事件的性质和规模，制订相应的应对措施和预案。可以通

过评估和分析风险事件的影响范围和潜在后果，提出针对性的稳定政策和措施，防止风险扩散和传播。

在风险协同的过程中，金融监管与金融稳定机构（部门）需要密切合作，共同应对风险挑战。双方应建立联合工作机制，加强信息共享和沟通协作，形成合力应对金融风险。

通过风险协同，金融监管与金融稳定机构（部门）可以在应对金融风险时形成有效的协作机制，共同维护金融市场的稳定和安全。这有助于提升金融市场的信心，降低市场波动和不确定性，为金融市场的健康发展提供有力保障。

综上所述，金融监管与金融稳定之间的协同作用机制是金融市场稳定和健康发展的重要保障。通过政策协同、信息协同和风险协同等多方面的合作与协调，可以形成合力应对金融市场的挑战和风险，维护金融市场的稳定和安全。这种协同作用不仅有助于提升金融监管的效率和准确性，还有助于增强金融市场的信心和活力，为金融业的持续健康发展奠定坚实基础。

四、加强金融监管以维护金融稳定的对策与建议

（一）完善金融监管体系，提高监管效率

为了维护金融稳定，需要进一步完善金融监管体系，提高监管效率。具体而言，可以加强监管机构的独立性和专业性，优化监管流程和机制，提高监管的及时性和有效性。同时，还可以推动监管科技的应用和发展，利用先进的信息技术手段提高监管效率。

（二）强化风险管理，防范系统性风险

风险管理是维护金融稳定的关键环节。因此，需要强化金融机构的风险管理能力，建立完善的风险管理制度和内部控制机制。同时，还需要加强对系统性风险的监测和预警，及时发现和处理可能引发系统性风险的因素和事件。

（三）促进金融创新与发展，提升金融服务实体经济能力

在加强金融监管的同时，还需要注重促进金融创新与发展。可以通过制定灵活的监管政策，为金融机构提供创新空间和支持，推动金融产品和服务的创新和多样化。同时，还需要引导金融机构更好地服务实体经济，满足实体经济的需求和发展。

（四）加强国际合作与交流，共同应对金融风险挑战

在经济全球化的背景下，金融风险具有跨国性和传染性。可以通过与其他国家和地区的监管机构建立合作关系和信息共享机制，共同监测和应对跨国金融风险事件，维护全球金融市场的稳定。

综上所述，金融监管与金融稳定之间存在着密切的互动关系。加强金融监管是维护金融稳定的重要手段之一，而金融稳定也为金融监管提供了良好的市场环境和支撑。

第十章 投融资决策与风险管理

第一节 投融资决策的基本原理与方法

一、投融资决策的基本概念与重要性

（一）投融资决策的基本概念

投融资决策是企业或个人在特定经济环境下，基于对未来收益与风险的预测和评估，对资金筹集（融资）和资金使用（投资）进行选择和规划的过程。它涉及资金的时间价值、风险与收益的平衡，以及不同投融资方式的比较与选择。

投资决策涉及对投资项目的选择、投资规模的确定、投资回报的预测及投资风险的评估。而在融资决策中，企业或个人需要确定资金来源、融资方式、融资规模和融资期限，以满足其经营或投资需求。常见的融资方式包括股权融资、债权融资、内部融资等。

（二）投融资决策的重要性

投融资决策是企业或个人经济活动中的关键环节，其重要性体现在以下几个方面：

第一，投融资决策能直接影响企业的财务状况和经营成果。正确的投融资决策能够为企业带来稳定的资金流和合理的资本结构，进而提升企业的竞争力和盈利能力。反之，错误的投融资决策可能会导致企业陷入财务困境，甚至面临破产风险。

第二，投融资决策对于个人财富积累和生活质量提升具有重要意义。合理的投资规划可以帮助个人实现财富的保值增值，提高生活水平。融资决策则关系到个人资金需求的满足和债务风险的承担，需要谨慎权衡。

第三，投融资决策还关系到整个经济社会的稳定和发展。优化投融资结构、提高投融资效率，可以促进资源的合理配置和经济的持续增长。

二、投融资决策的理论基础与指导原则

（一）投融资决策的理论基础

投融资决策是企业在经营过程中不可避免的重要环节，其理论基础为企业的决策提供

了科学的依据和指导。这些理论基础主要包括时间价值理论、风险收益权衡理论及信息不对称理论。

时间价值理论是投融资决策的重要基石。它强调了资金的时间价值，即资金在不同时间点上的价值存在差异。这一理论的核心在于资金的时间成本，即资金在使用过程中所产生的成本。在投融资决策中，企业必须充分考虑资金的时间价值，合理安排资金的使用和回收，以实现资金的最大化利用。

风险收益权衡理论是投融资决策的另一重要理论基础。它指出，投资的风险与收益通常是相互关联的，低风险可能带来较低的收益，而高风险往往伴随着高收益。因此，在投融资决策中，企业需要在风险与收益之间进行权衡和选择，寻求风险与收益的最佳平衡点。这要求企业对风险进行准确评估和预测，并制定有效的风险应对措施。

信息不对称理论揭示了投融资决策中的信息问题。在实际的投融资活动中，由于各种因素的影响，投资者和融资者之间往往存有信息不对称的情况。这可能导致投资者无法准确评估融资项目的真实价值和风险，从而影响其决策的准确性。因此，企业需要积极收集和分析相关信息，提高决策的信息质量，降低信息不对称带来的风险。

（二）投融资决策的指导原则

在投融资决策过程中，企业需要遵循一系列指导原则，以确保决策的科学性和有效性。

第一，全面考虑风险与收益是投融资决策的基本原则。企业在制订投融资方案时，应充分评估项目的风险和收益，确保在风险可控的前提下实现收益最大化。这要求企业对市场和行业有深入的了解，以及能对项目风险进行准确判断。

第二，优化资金结构是投融资决策的重要指导原则。企业应根据自身的经营情况和市场环境，合理安排股权融资和债权融资的比例，保持合理的资本结构。这有助于降低企业的财务风险，提高企业的偿债能力和盈利能力。

第三，关注资金成本也是投融资决策不可忽视的原则。企业在融资过程中，应比较不同融资方式的成本，选择成本较低的融资方式。同时，在投资决策中，企业应充分考虑投资项目的成本效益比，确保投资回报能够大于资金成本。

第四，遵循市场规律是投融资决策的基本原则之一。企业应密切关注市场动态和政策变化，灵活调整投融资策略，以适应市场发展的需求。这要求企业具备敏锐的市场洞察力和应变能力，能够抓住市场机遇，降低市场风险。

三、投融资决策的主要方法与技术

（一）净现值法

净现值（Net Present Value，NPV）法是一种基于现金流的投资决策方法，它通过计算投资项目在未来一段时间内产生的净现金流的现值，来评估项目的价值。这种方法的核心在于对未来现金流的预测和折现处理,充分考虑了资金的时间价值,能够较准确地反映投资项目的真实价值。

在实际应用中,净现值法需要企业具备对未来现金流的准确预测能力,以及选择合适的折现率。同时,由于现金流预测存在一定的不确定性,故净现值法也需要结合其他方法进行综合评估。例如,企业可以通过敏感性分析来评估现金流预测的不确定性对净现值的影响,从而制定更稳健的投资决策。

(二)内含报酬率法

内含报酬率(Internal Rate of Return,IRR)法是另一种常用的投资决策方法,它通过计算使项目净现值等于零的折现率来评估项目的收益率。与净现值法相比,内含报酬率法更侧重于项目的收益率分析,能更直观地反映投资项目的盈利能力。

内含报酬率法的应用需要企业具备对投资项目的全面了解,包括项目的初始投资、未来现金流及项目期限等。通过计算内含报酬率,企业可以比较不同投资项目的收益率,从而选择收益率较高的项目进行投资。然而,需要注意的是,内含报酬率法忽略了资金的时间价值,因此在某些情况下可能导致决策偏差。因此,在使用内含报酬率法时,企业应结合其他方法进行综合评估。

(三)敏感性分析法

敏感性分析法是一种用于评估投融资决策风险的方法,它通过分析投资项目或融资方式对关键因素的敏感程度,来预测这些因素变化对决策结果的影响。在投融资决策中,关键因素可能包括市场需求、利率变动、原材料价格等。通过敏感性分析,企业可以识别出这些关键因素,并评估它们对投融资决策的影响程度。

敏感性分析法的应用有助于企业制定更稳健的投融资策略。例如,在市场需求不确定的情况下,企业可以通过敏感性分析来评估不同需求水平对投资决策的影响,从而制定能够适应市场需求变化的投资策略。此外,敏感性分析还可以帮助企业制定风险应对措施,降低潜在风险对投融资决策的影响。

(四)实物期权法

实物期权法是一种将金融期权理论应用于实物资产投资决策的方法。它认为实物资产投资具有类似于金融期权的特性,如灵活性、不可逆性等。因此,在评估实物资产投资项目时,应充分考虑这些特性对投资决策的影响。

实物期权法的应用有助于企业在不确定环境下做出更合理的投资决策。例如,在面临技术更新换代或市场需求变化的情况下,企业可以通过实物期权法来评估项目的灵活性和适应性,从而制定能够适应市场变化的投资策略。此外,实物期权法还可以帮助企业识别出潜在的增长机会,并制定相应的投资策略以抓住这些机会。

（五）蒙特卡罗模拟法

蒙特卡罗（Monte Carlo）模拟法是一种基于概率统计的投融资决策方法，它通过模拟多种可能的决策结果来评估决策的风险和收益。在投融资决策中，由于存在多种不确定因素，如市场需求、利率变动等，因此很难准确预测未来的决策结果。蒙特卡罗模拟法通过随机抽样和模拟技术，可以生成大量的可能结果，并据此评估决策的风险和收益水平。

蒙特卡罗模拟法的应用有助于企业在复杂和不确定的环境中进行更全面的决策分析。通过模拟多种可能的决策结果，企业可以更全面地了解投融资决策的风险和收益情况，从而制定更稳健、更科学的投资策略。

投融资决策的理论基础与指导原则为企业的决策提供了科学的依据和指导。净现值法、内含报酬率法等主要方法为企业的投融资决策提供了有力的支持。在实际应用中，企业应根据自身的经营情况和市场环境，选择适合的决策方法。

综上所述，投融资决策是企业或个人经济活动中的重要环节，需要遵循一定的原理和原则，运用科学的方法和技术进行。合理的投融资决策，可以实现资金的优化配置，促进经济社会的健康发展。在实际操作中，投资者应根据具体情况选择合适的决策方法，以降低决策风险，提高决策效益。

第二节 投融资项目的风险评估与管理

一、投融资项目风险的定义与分类

（一）投融资项目风险的定义

投融资项目风险，指的是在投融资过程中，由于存在各种不确定性因素，项目实际收益与预期收益产生偏差，甚至可能造成项目失败。这些不确定性因素可能来自市场环境、技术变化、政策调整、管理不善等方面。因此，对投融资项目风险进行准确评估和管理，对于确保项目的顺利进行和实现预期收益具有重要意义。

（二）投融资项目风险的分类

投融资项目风险可从多个角度进行分类。按照风险来源，可以分为市场风险、技术风险、财务风险、管理风险和政策风险等；按照风险性质，可以分为系统性风险和非系统性风险；按照风险影响程度，可以分为高风险、中风险和低风险等。不同类型的风险有不同的特点和应对措施，因此，在进行风险评估和管理时，需要根据项目的实际情况进行分类处理。

市场风险主要来自市场需求的变化、竞争态势的演变及价格波动等因素。技术风险与项目的技术可行性、技术创新能力和技术更新速度密切相关。财务风险涉及项目的资金筹措、成本控制和收益预测等方面。管理风险与项目管理团队的能力、组织架构和决策机制等因素有关。政策风险则是指政策变动可能对项目产生的影响，包括法律法规的修改、产业政策的调整等。

二、投融资项目风险评估的方法

（一）定量评估法

定量评估法是通过运用数学模型和统计分析等手段，对投融资项目的各项风险指标进行量化处理，从而得出风险程度的评估结果。定量评估法通常包括概率分析法、敏感性分析法、蒙特卡罗模拟法等。采用定量评估法，可以更精确地了解项目风险的大小和分布情况，为决策提供更科学的依据。

（二）定性评估法

定性评估法是基于专家经验和判断，对投融资项目的风险进行主观评价的方法。这种方法通常包括德尔菲法等。通过邀请相关领域的专家参与评估，可以充分利用他们的专业知识和经验，对项目的风险进行全面而深入的分析。

（三）风险矩阵法

风险矩阵法是一种将风险发生可能性和风险影响程度进行组合评估的方法。构建风险矩阵，可以将不同风险按照其重要性和紧急程度进行分类，有助于项目管理者优先处理高风险和紧急风险。

（四）情景分析法

情景分析法是通过设定不同的未来情景，预测投融资项目在不同情景下的可能表现和风险状况。这种方法可以帮助项目管理者提前识别潜在风险，并制定相应的应对措施。

（五）压力测试法

压力测试法是通过模拟极端情况下项目的表现，来评估项目对不利环境的承受能力。通过压力测试，可以了解项目在面临重大风险时的稳健性和韧性，为制定风险应对策略提供参考。

三、投融资项目风险管理的策略

（一）风险规避策略

风险规避策略，作为一种前瞻性的风险管理方法，其核心在于通过事先的预判和决策，避免潜在的高风险项目或方案，进而确保资金的安全与使用效益。在实际操作中，这一策略要求投融资决策者对市场趋势、技术发展及行业规范等进行深入研究和分析，以准确判断哪些项目可能带来潜在风险。

例如，在选择投资项目时，决策者可以优先考虑那些已经拥有成熟技术、稳定市场需求的项目，而非盲目追求高风险高收益的项目。通过风险规避策略，企业可以在源头上减少风险的发生，从而保障资金的安全。

此外，风险规避策略还需要企业建立完善的风险评估体系，对潜在风险进行定期评估和分析，以便及时发现并应对潜在风险。同时，企业还应加强内部控制，确保投融资决策的科学性和合理性，避免因决策失误而带来的风险。

（二）风险转移策略

风险转移策略是一种通过合同安排或保险等方式，将部分或全部风险转移给其他主体承担的风险管理方法。在投融资项目中，风险转移策略的应用十分广泛。通过合理设计和运用风险转移策略，企业可以在不提升自身风险承担能力的前提下，有效减少潜在风险带来的损失。

具体来说，企业可以通过与合作伙伴签订风险共担协议，将部分风险分散至合作方，共同承担风险带来的损失。此外，企业还可以购买相关保险，将可能发生的损失转移到保险公司。这些措施不仅可以降低企业自身的风险承担压力，还有助于提升企业的风险管理能力。

然而，风险转移策略并非万能的。企业在运用这一策略时，需要充分考虑合作方的信誉和实力，确保风险能够被有效转移。同时，企业还需要对保险合同进行仔细审查，确保保险条款能够覆盖可能发生的风险事件。

（三）风险减轻策略

风险减轻策略旨在通过一系列具体措施，降低风险发生的可能性或减轻风险造成的损失。在投融资项目中，风险减轻策略的运用至关重要。通过加强项目管理、提高技术水平、优化资金结构等措施，企业可以有效减轻潜在风险带来的威胁。

在项目管理方面，企业应建立完善的风险管理制度和应急预案，对可能出现的风险事件进行及时预警和应对。同时，企业还应加强项目团队的培训和教育，提高团队成员的风险意识和应对能力。

在技术水平方面，企业应关注行业技术发展趋势，加大技术创新和研发力度，提高项目的技术含量和竞争力。通过技术改造和升级，企业可以降低因技术落后而带来的风险。

在资金结构方面，企业应优化资金配置，确保项目资金来源的稳定性和可持续性。通过多元化融资渠道和降低资金成本，企业可以降低因资金问题而引发的风险。

（四）风险接受策略

风险接受策略是在充分评估风险后，主动承担某些可控风险的决策方法。这种策略通常适用于那些风险较小且可控的情况，企业在接受风险的同时，也制定了详细的应对措施和预案，以确保风险在可控范围内。

在投融资项目中，风险接受策略的运用需要谨慎而理性。企业应对潜在风险进行全面评估，包括风险发生的可能性、影响程度及可控性等。在评估基础上，企业可以决定接受哪些风险，并制订相应的应对措施和预案。

然而，风险接受并不意味着对风险放任不管。相反，企业需要密切关注风险的发展变化，及时调整应对措施和预案。同时，企业还应加强风险监测和预警机制的建设，确保能够及时发现并应对潜在风险。

四、投融资项目风险管理的挑战与对策

（一）市场变化快速带来的挑战与对策

在快速变化的市场环境下，投融资项目面临着巨大的不确定性。市场需求的波动、竞争格局的变化及政策调整等因素都可能对项目的投资回报和风险控制产生重大影响。为了应对这一挑战，企业需要密切关注市场动态，加强市场研究和分析，以便及时调整投资策略和风险管理措施。

同时，企业还应建立灵活的项目管理机制，以适应市场变化带来的不确定性。这包括建立快速响应机制、优化决策流程以及加强项目团队的沟通和协作等。通过灵活应对市场变化，企业可以降低因市场波动而带来的风险，确保项目顺利实施和回报稳定。

（二）技术更新迅速带来的挑战与对策

技术更新迅速是投融资项目风险管理的又一难点。新技术的不断涌现和旧技术的淘汰可能对项目的实施和风险控制产生重大影响。为了应对这一挑战，企业需要关注行业技术发展趋势，加强与科研机构和高校的合作，以便及时了解新技术的发展和应用情况。

此外，企业还应建立完善的技术风险评估体系，对新技术进行充分评估和测试，确保项目的技术可行性和风险控制的有效性。通过技术风险评估，企业可以避免因技术风险而带来的损失。

（三）政策调整带来的挑战与对策

政策调整是投融资项目风险管理中不可忽视的因素。政策的变化可能对项目的投资回报、资金筹集及运营管理等方面产生重大影响。为了应对这一挑战，企业需要密切关注政策动向，加强与政府部门的沟通和协调，以便及时了解政策变化对项目的影响。

同时，企业还应制定灵活的政策应对策略，以应对可能出现的政策风险。这包括调整投资策略、优化项目结构及寻求政策支持等。通过灵活应对政策调整，企业可以减少因政策风险而带来的损失。

（四）风险管理意识不足带来的挑战与对策

风险管理意识不足是投融资项目中一个较普遍的问题。部分项目管理者可能过于关注项目的收益和进度，而忽视了风险管理的重要性。这种短视行为可能导致潜在风险被忽视或低估，进而对项目造成严重影响。

为了应对这一挑战，企业需要加强对项目管理者的风险管理培训和教育，提高他们的风险管理意识和能力。通过培训和教育，项目管理者可以更深入地了解风险管理的理念和方法，掌握有效的风险管理技巧。同时，企业还应建立完善的风险管理制度和流程，确保风险管理贯穿项目的始终。通过制度的约束和流程的规范，企业可以确保风险管理工作得到有效执行，应对因风险管理意识不足而带来的挑战。

综上所述，投融资项目的风险评估与管理是一个复杂而重要的过程。运用风险管理策略，可以降低项目的风险水平，提高项目的成功率和收益水平。因此，在投融资过程中，应充分重视风险管理工作，确保项目的稳健发展。

第三节 投融资决策中的风险管理策略

一、风险管理在投融资决策中的作用与意义

（一）降低不确定性，提高决策准确性

在复杂的商业环境中，投融资决策是企业经营过程中的重要环节，其成功与否直接关系到企业的生存与发展。然而，投融资决策往往伴随着各种不确定性，这些不确定性可能来自市场环境的变化、政策法规的调整、技术创新的冲击等方面。风险管理作为一种系统的、科学的管理方法，能够有效地识别、评估和控制这些不确定性因素，从而降低决策风险，提高决策的准确性。

具体而言，风险管理通过收集和分析相关信息，帮助企业深入了解投融资项目的潜在风险。在此基础上，企业可以对风险进行定量或定性的评估，确定风险的性质和大小。进而，企业可以根据风险评估的结果，制定相应的风险应对措施和风险控制策略。这样，企业就可以在充分了解和掌握风险的基础上，做出更明智、更准确的投融资决策。

此外，风险管理还有助于企业建立科学的决策机制。通过引入风险管理理念和方法，企业可以建立一套完整的决策流程和决策标准，确保决策过程的规范性和透明度。同时，风险管理还可以促进企业内部各部门之间的沟通与协作，形成合力，共同推动投融资决策的实施。

（二）保障企业稳健运营，维护股东利益

投融资决策不仅涉及企业当前的资金运用和资源配置，更关乎企业未来的发展方向和

战略目标。因此，确保投融资决策的安全性和稳健性至关重要。风险管理正是通过一系列的风险控制措施，来保障企业在投融资过程中的资金安全和运营稳定。

一方面，风险管理可以帮助企业及时发现和应对潜在风险。通过定期的风险评估和监控，企业能够及时发现投融资项目中的风险因素，并采取相应的措施进行防范和控制。这样，企业就可以避免因风险事件而引发的资金损失或运营中断，确保企业的稳健运营。

另一方面，风险管理有助于维护股东的利益。股东是企业的所有者，他们的利益与企业的经营状况密切相关。通过实施风险管理，企业可以降低投融资决策中的风险，提高投资回报率，从而为股东创造更多的价值。同时，风险管理还可以增强企业的信誉和声誉，提升企业的市场地位和竞争力，进一步保障股东的利益。

（三）提升企业市场竞争力，促进可持续发展

在当前竞争激烈的市场环境中，企业的生存和发展离不开市场竞争力的提升。风险管理作为企业管理的重要组成部分，有助于提升企业的市场竞争力。

首先，风险管理可以帮助企业更好地把握市场机遇。通过对市场环境的深入分析和风险评估，企业可以更准确地判断市场趋势和潜在机会，从而制定更加符合市场需求和自身实际的投融资策略。这样，企业就可以在市场中抢占先机，获得较大的竞争优势。

其次，风险管理有助于降低企业的运营成本。通过优化风险管理策略，企业可以减少因风险事件而引发的损失，从而降低企业的运营成本。同时，风险管理还可以提高企业的运营效率和管理水平，进一步提升企业的市场竞争力。

最后，风险管理有助于企业的可持续发展。通过实施风险管理，企业可以建立一套完善的风险防范和应对机制，确保企业在面对各种挑战和变化时能够保持稳健的发展态势。这样，企业就可以在激烈的市场竞争中立于不败之地，实现长期稳健的发展。

（四）树立企业形象，增强社会信任

企业的形象和社会信任度是其长期发展的重要支撑。积极实施风险管理，不仅有助于企业内部管理的优化，更能向社会公众展现企业的责任感和稳健经营的形象。

在投融资决策中，企业若能够充分展示其风险管理的专业性和有效性，将赢得社会各界的广泛认可和信任。这种信任不仅有助于企业在资本市场上获得更多投资者的青睐，还能为企业与合作伙伴建立长期稳定的合作关系奠定坚实基础。

此外，良好的风险管理实践还能提升企业的品牌价值。一个注重风险管理、稳健经营的企业，往往能够在消费者心中树立良好的口碑和形象。这种口碑和形象不仅能为企业带来更多潜在客户，还能为企业提升市场份额及市场竞争力提供有力支持。

（五）促进企业内部沟通协作，提升管理水平

风险管理涉及企业内部的多个部门和环节，需要各部门之间的密切协作和沟通。通过实施风险管理策略，企业能够促进内部各部门之间的信息共享和资源整合，打破部门壁

垒，形成合力。这种跨部门的沟通协作不仅能提高风险管理的效率，还能促进企业内部管理的整体优化。

同时，风险管理还能够激发员工的责任感和使命感。通过明确风险管理的目标和要求，企业可以引导员工积极参与风险管理工作，共同维护企业的安全和稳定。这种全员参与的风险管理氛围不仅能够提升企业的凝聚力和向心力，还能够培养员工的风险意识和风险管理能力，为企业的长远发展奠定坚实基础。

综上所述，风险管理在投融资决策中发挥着重要的作用。它不仅能降低不确定性、提高决策准确性，还能保障企业稳健运营，维护股东利益，提升企业市场竞争力。因此，企业在投融资决策过程中应充分重视风险管理工作，确保风险能得到有效控制和管理。

二、投融资决策中的风险识别与评估

（一）市场风险识别与评估

市场风险是企业在投融资决策过程中面临的重要风险之一。它主要源于市场环境的变化和不确定性，包括需求变化、价格波动、竞争态势等方面。为了有效应对市场风险，企业需要进行深入的市场调研和分析，识别潜在的市场风险因素。

在识别市场风险时，企业可以关注行业动态、政策法规变化、消费者需求趋势等方面的信息。同时，企业还可以利用市场数据、竞争对手情况等信息，对市场风险进行定量或定性的评估。通过评估市场风险的大小和潜在影响，企业可以制定相应的风险应对策略，如调整产品定位、优化营销策略、开拓新的市场渠道等。

此外，企业还应建立市场风险预警机制，及时监测和预警市场风险的变化。通过定期的市场风险分析和报告，企业可以及时发现潜在的市场风险，并采取相应的措施进行防范。

（二）信用风险识别与评估

信用风险是企业在投融资决策中需要重点关注的另一个风险领域。它主要涉及投融资双方的信用状况，包括合作伙伴的履约能力、还款意愿等。为了降低信用风险，企业需要对合作伙伴进行全面的信用评估。

在信用评估过程中，企业可以收集合作伙伴的信用记录、财务报表、经营情况等信息，对其信用状况进行深入分析。同时，企业还可以利用信用评级机构提供的信用评级结果，对合作伙伴的信用水平进行客观评价。通过信用评估，企业可以筛选出信用状况良好的合作伙伴，降低信用风险发生的概率。

除了信用评估，企业还应建立信用管理制度，对信用风险进行持续监控和预警。通过定期的信用审查、信用额度管理、风险保证金等制度的实施，企业可以有效控制信用风险，确保投融资活动的安全进行。

（三）技术风险识别与评估

技术风险是企业在投融资决策中不可忽视的风险因素。它主要源于技术创新、技术更新迭代及技术实施过程中的不确定性。为了有效应对技术风险，企业需要对新技术的发展趋势和应用前景进行深入了解。

在识别技术风险时，企业可以关注行业内的技术创新动态、技术专利情况、技术成熟度等方面的信息。同时，企业还可以邀请专家进行技术咨询和评估，对技术风险进行定量或定性的分析。通过评估技术风险的大小和潜在影响，企业可以制定相应的风险应对策略，如加强技术研发、引进先进技术、优化技术实施方案等。此外，企业还应建立技术风险预警机制，及时监测和预警技术风险的变化。

（四）操作风险识别与评估

操作风险主要源于企业内部管理和操作过程中的失误或疏忽。这种风险虽然可能不像市场风险或信用风险那样明显，但其潜在的影响同样不容忽视。

为了有效识别和评估操作风险，企业首先应建立完善的内部控制体系，确保各项业务流程的规范性和合规性。这包括且不限于审批流程、财务管理、人力资源管理等方面的制度和规定。通过严格执行各项制度，企业可以大大降低因操作失误或疏忽而引发的风险。

同时，企业还应定期对内部管理和操作过程进行审计和检查，及时发现和纠正存在的问题。对于发现的操作风险，企业应进行深入的分析和评估，并制定相应的风险控制措施。

此外，企业还可利用信息技术手段来降低操作风险。例如，通过引入先进的财务管理系统、人力资源管理系统等，实现业务流程的自动化和智能化，减少人为干预和错误。

在风险识别与评估的过程中，企业还需注重数据的收集与分析工作。只有通过对大量数据的深入剖析，企业才能更准确地把握各种风险的特点和规律，从而制定更加科学、有效的风险管理策略。

三、投融资决策中的风险预防与应对措施

（一）建立风险预警机制

在投融资决策过程中，建立风险预警机制是企业应对潜在风险的重要一环。这一机制的核心在于通过持续收集和分析市场、信用、技术等方面的信息，及时发现并预警可能对企业造成不利影响的风险因素。

首先，企业需要建立一套完善的信息收集系统，从各个渠道收集与投融资决策相关的数据和信息。这些信息包括且不限于市场动态、政策变化、行业趋势、竞争对手状况等信息。通过对这些信息的整理和分析，企业能够更全面地了解市场环境，为风险预警提供数据支持。

其次，企业需要运用专业的风险评估方法和工具，对收集到的信息进行深入分析和挖掘。通过定性和定量相结合的分析方法，企业可以评估各种风险因素的发生概率和潜在影响程度，从而为风险预警提供科学依据。

最后，企业需要建立有效的风险预警机制，对评估出的风险进行及时预警。这可以通过设置风险阈值、建立风险指标体系等方式实现。一旦风险指标超过预设阈值，企业应立即启动风险应对程序，采取相应措施进行风险控制和化解。

（二）制定风险应对策略

在投融资决策中，制定风险应对策略是企业应对风险的关键。针对不同的风险类型和程度，企业应制定相应的应对策略，以确保在风险发生时能够迅速、有效地应对。

对于市场风险，企业可以通过调整市场策略、优化产品组合等方式进行应对。例如，当市场需求发生变化时，企业可以灵活调整产品定位和营销策略，以适应市场变化；同时，可以通过优化产品组合，减少对单一市场的依赖，从而降低市场风险。

对于信用风险，企业可以采用加强信用评估、完善合同条款等措施来降低风险。在投融资决策前，企业应对合作方进行严格的信用评估，了解其财务状况、履约能力等关键信息；同时，应在合同条款中明确双方的权利和义务，设置合理的违约责任和赔偿机制，以应对可能出现的信用风险。

此外，企业还应关注操作风险、技术风险等其他类型的风险，并制定相应的应对策略。例如，加强内部控制和风险管理培训，提高员工的风险意识和操作技能；引入先进的技术和管理手段，提高业务处理的自动化和智能化水平，降低操作风险。

（三）加强风险管理文化建设

加强风险管理文化建设是企业提升风险管理水平的重要途径。通过树立风险管理意识、加强风险管理培训等方式，企业可以形成全员参与风险管理的良好氛围。

首先，企业高层领导应高度重视风险管理工作，将风险管理纳入企业战略规划和日常经营管理中。可以通过制定风险管理政策、明确风险管理目标等方式，为企业的风险管理工作提供有力支持。

其次，企业应加强对员工的风险管理培训和教育。可以通过定期举办风险管理培训班、分享风险管理案例和经验等方式，提高员工对风险管理的认识和重视程度；同时，可以鼓励员工积极参与风险管理工作，提出改进建议。

最后，企业应建立风险管理激励机制，对在风险管理工作中表现突出的员工给予表彰和奖励。这有助于激发员工参与风险管理的积极性和主动性，形成全员参与风险管理的良好氛围。

（四）引入风险管理专业人才

引入风险管理专业人才是企业提升风险管理水平的关键措施之一。这些专业人才具备丰富的风险管理经验和专业知识，能够为企业提供专业的风险管理建议和解决方案。

首先，企业可以通过招聘、猎头等方式吸引具有丰富风险管理经验的专业人才加入企业。这些人才可以为企业带来新的风险管理理念和方法，推动企业的风险管理工作向更高水平发展。

其次，企业可以与专业机构合作，共同开展风险管理研究和咨询工作。通过引入外部专家的智慧和力量，企业可以更加全面、深入地了解风险管理领域的前沿动态和实践经验，为企业的风险管理工作提供有力支持。

最后，企业还可以加强对内部风险管理人员的培训和发展。可以通过提供培训机会、晋升渠道等方式，激发内部人员的潜力和积极性，培养一支高素质的风险管理队伍。

（五）完善风险管理制度和流程

完善风险管理制度和流程是企业确保风险管理规范化和高效性的重要措施。通过制定风险管理政策、明确风险管理职责、建立风险管理档案等方式，企业可以为风险管理工作提供有力的制度保障。

首先，企业应制定全面、系统的风险管理政策，明确风险管理的目标、原则、方法和程序。这些政策应涵盖企业面临的各种风险类型，为风险管理工作提供明确的指导和规范。

其次，企业应明确各级组织和人员的风险管理职责和权限。通过建立健全的组织架构和职责体系，确保风险管理工作能得到有效执行。同时，企业还应建立风险管理考核机制，对各级组织和人员的风险管理工作进行定期评估和考核。

最后，企业应建立风险管理档案，对风险管理工作进行记录和归档。这有助于企业及时总结经验教训、发现潜在问题并不断完善风险管理制度和流程。

四、风险管理策略在投融资决策中的优化与调整

（一）根据市场环境变化调整风险管理策略

市场环境是不断变化的，因此企业需要根据市场环境的变化及时调整风险管理策略。这要求企业密切关注市场动态，了解市场需求、竞争态势和政策变化等因素对投融资决策的影响。

当市场需求发生变化时，企业应及时调整产品定位和市场策略，以适应市场变化并降低市场风险。例如，当某一产品或服务的需求减少时，企业可以考虑开发新产品或拓展新市场，以维持业务的稳定增长。

同时，企业还应关注政策变化对投融资决策的影响。政策变化可能会造成市场环境的变化和风险的增加或减少。因此，企业需要密切关注政策动向，及时评估政策变化对投融资项目的影响，并据此调整风险管理策略。

（二）结合企业实际情况优化风险管理措施

每个企业的实际情况不同，因此在优化风险管理措施时，企业应结合自身情况进行考虑。这要求企业深入了解自身的业务特点、风险承受能力和管理水平等因素，制定符合自身实际的风险管理措施。

规模较小的企业，由于资源有限，可能无法承担过高的风险。因此，这些企业可以通过加强内部控制和风险管理来降低操作风险。例如，建立完善的内部审批制度和监督机制，确保业务操作的合规性和准确性；同时，可以加强员工的风险意识培训，提高员工的风险识别和应对能力。

规模较大的企业，由于业务复杂、风险多样，可能需要引入更先进的风险管理技术和工具来提高风险管理效率。例如，利用大数据、云计算等技术手段对风险数据进行实时收集和分析，建立风险预警模型，及时发现风险并进行预警；同时，可以通过引入专业的风险管理软件或系统，提高风险管理的自动化和智能化水平。

（三）加强风险管理的信息化建设

随着信息技术的不断发展，加强风险管理的信息化建设已成为企业提升风险管理水平的重要手段。通过建立风险管理信息系统，企业可以实现风险数据的实时收集、分析和预警，为风险管理工作提供有力支持。

首先，企业应建立风险数据收集系统，从各个业务环节收集风险数据。这些数据包括且不限于财务数据、业务数据、市场数据等。通过对这些数据的整理和分析，企业可以全面了解业务运行状况和风险状况。

其次，企业应建立风险分析模型，利用数据分析技术对风险数据进行深入挖掘和分析。通过构建风险指标体系和风险预警模型，企业可以及时发现潜在风险并评估其影响程度。

最后，企业应建立风险预警和应对机制，通过风险管理信息系统实现风险的实时预警和快速应对。当风险指标超过预设阈值时，系统应自动触发预警机制，提醒相关人员及时采取措施进行风险控制和化解。

（四）持续改进风险管理策略和措施

风险管理是一个持续的过程，企业需要不断改进风险管理策略和措施，以适应不断变化的市场环境和业务需求。这要求企业定期评估风险管理的效果和问题，及时发现并改进风险管理工作中的不足。

首先，企业应建立风险管理评估机制，定期对风险管理工作进行全面评估。这包括对风险管理制度的完善程度、风险管理流程的顺畅性、风险管理人员的专业能力等方面进行评估。通过评估，企业可以全面了解风险管理工作的现状，为改进风险管理策略和措施提供依据。

其次，企业应针对评估中发现的问题和不足，制定改进措施和计划。这些措施可能包括完善风险管理制度、优化风险管理流程、加强风险管理培训等。通过实施这些措施，企业可以不断提升风险管理水平，确保业务的安全和稳健。

最后，企业应保持对风险管理领域的关注和研究，及时了解和掌握最新的风险管理理念和技术。通过不断学习和创新，企业可以不断优化风险管理策略和措施，提升风险管理的效果和效率。

综上所述，风险管理在投融资决策中扮演着重要的角色。企业应充分认识风险管理的重要性，加强风险识别与评估、风险预防与应对及风险管理策略的优化与调整等方面的工作，以确保投融资决策的科学性和有效性，为企业的稳健发展提供有力保障。

第十一章 资本市场与资本运作

第一节 资本市场的结构与功能分析

一、资本市场的定义与分类

(一) 资本市场的定义

资本市场是指进行长期资金借贷和证券交易的场所,是金融市场的一个重要组成部分。它主要涵盖股票市场、债券市场、基金市场及衍生品市场等多个子市场,为政府、企业及个人提供了筹集长期资金的重要平台。通过资本市场,资金的供求双方能够实现资金的优化配置,推动经济的持续发展。

(二) 资本市场的分类

资本市场可以按照不同的标准进行分类。按照交易工具的期限,资本市场可分为长期资本市场和短期资本市场。长期资本市场主要交易期限在一年以上的证券,如股票和长期债券;而短期资本市场主要交易期限在一年以内的证券,如商业票据和国库券。

此外,资本市场还可根据交易方式的不同进行分类,如场内市场和场外市场。场内市场是指有固定交易场所的市场,如证券交易所;而场外市场是指没有固定交易场所的市场,主要通过电子交易系统进行交易。

二、资本市场的参与主体与运作机制

(一) 资本市场的参与主体

资本市场是一个复杂且多元化的市场体系,其参与主体众多,各具特色,共同推动着市场的繁荣发展。这些参与主体主要包括政府、企业、个人及各类金融机构。

政府作为资本市场的重要参与者,主要通过发行国债等方式筹集资金。国债发行不仅为政府提供了稳定的用于支持公共基础设施建设和社会福利支出资金来源,还有助于调节宏观经济,稳定市场预期。此外,政府还可以通过监管机构对资本市场进行监管,确保市场的公平、公正和透明。

企业是资本市场的另一重要参与者。通过发行股票和债券等方式,企业可以在资本市场上筹集到长期稳定的资金,用于支持其经营活动和扩大再生产。这些资金不仅有助于缓解企业的融资压力,还为其提供了更多的发展机遇。同时,企业还可以通过资本市场进行并购重组、股权激励等资本运作,实现资源的优化配置和企业的快速发展。

个人投资者是资本市场的基础力量。他们通过购买股票、债券等金融产品,实现财富的保值和增值。随着人们财富水平的提高和投资意识的增强,越来越多的个人投资者开始参与到资本市场中来。他们的参与不仅增强了市场的流动性,还促进了市场的繁荣发展。

金融机构则是资本市场的重要中介。它们为资金供求双方提供交易服务和风险管理工具,帮助投资者实现资金的优化配置和风险的有效管理。金融机构包括证券公司、基金公司、银行、保险公司等,它们通过专业的投资研究、产品设计和风险控制能力,为投资者提供多元化的投资选择和个性化的服务。

这些参与主体在资本市场中相互依存、相互影响,共同推动着市场的繁荣发展。其行为决策和互动关系构成了资本市场的运作机制。

(二)资本市场的运作机制

资本市场的运作机制是一个复杂且精细的系统,它主要包括价格形成机制、信息披露机制和监管机制等方面。这些机制相互作用,共同维护着市场的公平、公正和透明,保障着市场的稳定和健康发展。

价格形成机制是资本市场运作的核心。在资本市场上,证券的价格是通过买卖双方的竞价交易形成的。投资者根据自己对市场信息的分析和判断,提出买卖报价,经过市场撮合后形成最终的交易价格。这一过程充分体现了市场的供求关系和投资者的预期,是市场自我调节和资源配置的重要手段。

信息披露机制是保障市场公平、公正的重要基础。上市公司和发行人需要按照相关法律法规和监管要求,及时、准确、完整地披露相关信息,包括财务报告、经营情况、重大事项等。这些信息为投资者提供了决策依据,有助于他们做出合理的投资决策。同时,信息披露还有助于减少信息不对称现象,提高市场的透明度和公平性。

监管机制则是维护市场秩序和投资者权益的重要保障。政府部门和监管机构通过制定政策规则、实施监管措施等方式,对资本市场的运行进行监督和管理。他们负责审查上市公司的资质和信息披露情况,打击市场操纵、内幕交易等违法行为,维护市场的公平、公正和透明。此外,监管机构还能通过风险评估、预警监测等手段,及时发现和防范市场风险,保障市场的稳定运行。

除了以上三大机制,资本市场的运作还受到宏观经济政策、市场供求关系及国际经济环境等因素的影响。这些因素的变化会直接影响市场的走势和投资者的行为。因此,投资者在参与资本市场时,需要密切关注市场动态和政策变化,做好风险管理和资产配置。

三、资本市场的功能

资本市场作为现代金融体系的重要组成部分,具有融资、资源配置、风险管理和反映经济状况等多项功能。这些功能共同推动着经济的持续发展和社会的繁荣进步。

(一) 融资功能

资本市场是企业筹集长期资金的重要平台。通过发行股票和债券等方式,企业可以在市场上筹集到大量资金,用于支持其经营活动和扩大再生产。这种融资方式不仅能降低企业的融资成本,还能提高资金的使用效率。同时,资本市场还能为投资者提供多元化的投资选择,可以使他们通过购买股票、债券等金融产品,实现财富的保值和增值。

融资功能的发挥对于推动经济发展具有重要意义。一方面,它有助于解决企业资金短缺的问题,促进企业的技术创新和产业升级;另一方面,它有助于引导社会资金向具有发展潜力的领域流动,推动经济结构的优化和升级。

(二) 资源配置功能

资本市场通过价格机制和信息披露机制,实现了资源的优化配置。在资本市场上,资金会自动流向收益高、风险低的项目和企业。这一过程不仅能提高资源的利用效率,还能促进产业结构的优化和升级。同时,资本市场还能为投资者提供风险评估和收益预期的信息,帮助他们做出更加明智的投资决策。

资源配置功能的发挥对于提升经济竞争力具有重要意义。通过资本市场的运作,优质企业能够获得更多的资金支持,加速其成长和发展;而低效企业可能面临资金压力和市场淘汰的风险。这种优胜劣汰的机制有助于推动经济的持续发展和产业结构的优化升级。

(三) 风险管理功能

资本市场为投资者提供了多样化的风险管理工具。通过购买股票、债券、基金等金融产品,投资者可以分散投资风险,降低单一资产的风险暴露。此外,资本市场还可以提供期货、期权等衍生品交易,使投资者能够更加灵活地管理风险。这些风险管理工具的出现,不仅能增强市场的稳定性和抗风险能力,还能提高投资者的投资信心和参与度。

风险管理功能的发挥对于维护市场稳定和保护投资者权益具有重要意义。通过合理的风险管理和资产配置,投资者可以在市场波动中保持稳健的投资回报;同时,这也有助于减少市场恐慌和不稳定因素,维护市场的健康发展。

(四) 反映经济状况功能

资本市场作为经济的"晴雨表",能够反映宏观经济的运行状况和政策导向。股票市场的走势往往能够反映投资者对未来经济的预期和信心;债券市场的利率水平则能够反映市场对货币政策的反应和预期。通过观察资本市场的变化,政府和企业可以及时调整经济政策和经营策略,以应对市场变化带来的挑战和机遇。

反映经济状况功能的发挥对于指导经济决策和推动政策调整具有重要意义。政府可以通过观察资本市场的走势和变化,了解市场对经济发展的预期和反应,从而制定更加符合市场需求的政策措施;企业则可以通过分析资本市场的信息和数据,把握市场趋势和机遇,制定更加科学有效的经营策略。

四、资本市场的发展趋势与面临的挑战

(一) 资本市场的发展趋势

随着全球经济的不断发展和金融科技的日新月异,资本市场正呈现出以下发展趋势:

1. 国际化趋势加强

随着全球经济一体化的深入发展,各国资本市场之间的联系日益紧密,跨境投资和融资活动日益频繁。未来,资本市场将更加开放和包容,为全球投资者提供更多元化的投资选择。

2. 金融科技应用广泛

金融科技的发展为资本市场带来了革命性的变化。大数据、人工智能、区块链等技术的应用,将提升市场的交易效率、降低交易成本,并增强市场的透明度和公平性。

3. 绿色金融兴起

面对全球气候变化的挑战,绿色金融逐渐成为资本市场的重要发展方向。未来,越来越多的企业和投资者将更加关注环保、可持续发展等领域,推动资本市场向绿色化、低碳化方向发展。

(二) 资本市场面临的挑战

尽管资本市场具有诸多功能和优势,但在发展过程中也面临着一些挑战:

1. 市场波动与风险

资本市场受到多种因素的影响,包括宏观经济、政策调整、国际环境等。这些因素的变化可能导致市场出现大幅波动和风险事件,对投资者造成损失。

2. 信息不对称问题

资本市场中存在着信息不对称的现象,即某些投资者可能拥有比其他投资者更多的信息优势。这可能导致市场的不公平和不透明,影响市场的健康发展。

3. 监管与治理挑战

随着资本市场的不断发展和创新,监管机构和政府部门面临着日益复杂的监管和治理任务。如何确保市场的公平、公正和透明,防范市场风险和维护市场秩序,是资本市场发展中的重要课题。

综上所述，资本市场作为金融市场的重要组成部分，在经济发展中发挥着举足轻重的作用。未来，随着全球经济和金融科技的不断发展，资本市场将继续发挥其融资、资源配置等功能，同时也需要面对市场波动、信息不对称和监管治理等挑战。因此，政府、企业和投资者应共同努力，加强市场监管和治理，推动资本市场的健康发展，为经济的持续繁荣做出贡献。

第二节 资本运作的方式与策略选择

一、资本运作的基本概念与目标

（一）资本运作的基本概念

资本运作，是企业经营管理的核心环节，它涉及企业资本的优化配置和有效利用。从广义上讲，资本运作是指企业以资本为纽带，通过一系列的市场化运作，实现资本增值和企业价值最大化的过程。这一过程涵盖了企业内部的资金调度、外部融资、投资决策及资产管理等多个方面，旨在通过对资本的高效运用，推动企业持续发展。

首先，资本运作是一种基于市场的资源配置方式。在市场经济条件下，资本作为一种稀缺资源，其配置效率直接影响企业的竞争力和发展潜力。通过资本运作，企业可以更加灵活地调整自身的资本结构和资产组合，以适应市场变化，提升竞争力。

其次，资本运作是企业实现价值最大化的重要手段。通过优化资本结构、提升盈利能力、扩大市场份额等方式，企业可以不断提升自身价值，实现长期稳定发展。资本运作不仅有助于企业解决短期资金问题，更能够为企业带来长远的利益和发展机遇。

最后，资本运作还具有一定的风险性。由于市场环境的复杂多变及资本运作本身的复杂，企业在进行资本运作时可能面临各种风险和挑战。因此，企业需要具备敏锐的市场洞察力和战略眼光，能够准确判断市场趋势和风险状况，制定合理的资本运作策略。

（二）资本运作的目标

资本运作的主要目标包括优化资本结构、提升盈利能力、扩大市场份额及实现可持续发展等。

第一，优化资本结构是资本运作的基础目标。通过合理安排股权和债权融资的比例，企业可以降低资本成本，提升财务杠杆效应，从而优化资本结构。这有助于增强企业的财务稳健性，为企业的长期发展奠定坚实基础。

第二，提升盈利能力是资本运作的核心目标。通过有效的资本运作，企业可以实现资产的合理配置和高效利用，提高资产周转率和使用效率，从而增强企业的盈利能力。这有助于企业在激烈的市场竞争中保持领先地位，实现持续盈利。

第三，扩大市场份额是资本运作的重要目标之一。通过并购重组等资本运作手段，企业可以快速获取外部资源，扩大市场规模和影响力，提升市场地位。这有助于企业在市场中占据更有利的位置，实现更大的商业价值。

第四，实现可持续发展是资本运作的最终目标。在资本运作过程中，企业需要注重风险管理和控制，确保稳健经营。同时，企业还应积极履行社会责任，关注环境保护和社会公益事业，实现经济效益和社会效益的双赢。

二、资本运作的主要方式与手段

（一）股权融资

股权融资是企业通过发行股票或引入战略投资者等方式筹集资金的一种资本运作方式。这种方式可以使企业获得长期稳定的资金来源，降低财务风险，同时也有助于引入外部战略资源，提升企业的竞争力。

股权融资的主要形式包括公开发行股票和私募股权融资。公开发行股票是指企业通过在证券交易所上市发行股票，向广大投资者募集资金。这种方式融资规模较大，有助于企业扩大知名度和影响力。然而，公开发行股票也需要企业具备一定的资质和条件，如良好的财务状况、完善的治理结构等。私募股权融资则是指企业向特定的投资者出售股权，以获取所需的资金。这种方式灵活性较高，可以根据企业的实际需求进行定制化的融资安排。

股权融资可能会导致企业控制权的分散和股东利益的冲突。因此，企业需要谨慎权衡利弊，制定合理的股权融资策略。

（二）债权融资

债权融资是企业通过发行债券或向金融机构申请贷款等方式筹集资金的一种资本运作方式。债权融资具有融资速度快、成本相对较低等优点，可以满足企业短期或中期的资金需求。

债券是企业向投资者承诺在一定期限内还本付息的有价证券。通过发行债券，企业可以一次性获得大量资金，用于扩大生产规模、进行技术改造等长期投资项目。然而，债券融资也会增加企业的债务负担，如果企业无法按时还本付息，可能会影响企业的信誉和声誉。

贷款融资则是企业向银行或其他金融机构申请贷款的一种方式。贷款融资相对灵活，可以根据企业的实际需求进行贷款额度和期限的调整。同时，贷款利率通常也相对较低，有助于降低企业的融资成本。但是，贷款融资需要企业具备一定的还款能力和良好的信用记录，否则可能会面临融资难度大的情况。

债权融资具备一定优势。然而，债权融资也会增加企业的债务负担和财务风险。因此，企业需要合理控制债务规模，确保债务的可控性和可持续性。

（三）并购重组

并购重组是企业通过收购、兼并或重组等方式实现资源整合和规模扩张的一种资本运作方式。并购重组可以快速提升企业的市场份额和竞争力，实现资源的优化配置和协同效应。

并购是指企业通过购买其他企业的股权或资产，实现对其控制或合并的行为。通过并购，企业可以快速获取外部资源，扩大市场份额和影响力。然而，并购过程中也存在较大的风险和挑战，如文化融合、管理整合等问题。因此，企业需要充分评估目标企业的价值和风险，制订详细的并购计划和风险应对措施。

重组是指企业通过调整内部结构、优化资源配置等方式，实现业务转型或升级。重组可以帮助企业解决内部问题，提升运营效率和市场竞争力。但是，重组过程中也可能面临员工安置、资产处置等复杂问题，需要企业谨慎处理。

并购重组需要企业具备足够的实力和经验，能够应对可能出现的各种风险和挑战。

（四）资产证券化

资产证券化是企业将具有稳定现金流的资产转化为可流通的证券产品的一种资本运作方式。通过资产证券化，企业可以盘活存量资产，提高资产的流动性和使用效率，同时也可以降低融资成本。

资产证券化的过程通常包括资产选择、信用评级、证券发行和交易等环节。企业首先需要选择适合证券化的资产，如应收账款、租赁收入等具有稳定现金流的资产。然后，通过信用评级机构对资产进行评级，确定证券的信用等级和发行价格。最后，通过证券发行和交易，将资产转化为可在市场上流通的证券产品。

通过资产证券化，企业可以实现风险分散和转移，降低自身的风险承担。然而，资产证券化也涉及复杂的法律、税务和会计等问题，企业需要确保合规操作，并充分考虑市场接受度和投资者需求。

三、资本运作策略的选择与优化

（一）根据企业实际情况选择资本运作策略

企业在资本运作过程中，应首先立足于自身的实际情况，包括企业规模、行业特性、经营模式、财务状况及未来发展目标等维度。只有深入了解自身，企业才能制定既符合自身特点又具备可操作性的资本运作策略。

对于初创企业而言，由于资金相对紧张，市场份额尚未稳固，因此其资本运作策略可能更加注重于通过股权融资等方式筹集资金，以支持企业的快速扩张。对于成熟企业，由于其已经拥有一定的市场份额和稳定的盈利能力，因此可能更加注重通过并购、重组等方式实现资源的优化配置和产业链的整合。

此外，不同行业的企业在资本运作策略上也会有差异。例如，科技行业由于其技术更新迅速、市场竞争激烈，因此可能更加注重通过资本运作支持研发和创新；而传统制造业则可能更加注重通过资本运作提高生产效率、降低成本。

（二）结合市场环境调整资本运作策略

市场环境是影响企业资本运作策略的重要因素之一。市场环境的变化不仅会影响企业的融资成本和融资渠道，还会影响企业的投资回报和风险控制。因此，企业在制定资本运作策略时，必须密切关注市场动态，结合市场环境进行策略调整。

例如，在经济增长放缓时期，市场环境相对较差，企业的融资成本和投资风险都会相应增加。此时，企业可能更倾向于采用稳健的资本运作策略，降低财务风险，保持现金流的稳定。在经济繁荣时期，市场环境较好，企业的融资成本和投资风险相对较低，此时企业可能更倾向于采用扩张性的资本运作策略，加大投资力度，快速占领市场。

此外，政策环境的变化也会对资本运作策略产生深远影响。政策环境的变化可能带来新的机遇和挑战，企业需要密切关注政策动态，及时调整资本运作策略以适应政策环境的变化。

（三）优化融资结构，降低资本成本

融资结构是企业资本运作的核心问题之一。合理的融资结构可以降低企业的资本成本，提高企业的财务稳健性。因此，企业在制定资本运作策略时，应注重优化融资结构。

首先，企业应合理安排股权和债权融资的比例。股权融资可以为企业提供长期稳定的资金支持，但可能会稀释原有股东的权益；债权融资可以为企业提供短期的资金支持，但需要承担一定的利息负担。因此，企业应根据自身的实际情况和市场环境，合理搭配股权和债权融资，以实现融资结构的优化。

其次，企业应充分利用不同的融资渠道和工具。除了传统的银行贷款和发行债券等方式，企业还可以考虑通过私募股权、信托、资产证券化等新型融资工具进行融资。这些新型融资工具具有成本低、灵活性高等优势，可以为企业提供多元化的融资选择。

最后，企业还应加强信用管理，提升信用评级。信用评级是影响企业融资成本和融资能力的重要因素之一。通过加强信用管理，提高企业的信用评级，企业可以获得更优惠的融资条件，降低资本成本。

（四）强化风险管理，确保资本运作安全

资本运作涉及多个环节和多个市场，风险较高。因此，企业在资本运作过程中应强化风险管理，确保资本运作的安全和稳健。

首先，企业应建立完善的风险管理制度和体系。这包括制定风险识别、评估、监控和应对的流程和方法，明确风险管理的职责和权限，确保风险管理的全面性和有效性。

其次，企业应加强对各类风险的监控和管理。市场风险、信用风险、流动性风险等是

资本运作中常见的风险类型。企业应针对不同的风险类型，制定相应的风险应对策略和预案，及时识别、评估和控制风险。

最后，企业还应加强内部控制和合规管理。应通过建立健全的内部控制体系，规范资本运作的流程和操作，防止内部舞弊和违法违规行为的发生。同时，企业还应加强合规管理，确保资本运作符合相关法律法规和监管要求。

四、资本运作的风险管理与控制

（一）建立风险管理制度

企业在资本运作过程中，应建立一套完整的风险管理制度，确保资本运作的规范性和安全性。这套制度应明确风险管理的目标和原则，制定风险识别、评估、监控和应对的具体流程和方法。同时，制度中还应规定风险管理的职责和权限，确保各相关部门和人员能够按照制度要求履行风险管理职责。

在风险管理制度的建立过程中，企业应充分考虑自身的实际情况和业务特点，确保制度的针对性和可操作性。同时，企业还应定期对风险管理制度进行审查和更新，以适应市场环境和业务变化的需要。

（二）加强市场风险监控

市场风险是资本运作中最常见的风险之一，主要包括利率风险、汇率风险、股票价格风险等。为了有效应对市场风险，企业应密切关注市场动态和价格变化，建立市场风险预警机制，及时识别潜在的市场风险。

具体而言，企业可以通过定期收集和分析市场数据，建立市场风险指标体系，对市场风险进行量化评估。同时，企业还应加强与市场相关部门的沟通协作，及时掌握市场动态和政策变化，以便及时调整资本运作策略。

此外，企业还可以通过多元化投资、对冲交易等方式降低市场风险的影响。例如，企业可以在不同市场、不同行业进行投资，以分散风险；或者通过购买期货、期权等金融衍生品进行对冲交易，以规避市场波动带来的风险。

（三）强化信用风险管理

信用风险主要来源于债务人的违约风险，是资本运作中不可忽视的风险类型。为了有效控制信用风险，企业应建立完善的信用评级制度，对债务人进行信用评估，并采取相应的风险控制措施。

在信用评级方面，企业可以根据债务人的经营情况、财务状况、履约记录等因素进行综合评估，确定其信用等级。对于信用等级较低的债务人，企业可以要求其提供担保或抵押物，以降低信用风险；或者采取更严格的合同条款和支付条件，确保资金的安全回收。

此外，企业还应定期对债务人的信用状况进行复查和更新，以便及时调整信用等级和风险控制措施。同时，企业还应加强与债务人的沟通和合作，建立长期稳定的合作关系，降低信用风险的发生概率。

（四）提升流动性风险管理水平

流动性风险是指企业在需要资金时无法及时获得足够资金的风险，这对于企业的正常运营和资本运作具有重要影响。为了提升流动性风险管理水平，企业应保持合理的现金流水平，制订应急预案以应对可能出现的流动性风险。

具体而言，企业可以通过优化资产负债结构、加强现金流预测和管理、建立现金储备等方式提高流动性风险管理能力。同时，企业还应加强与金融机构的合作，建立稳定的资金渠道和合作关系，确保在需要时能够获得足够的资金支持。

此外，企业还应定期对流动性风险进行评估和监控，及时发现潜在的风险隐患并采取相应的措施进行应对。所以不断提升流动性风险管理水平，可以为企业的持续发展提供有力保障。

第三节　资本市场与资本运作的案例分析

一、成功的资本市场运作案例分析

（一）腾讯公司的资本市场运作

腾讯公司作为中国领先的互联网科技企业，其资本市场运作的成功经验值得借鉴。腾讯通过股票上市，不仅筹集了大量的资金用于企业的扩展和创新，而且通过资本运作，实现了对多个互联网行业的布局。例如，腾讯通过股权投资的方式，成功收购了众多优质的互联网企业，如阅文集团、搜狗等，进一步巩固了其在互联网行业的领先地位。

腾讯的资本市场运作还体现在其精准的投资眼光和敏锐的市场洞察力上。腾讯能够紧跟市场趋势，投资新兴产业，如人工智能、云计算等，为企业的未来发展奠定了坚实的基础。此外，腾讯还通过资本运作，实现了对海外市场的拓展，进一步提升了企业的国际影响力。

（二）阿里巴巴的资本市场运作

阿里巴巴作为中国电商领域的领军企业，其资本市场运作同样取得了显著的成功。阿里巴巴通过在美国纳斯达克交易所上市，筹集了大量资金，支持了企业的快速发展。同时，阿里巴巴还通过资本运作，实现了对物流、金融、云计算等多个领域的布局，构建了完整的电商生态圈。

阿里巴巴的资本市场运作还体现在其创新的融资方式上。阿里巴巴通过发行债券、可转换债券等多种融资工具，有效降低了融资成本，提高了融资效率。此外，阿里巴巴还通过股权激励等方式，激发了员工的积极性和创造力，为企业的持续发展注入了强大动力。

（三）华为公司的资本运作策略

华为作为全球知名的通信设备供应商，其资本运作策略同样值得关注。虽然华为并未上市，但其通过精准的资本运作，实现了对全球市场的快速扩张。华为通过设立多个子公司和研发中心，实现了对全球资源的优化配置，提高了企业的核心竞争力。

此外，华为还注重与产业链上下游企业的合作，通过股权投资、战略合作等方式，与众多优质企业建立了紧密的合作关系，共同推动行业的发展。这种资本运作策略不仅有助于华为降低运营成本，提高生产效率，还有助于企业把握市场机遇，实现持续发展和创新。

二、失败的资本市场运作案例分析

（一）乐视网的资本运作失误

乐视网，一度被誉为"互联网视频行业的领航者"，其发展历程中的资本运作失误却成了业界和投资者关注的焦点。乐视网在创立之初，凭借其独特的商业模式和创新的视频内容吸引了大量用户，迅速在市场上崭露头角。然而，随着企业规模的扩大和业务的多元化，乐视网在资本运作上的失误逐渐暴露出来。

首先，乐视网在扩张过程中过度依赖资本运作。为了迅速占领市场，乐视网通过大量举债和股权质押等方式筹集资金，用于购买版权、建设自有内容及投资其他相关产业。然而，这种过度依赖资本运作的扩张方式导致了企业资金链的紧张。一旦市场环境发生变化，如版权费用上涨、投资者信心下降等，乐视网便陷入资金困境。

其次，乐视网在投资布局上过于冒进。为了打造所谓的"乐视生态"，乐视网涉足多个领域，包括影视制作、智能终端、体育直播等。然而，这些领域之间并未形成有效的协同效应，反而导致资源分散和成本增加。同时，乐视网在投资过程中缺乏对项目的深入分析和风险评估，导致一些投资项目失败，进一步加剧了企业的财务压力。

最终，乐视网因资金链断裂、债务违约等问题而陷入破产重组的境地。这一案例告诉我们，企业在资本市场运作过程中，应合理控制风险，避免过度扩张和盲目投资。同时，企业应注重自身主营业务的稳健发展，通过提高产品质量和服务水平来赢得市场认可，实现可持续发展。

（二）暴风集团的资本运作困境

暴风集团是另一家因资本市场运作失误而陷入困境的企业。作为曾经的互联网视频行业新秀，暴风集团在上市初期凭借其独特的品牌和技术优势，吸引了众多投资者的关注。然而，在后续的资本运作过程中，暴风集团却未能实现有效的资金运用和风险控制，最终导致了企业的衰败。

首先，暴风集团在上市初期通过发行股票筹集了大量资金。然而，在后续的投资和运营过程中，暴风集团并未将这些资金用于核心业务的发展和创新上，而是盲目涉足多个领域，试图打造所谓的暴风"生态圈"。这种多元化的战略并未形成核心竞争力，反而导致业务增长乏力，市场份额不断下滑。

其次，暴风集团在资金管理和风险控制方面存在严重问题。在投资过程中，暴风集团缺乏对项目的深入分析和风险评估，导致了一些投资项目的失败和资金的损失。同时，企业在财务管理上也存在漏洞，如资金使用不透明、内部控制失效等，进一步加剧了企业的财务危机。

最终，暴风集团的股价暴跌，业绩亏损严重，陷入了资本运作的困境。这一案例警示我们，企业在资本市场运作过程中，应明确自身的发展战略和目标，避免盲目跟风和过度多元化。同时，企业应建立健全的资金管理和风险控制体系，确保资本运作的稳健和高效。

三、资本运作策略在不同行业的应用案例

（一）科技行业的资本运作策略

科技行业作为创新驱动型行业，其资本运作策略具有独特性和创新性。以苹果公司为例，其资本运作策略的成功运用为科技行业树立了典范。

首先，苹果公司通过发行债券和股票回购等方式筹集资金。这些资金主要用于研发新产品、拓展市场份额及优化供应链管理等方面。通过合理的资本运作，苹果公司得以保持技术领先地位，并不断推出具有创新性和竞争力的产品。

其次，苹果公司注重与合作伙伴的战略投资与合作。通过与产业链上下游企业的紧密合作，苹果公司实现了资源的共享和优势互补，推动了整个产业链的升级和创新。这种资本运作策略不仅有助于提升苹果公司的竞争力，还为整个科技行业的发展注入了新的动力。

最后，苹果公司还通过资本运作实现了全球化布局。通过收购和投资海外企业，苹果公司得以拓展海外市场，提升品牌影响力和市场份额。这种全球化布局不仅有助于苹果公司应对市场竞争和风险挑战，还为公司的长期发展奠定了坚实基础。

（二）房地产行业的资本运作策略

房地产行业是一个资金密集型行业，其资本运作策略对于企业的生存和发展至关重要。以万科为例，其资本运作策略的成功为房地产行业提供了有益的借鉴。

首先，万科通过发行房地产信托投资基金（Real Estate Investment Trusts，REITs）和债券等方式筹集资金。这些资金主要用于土地储备、项目开发及优化债务结构等方面。通过合理的资本运作，万科得以保持稳健的财务状况，并实现了持续的业务增长。

其次，万科注重通过并购重组等方式优化资源配置。通过收购优质项目，万科得以快速扩大市场份额，提升品牌影响力。同时，万科还通过出售非核心资产和剥离低效业务等方式，实现了资源的集中和优化，提高了企业的运营效率。

最后，万科还积极探索新的资本运作模式。例如，与金融机构合作开展房地产证券化业务，通过资产证券化将房地产项目转化为可流通的金融产品，降低了企业的融资成本，提高了资金的使用效率。

（三）制造行业的资本运作策略

制造行业作为实体经济的重要组成部分，其资本运作策略同样具有重要意义。以格力电器为例，其资本运作策略的成功运用为制造行业提供了有益的启示。

首先，格力电器通过发行可转债和银行贷款等方式筹集资金。这些资金主要用于技术升级、产能扩张及优化债务结构等。通过合理的资本运作，格力电器得以保持技术领先地位，并不断提升产品质量和竞争力。

其次，格力电器注重通过收购和整合产业链上下游企业实现产业链的垂直整合。通过收购上游供应商和下游销售渠道企业，格力电器得以控制关键资源和销售渠道，降低运营成本，提高盈利能力。这种资本运作策略不仅有助于格力电器提升市场竞争力，也为整个制造行业的产业链整合提供了借鉴。

最后，格力电器还积极探索海外市场的资本运作。通过收购海外企业和建立海外生产基地等方式，格力电器得以拓展海外市场，提升品牌影响力和国际竞争力。这种全球化布局不仅有助于格力电器应对国内市场的竞争压力，还为公司的长期发展打开了新的空间。

第十二章 企业财务管理基础

第一节 企业财务管理的目标与内容

一、企业财务管理的定义与目标

（一）企业财务管理的定义

企业财务管理，是对企业内部的财务活动进行全方位、多角度的管理。它涉及企业从资金筹集、配置到使用的所有环节，是企业实现经营目标、优化资源配置、提升经济效益的关键所在。

首先，企业财务管理是企业经营活动不可或缺的一部分。它是企业决策层制定战略、规划发展的重要依据，也是企业执行层执行计划、实现目标的重要工具。通过财务管理，企业可以更清晰地了解自身的经济状况，把握市场脉搏，从而做出更明智的决策。

其次，企业财务管理是一项综合性管理活动。它不只是对财务数据的简单记录和核算，更是对财务活动的计划、组织、指挥、协调与控制。财务管理需要运用科学的方法，对企业的财务活动进行全面分析，找出存在的问题，提出改进措施，推动企业经济效益的提升。

最后，企业财务管理的核心在于确保企业资金的安全、完整与高效运转。资金是企业生存和发展的基础，财务管理就是要通过一系列的管理活动，确保资金在企业内部得到合理的配置和使用，避免资金浪费和损失，同时实现资金的高效运转，为企业创造更大的价值。

（二）企业财务管理的目标

企业财务管理的目标是多元化的，它既要考虑企业的短期利益，又要考虑企业的长远发展。具体来说，企业财务管理的目标主要包括以下几个方面：

第一，实现企业利润最大化是企业财务管理的核心目标。利润是企业经营活动的最终成果，也是衡量企业经济效益的重要指标。财务管理通过优化资金配置、降低成本、提高收益等手段，帮助企业实现利润最大化，从而增强企业的竞争力。

第二，保障企业资金安全是企业财务管理的基础目标。资金是企业运营的血脉，一旦资金出现问题，企业的正常运营就会受到严重影响。因此，财务管理需要建立健全的财务管理制度和风险防范机制，确保企业资金的安全与完整，防止资金流失和财务风险的发生。

第三，促进企业稳健发展也是企业财务管理的重要目标。企业的发展是一个长期的过程，需要财务管理提供持续、稳定的支持。财务管理不仅要关注企业的短期利益，更要考虑企业的长远发展。可以通过制定科学的财务战略和规划，支持企业的扩张、转型和创新，推动企业的稳健发展。

第四，提升企业价值是企业财务管理的终极目标。企业价值是企业综合实力的体现，也是企业吸引投资、合作的重要因素。财务管理通过优化财务结构、提高资产质量、提升企业信誉等方式，提升企业整体价值，为企业的长期发展奠定坚实基础。

二、企业财务管理的主要内容与任务

（一）资金筹集与管理

资金筹集与管理是企业财务管理的重要内容之一。资金是企业运营的基础，没有充足的资金，企业的正常运营和发展就会受到严重影响。因此，资金筹集与管理是财务管理的首要任务。

首先，资金筹集是企业财务管理的关键环节。企业可以通过多种方式进行资金筹集，如发行股票、债券、向银行贷款等。不同的筹资方式有着不同的特点和风险，财务管理需要根据企业的实际情况和市场需求，选择合适的筹资方式，确保企业资金的充足和稳定。

其次，资金管理是财务管理的核心任务之一。资金管理包括资金的配置、使用和监控等方面。财务管理需要根据企业的战略目标和经营计划，合理安排资金的使用，确保资金在各部门、各业务之间的平衡和协调。同时，财务管理还需要对资金的使用情况进行实时监控，防止资金流失和浪费，确保资金的安全和高效运转。

最后，财务管理还需要关注资金成本的控制。资金成本是企业筹集和使用资金所付出的代价，包括利息、手续费等。财务管理需要通过优化筹资结构、降低筹资成本等方式，降低企业的财务负担，提高企业的经济效益。

（二）成本控制与收益管理

成本控制与收益管理是企业财务管理的另一重要内容。成本控制是企业实现经济效益最大化的关键手段，而收益管理是让企业收入稳定增长的重要保障。

首先，成本控制是企业财务管理的重要组成部分。成本是企业生产经营过程中的耗费，成本控制就是对这些耗费进行核算、分析和控制，以降低成本、提高效益。财务管理需要建立完善的成本控制体系，通过制定成本控制标准、实施成本核算、开展成本分析等措施，找出成本控制的薄弱环节和潜力点，提出改进措施，降低企业的生产成本和经营成本。

其次，收益管理是企业财务管理的另一重要任务。收益是企业实现经济效益的直接来源。收益管理就是对企业的收入进行规划、预测和监控，以确保收入的稳定增长。财务管理需要通过对市场需求的深入分析和预测，制定合理的销售策略和价格策略，提高产品的市场占有率和客户满意度。同时，财务管理还需要对销售收入进行实时监控和分析，及时发现和解决收入波动和下降的问题，确保企业收入的稳定增长。

最后，财务管理还需要关注收益结构的优化。收益结构是指企业各项收入来源的构成和比例。合理的收益结构可以降低企业的经营风险，提高企业的盈利能力。财务管理需要通过调整产品结构、拓展销售渠道等方式，优化收益结构，提高企业的经济效益和市场竞争力。

（三）财务分析与决策支持

财务分析与决策支持是企业财务管理的又一重要内容。财务分析是对企业财务状况和经营成果的全面分析和评价，而决策支持是为企业的决策提供科学依据和有力支持。

首先，财务分析是企业财务管理的重要工具。通过对企业财务数据的收集、整理和分析，财务管理可以揭示企业的财务状况、经营成果和现金流量等信息，为企业的决策提供有力支持。财务分析可以帮助企业了解自身的经济实力和市场地位，发现潜在的风险和机会，为企业的战略规划和决策提供科学依据。

其次，决策支持是财务管理的重要任务之一。财务管理需要为企业的战略规划、投资决策、风险管理等提供专业化的建议。通过对市场环境的深入分析、对投资项目的全面评估及对风险因素的准确识别，财务管理可以帮助企业做出科学、合理的决策，降低企业的经营风险，提高企业的经济效益。

此外，财务管理还需要注重与其他部门的沟通与协作。财务数据和信息是企业各部门共同关注和使用的资源，财务管理需要与其他部门建立良好的沟通机制，及时提供所需的财务数据和信息，同时积极听取其他部门的意见和建议，共同推动企业的发展。

三、企业财务管理的原则与规范

（一）合法性原则

企业财务管理的首要原则就是合法性原则。这一原则强调企业在财务管理过程中必须严格遵守国家法律法规和相关财务规章制度，确保企业的所有财务活动都在法律允许的范围内进行。这不仅是企业作为社会公民的基本义务，还是保障企业稳健经营和持续发展的重要基石。

在遵守合法性原则的过程中，企业需要特别关注税法、会计法、《中华人民共和国公司法》等与企业财务管理密切相关的法律法规。这些法律法规不仅规定了企业财务管理的基本规则和要求，还对企业的财务报告和信息披露等方面进行了明确的规定。因此，企业在财务管理过程中必须严格按照这些法律法规的要求进行操作，确保财务信息的真实、准确和完整。

此外，合法性原则还要求企业在财务管理过程中保持高度的自律性和规范性。企业应当建立健全的内部控制机制，确保财务活动的合规性和规范性。同时，企业还应当加强对财务管理人员的培训和教育，提高他们的法律意识和合规意识，确保他们在财务管理过程中能够自觉遵守法律法规和规章制度。

（二）稳健性原则

企业财务管理的稳健性原则是指企业在处理财务问题时应当保持谨慎和稳健的态度。这一原则要求企业在财务管理过程中要注重风险控制和风险防范，避免过度乐观地估计收益或低估风险。

稳健性原则的应用体现在财务管理的多个方面。例如，在资产计价方面，企业应遵循谨慎性原则，对可能发生的损失进行合理估计，并在财务报表中予以反映。这有助于避免虚增资产和利润，保证财务信息的真实性。在负债管理方面，企业应对负债进行合理分类和计量，确保负债的准确性和完整性。同时，企业还应关注负债的偿还能力，合理安排资金结构，降低财务风险。

此外，稳健性原则还要求企业在财务管理过程中保持冷静和理性，避免盲目追求高风险高收益的投资项目。企业应对投资项目进行全面的风险评估和收益预测，选择风险可控、收益稳定的项目进行投资。同时，企业还应建立健全的风险预警机制，及时发现和应对潜在的财务风险，确保企业的稳健运营。

（三）效益性原则

企业财务管理的效益性原则是指企业在财务管理过程中应注重经济效益和社会效益的协调发展，实现企业的经济效益最大化。这一原则要求企业在财务管理过程中要注重提高资金的使用效率、优化成本结构、拓展收入来源等，以提高企业的盈利能力。

为了实现效益性原则，企业需要采取一系列有效的措施。首先，企业应加强对资金的管理和调度，确保资金的充足和稳定。通过合理的资金筹集和配置，企业可以满足生产经营和发展的需要，提高企业的经济效益。其次，企业应优化成本结构，降低不必要的开支和浪费。通过精细化管理和成本控制，企业可以提高资源的利用效率，降低成本水平，提高企业的竞争力。最后，企业还应积极寻找和拓展收入来源，增加企业的收入渠道。通过开发新产品、拓展新市场等方式，企业可以扩大市场份额，提高销售收入，进一步提升企业的经济效益。

企业在追求经济效益的同时，还应注重社会效益的实现。企业应积极履行社会责任，关注环境保护、社会公益等方面的问题。通过加强环保投入、参与社会公益活动等方式，企业可以树立良好的企业形象，提升品牌价值，实现经济效益和社会效益的双赢。

四、企业财务管理的重要性与作用

（一）保障企业健康稳定发展

财务管理作为企业管理的核心组成部分，对于保障企业的健康稳定发展具有重要的作用。有效的财务管理能够确保企业资金的充足与稳定，为企业的生产经营和发展提供有力的资金保障。

首先，财务管理通过合理的资金筹集和配置，能够满足企业不同阶段的资金需求。无论是初创期的资金筹措，还是扩张期的资金调配，财务管理都能够提供科学的决策依据和有效的实施方案，确保企业资金的安全和高效使用。

其次，财务管理能够帮助企业优化成本控制和风险管理。通过对成本结构的分析和优化，财务管理可以降低企业的运营成本，提高企业的盈利能力。同时，财务管理还能建立风险预警机制，及时发现和应对潜在风险，确保企业的稳健运营。

最后，财务管理还能提供准确的财务信息，为企业决策提供有力支持。通过财务报告和数据分析，企业可以了解自身的财务状况和经营成果，为战略规划和决策提供科学依据。这有助于企业把握市场机遇，应对挑战，实现健康稳定发展。

（二）提升企业竞争力

财务管理在提升企业竞争力方面发挥着重要作用。通过优化成本结构、提高收益水平等方式，财务管理能够降低企业的运营成本，提高企业的盈利能力，使企业在激烈的市场竞争中保持优势。

首先，财务管理可以通过精细化的成本管理，降低企业的生产成本和运营成本。通过深入分析成本构成，找出成本控制的关键点，企业可以制定有效的成本控制措施，降低不必要的开支和浪费。这不仅可以提高企业的盈利能力，还可以提升企业的市场竞争力。

其次，财务管理可以通过优化资金结构和使用效率，提高企业的资本运营能力。通过合理的资金调度和配置，企业可以确保资金的流动性和安全性，降低资金成本，并提高资金使用效率。这有助于企业更好地把握市场机遇，扩大市场份额，提升企业的竞争力。

最后，财务管理还可以通过风险管理机制，降低企业的经营风险。在复杂多变的市场环境中，企业面临着各种潜在的风险和挑战。财务管理可以通过建立风险预警机制，及时发现和应对潜在风险，确保企业的稳健运营。这有助于企业在风险中保持竞争力，实现可持续发展。

（三）维护企业信誉和形象

规范的财务管理能够维护企业的信誉和形象，为企业赢得社会的信任和尊重。通过严格遵守国家法律法规和财务规章制度，企业能够树立良好的社会形象，提升品牌价值。

首先，规范的财务管理能够确保企业财务信息的真实、准确和完整。这有助于企业向外界展示其真实的经营状况和财务状况，增强投资者和合作伙伴的信心。通过及时、准确地披露财务信息，企业可以与外界建立良好的沟通和信任关系，为企业的长期发展奠定坚实基础。

其次，规范的财务管理能够体现企业的诚信和履行其责任。企业作为社会公民，应当积极履行社会责任，遵守法律法规，维护社会公共利益。通过规范的财务管理，企业可以展示其诚信经营的态度和责任感，赢得社会的认可和尊重。

最后，规范的财务管理还能够提升企业的品牌形象和市场竞争力。在日益激烈的市场竞争中，企业的品牌形象和市场地位对于其生存和发展至关重要。通过规范的财务管理，企业可以塑造稳健、可靠、高效的形象，吸引更多的投资者和合作伙伴，拓展企业的业务领域和市场空间。

第二节　企业财务报表的分析与应用

一、企业财务报表的种类与格式

财务报表是企业财务状况、经营成果和现金流量的全面反映，对于企业的决策者、投资者和债权人等各方都具有重要意义。财务报表的种类繁多，每种报表都有其特定的格式和内容。财务报表能全面、准确地展示企业的财务状况和经营成果。

（一）资产负债表

资产负债表是反映企业在特定日期的资产、负债和所有者权益状况的财务报表。它采用左右对称的格式，左侧列示资产项，右侧列示负债和所有者权益项，以此体现"资产=负债+所有者权益"的基本会计等式。

在资产方面，资产负债表详细列示了企业的各类资产项目，包括流动资产和非流动资产。流动资产如现金、存货、应收账款等，是企业短期内能够变现或运用的资产；非流动资产如固定资产、无形资产等，是企业长期持有并用于生产经营的资产。这些资产项目的列示，有助于了解企业的资产规模、结构和质量。

在负债和所有者权益方面，资产负债表同样进行了详细的分类和列示。流动负债如短期借款、应付账款等，是企业短期内需要偿还的债务；长期负债如长期借款、应付债券等，是企业长期承担的债务。所有者权益则包括实收资本、资本公积、盈余公积和未分配利润等，反映了企业所有者对企业的投入和享有的权益。

通过资产负债表，可以清晰地了解企业的资产构成、资金来源和运用情况，以及企业的偿债能力和所有者权益状况。这些信息对于评估企业的财务状况和风险水平具有重要意义。

(二) 利润表

利润表是反映企业在一定期间内的经营成果的财务报表。它采用多步式格式编制，逐步计算企业的营业收入、营业成本、毛利润、营业利润、利润总额和净利润等。

利润表的起始点是营业收入，它反映了企业在一定期间内通过销售商品、提供劳务等主要经营业务所获得的收入。随后，扣除营业成本，得到毛利润。毛利润是企业在销售过程中实现的初步盈利。接着，再扣除营业税金及附加、销售费用、管理费用和财务费用等期间费用，得到营业利润。营业利润反映了企业日常经营活动的盈利情况。

在营业利润的基础上，加上营业外收入并减去营业外支出，得到利润总额。营业外收入和支出主要包括非日常经营活动的收入和支出，如投资收益、捐赠收入等。最后，扣除所得税费用后，得到净利润。净利润是企业最终的经营成果，也是投资者最关注的指标之一。

利润表的格式应清晰明了，通过逐步计算各项利润指标，可以全面了解企业的经营成果和盈利能力。同时，利润表还可以与资产负债表相结合，分析企业的资产运用效率和成本控制情况，为企业的决策提供有力支持。

(三) 现金流量表

现金流量表是反映企业在一定期间内现金及现金等价物的流入和流出情况的财务报表。它采用分类列示的方式，将企业的现金流量分为经营活动现金流量、投资活动现金流量和筹资活动现金流量三个部分。

经营活动现金流量主要反映企业日常经营活动中产生的现金流入和流出情况，如销售商品收到的现金、支付职工薪酬的现金等。这部分现金流量是企业现金流量的主要来源，也是评估企业运营效率和盈利质量的重要依据。

投资活动现金流量主要反映企业在长期资产投资方面的现金流入和流出情况，如购买固定资产支付的现金、处置长期资产收到的现金等。这部分现金流量反映了企业的投资规模和方向，对于评估企业的未来发展潜力具有重要意义。

筹资活动现金流量主要反映企业在筹集资金方面的现金流入和流出情况，如发行债券收到的现金、偿还债务支付的现金等。这部分现金流量反映了企业的融资能力和资本结构，对于评估企业的财务风险和偿债能力具有重要意义。

现金流量表的格式应清晰直观。分类列示各项现金流量，可以全面了解企业的现金来源和运用情况，评估企业的流动性和偿债能力。同时，现金流量表还可以与其他财务报表相结合，分析企业的盈利质量和经营效率，为企业的决策提供有力支持。

二、企业财务报表的分析方法与技术

财务报表分析是企业财务管理和决策的重要环节。对财务报表进行深入的分析，可以揭示企业的财务状况、经营成果和现金流量等方面的信息，为企业的决策提供有力的支持。以下是一些常用的财务报表分析方法与技术。

(一) 比率分析法

比率分析法是通过计算财务报表中各项指标的比率，来评估企业的财务状况和经营成果。比率分析法的核心在于通过比较不同指标之间的相对大小，揭示企业的内在规律和潜在问题。

常见的比率指标包括流动比率、速动比率、资产负债率、应收账款周转率、存货周转率、毛利率、净利率等。这些比率指标能够反映企业的偿债能力、运营效率、盈利能力等。例如，流动比率和速动比率可以评估企业的短期偿债能力；资产负债率可以反映企业的负债水平和财务风险；应收账款周转率和存货周转率可以评估企业的资产管理效率和运营效率；毛利率和净利率则可以反映企业的盈利能力和成本控制情况。

运用比率分析法，可以深入了解企业的财务状况和经营成果，发现潜在的问题和风险，为企业的决策提供有力的支持。同时，比率分析法还可以与其他分析方法相结合，形成综合性的分析体系，提高分析的准确性和可靠性。

(二) 趋势分析法

趋势分析法是通过比较不同时期财务报表中的数据，来观察和分析企业财务状况和经营成果的变化趋势。趋势分析法可以帮助我们了解企业过去的表现，预测企业未来的发展趋势，从而为企业制定合理的发展战略提供依据。

在运用趋势分析法时，我们通常将多个连续期间的财务报表数据进行对比，计算相关指标的增长率或变动幅度，并通过绘制趋势图来直观地展示这些变化。例如，我们可以通过比较企业近几年的营业收入、净利润等关键指标的增长情况，评估企业的成长性和盈利能力。

趋势分析法不仅可以帮助我们识别企业的发展趋势，还可以揭示潜在的问题。例如，如果企业的营业收入持续增长但净利润出现下滑，这可能意味着企业的成本控制或盈利能力存在问题。通过深入分析引起这些变化的原因，我们可以为企业制定针对性的改进措施。

(三) 比较分析法

比较分析法是通过将企业的财务报表数据与同行业其他企业或行业平均水平进行比较，来评估企业在行业中的竞争地位和相对优劣势。这种方法有助于投资者和决策者了解企业在行业中的表现，以及可能存在的风险和机会。

在进行比较分析时，我们需要收集同行业其他企业或行业的平均数据，并将这些数据与企业的财务报表数据进行对比。通过对比不同企业的关键指标，如营业收入、净利润、毛利率等，我们可以评估企业在行业中的竞争地位。同时，我们还可以比较企业的资产规模、负债水平、运营效率等，以了解企业的相对优劣势。

比较分析法有助于我们更全面地了解企业在行业中的地位和表现。通过与其他企业或行业平均水平的比较，我们可以发现企业的优势和劣势，从而为企业制定合理的发展战略提供参考。此外，比较分析法还可以帮助我们识别行业中的潜在风险和机会，为企业的决策提供有力的支持。

要注意的是，在运用比较分析法时，我们需要确保所比较的数据具有可比性和准确性。同时，我们还需要考虑不同企业之间的规模、业务模式、市场环境等因素的差异，以便更准确地评估企业的竞争地位和相对优劣势。

综上所述，财务报表分析是企业财务管理和决策的重要环节。通过运用比率分析法、趋势分析法和比较分析法等方法与技术，我们可以深入了解企业的财务状况、经营成果和现金流量等方面的信息，为企业的决策提供有力的支持。同时，我们还需要注意各种分析方法的局限性和适用范围，以便更准确地评估企业的财务状况和经营成果。

三、企业财务报表分析的局限性与注意事项

财务报表分析，作为评估企业经济状况的重要手段，尽管具有诸多优点，但在实际应用中也存在一些局限性和需要注意的事项。这些局限性和注意事项对于确保分析的准确性和有效性至关重要。

（一）历史数据局限性

财务报表分析主要依赖于历史数据，而历史数据本身具有一定的局限性。历史数据反映的是企业过去的经营状况和财务状况，无法完全预测企业未来的发展趋势。市场环境、行业竞争、政策变化等因素都可能对企业的未来产生重大影响，而这些因素在历史数据中可能无法充分体现。因此，在进行财务报表分析时，需要谨慎对待历史数据，并结合当前的市场环境和行业趋势进行综合判断。

（二）会计政策影响

会计政策是企业在编制财务报表时所遵循的规则和原则。选择不同的会计政策可能会导致财务报表数据有差异。例如，对于存货的计价方法、固定资产的折旧方法、坏账准备的计提比例等，企业可根据自身情况选择适合的会计政策。然而，不同的选择可能导致相同的经济事项在财务报表上呈现出不同的结果，从而影响分析结果的准确性。

因此，在进行财务报表分析时，需要了解企业的会计政策选择，并评估这些选择对财务报表数据的影响。同时，还需要关注企业是否存在滥用会计政策以操纵财务报表的情况，以确保分析结果的客观性和真实性。

（三）数据真实性与完整性

财务报表分析的有效性在很大程度上取决于数据的真实性和完整性。如果企业存在财务造假、隐瞒重要信息等行为，将造成分析结果的失真。例如，企业可能通过虚构收入、

虚增利润等手段来粉饰财务报表，从而误导投资者和债权人。此外，企业还可能故意隐瞒一些重要的财务信息，如重大诉讼、担保事项等，以掩盖其真实财务状况和经营风险。

因此，在进行财务报表分析时，需要关注企业的信誉度、审计意见等，以评估数据的可靠性。同时，还需要结合其他信息来源，如行业报告、市场研究等，对财务报表数据进行交叉验证，以确保数据的完整性和准确性。

（四）综合分析与全面考虑

财务报表分析是一个综合性的过程，需要综合考虑各种因素。单一的财务指标往往无法全面反映企业的财务状况和经营成果，因此在进行财务报表分析时，需要结合多个指标进行综合分析。例如，除了关注企业的盈利能力，还需要考虑其偿债能力、运营效率、市场份额等方面的信息。

同时，还需要注意不同指标之间的关联性和相互影响。例如，盈利能力可能受到市场份额、成本控制等因素的影响，而偿债能力则可能与资产质量、负债结构等因素有关。因此，在进行财务报表分析时，需要深入理解各指标之间的关系，以便得出全面而准确的结论。

此外，还需要结合企业的战略定位、市场环境、行业趋势等因素进行综合分析。企业的战略定位决定了其发展方向和竞争优势，市场环境的变化可能影响企业的销售情况和盈利能力，而行业趋势则可能对企业的未来发展产生重要影响。因此，在进行财务报表分析时，需要充分考虑这些因素，以更准确地评估企业的经济状况和未来发展前景。

四、财务报表分析在企业决策中的应用

财务报表分析在企业决策中扮演着重要的角色。通过对财务报表进行深入分析，企业可以获取关于自身经济状况、经营成果和现金流量的重要信息，从而为制定合理有效的决策提供有力支持。

（一）投资决策

在投资决策过程中，财务报表分析是投资者评估企业投资价值和风险水平的重要依据。通过分析企业的盈利能力、偿债能力和运营效率等关键指标，投资者可以判断企业的经济实力和发展潜力。此外，通过比较不同企业的财务指标和市场表现，投资者还可以发现具有投资潜力的优质企业，从而做出明智的投资选择。

同时，投资者还需要关注企业的成长性和未来发展趋势。通过对企业财务报表中的增长指标、研发投入及市场份额等信息进行分析，投资者可以评估企业的成长潜力和竞争优势，为长期投资决策提供参考。

（二）信贷决策

对于银行和其他金融机构而言，财务报表分析是信贷决策的重要依据。通过对借款企

业的财务报表进行分析，金融机构可以了解企业的资产规模、负债结构、偿债能力等方面的情况，从而判断企业的信用状况和还款能力。这有助于金融机构制定合理的信贷政策，降低信贷风险。

在进行信贷决策时，金融机构还需要关注企业的现金流状况。现金流是企业生存和发展的生命线，对于评估企业的偿债能力具有重要的作用。因此，金融机构需要通过对企业现金流量表的分析，了解企业的现金流入流出情况，确保企业具备足够的现金流来偿还贷款。

（三）经营决策

在经营决策过程中，财务报表分析可以帮助企业管理者了解企业的运营状况、盈利能力和成本控制等方面的情况。通过对财务报表中的各项数据进行深入分析，管理者可以发现企业运营中存在的问题，从而制定针对性的改进措施。

例如，在成本控制方面，管理者可以通过分析成本结构和变动趋势，找出成本高的环节和原因，然后制定相应的成本控制策略。在销售管理方面，通过对销售数据的分析，管理者可以了解产品的销售情况、市场份额及客户需求等信息，从而优化销售策略和提升市场竞争力。

（四）业绩评价

财务报表分析在业绩评价方面发挥着重要作用。通过将实际业绩与预算或历史数据进行比较，管理者可以评估企业的业绩完成情况，发现业绩波动的原因，并制定相应的改进措施。这有助于企业保持稳定的经营成果和持续提升竞争力。

同时，业绩评价也是激励员工的重要手段之一。通过设定明确的业绩目标和奖励机制，企业可以激发员工的创造力和工作积极性，推动企业不断向前发展。因此，在进行业绩评价时，企业需要充分考虑财务报表分析的结果，确保评价的公正性和客观性。

第三节　企业财务管理的环境与策略

一、企业财务管理的宏观环境分析

企业财务管理的宏观环境涵盖了经济、政策、技术等多个方面，这些方面对企业财务管理的决策和执行都具有重要影响。

（一）经济环境对企业财务管理的影响

经济环境是企业财务管理的基础和前提，它直接关系到企业的生存和发展。国内外经济形势的波动、经济周期的变化及国家经济政策的调整，都会对企业的财务状况和经营成果产生深远影响。

在经济繁荣时期，市场需求旺盛，企业销售收入增加，财务管理应更加注重资金的有效利用和成本控制，以实现利润最大化。此时，企业可以适当增加投资，扩大生产规模，提高市场份额。

在经济衰退时期，市场需求收缩，企业可能面临销售困难、资金紧张等问题。此时，财务管理应更注重现金流的管理和风险防范，确保企业能够渡过难关。企业可能需要优化存货管理，减少库存成本，或者寻求新的融资渠道，以缓解资金压力。

（二）政策环境对企业财务管理的影响

政策环境是企业财务管理的重要外部因素，国家制定的相关法律法规和政策措施对企业财务管理具有指导和约束作用。

税收政策是影响企业财务成本的重要因素。税率的调整、税收优惠政策的出台等都会直接影响企业的税负水平，进而影响企业的盈利能力和竞争力。因此，企业需要密切关注税收政策的变化，合理利用税收优惠政策，减轻税收负担。

货币政策会影响企业的融资成本和融资难度。利率的变动、信贷政策的调整等都会对企业的贷款成本产生影响。企业需要关注货币政策的动向，合理安排融资结构，降低财务风险。

此外，产业政策也会对企业的财务管理产生影响。国家政府通过制定产业政策来引导产业的发展方向，支持或限制某些产业的发展。企业需要关注产业政策的调整，把握市场机遇，调整经营策略。

（三）技术环境对企业财务管理的影响

随着科技的快速发展，信息化、智能化等技术手段在财务管理领域得到了广泛应用。企业通过应用这些技术，提高了财务管理的效率和质量。

云计算、大数据等技术使得财务管理更加高效和便捷。企业可以通过云计算平台实现财务数据的集中存储和共享，通过大数据技术对海量财务数据进行挖掘和分析，从而更加准确地把握企业的财务状况和经营成果。

人工智能等技术的应用则使得财务管理更加智能化和精准化。企业可以利用人工智能技术进行财务预测、决策支持等，提高财务管理的决策水平和效率。

然而，技术环境的快速变化也给财务管理带来了新的挑战。企业需要关注数据安全、系统稳定性等问题，确保财务数据的安全性和可靠性。同时，企业还需要加强技术人员的培训和管理，提高技术应用的水平。

二、企业财务管理的微观环境分析

企业财务管理的微观环境主要关注企业内部以及与企业直接相关的各方因素，这些因素在很大程度上决定了企业财务管理的具体操作和效果。

（一）企业内部组织结构对财务管理的影响

企业内部组织结构是企业财务管理的基石，它决定了企业内部权力的分配和决策流程。不同的组织结构会对财务管理产生不同的影响。

在集权式的组织结构中，高层管理者拥有较大的决策权，这有助于快速响应市场变化，统一财务政策和标准。但过度的集权可能导致决策过程僵化，缺乏灵活性，难以适应复杂多变的市场环境。

在分权式的组织结构中，各部门或子公司拥有相对独立的决策权，这有助于激发基层的创新精神和积极性，提高财务管理的效率。但分权过多可能导致资源分散，难以形成合力，甚至产生内部竞争和矛盾。

因此，企业应根据自身规模、业务特点和发展阶段，选择适当的组织结构，并在实践中不断优化调整，以实现财务管理的高效运作。

（二）企业文化对财务管理的影响

企业文化是企业内部的精神力量，它会渗透到企业的各个方面，包括财务管理。企业文化对财务管理的影响是深远而持久的。

积极、健康的企业文化能够激发员工的责任感和使命感，使他们更加关注企业的长期发展，积极参与财务管理活动，提高财务管理的质量和效率。同时，这样的企业文化也有助于形成诚信、公正、透明的财务氛围，维护企业的声誉和形象。

相反，消极、落后的企业文化可能导致员工对财务管理缺乏热情，甚至产生违规行为，损害企业的利益。因此，企业应注重培育积极向上的企业文化，为财务管理提供良好的内部环境。

（三）企业利益相关者对财务管理的影响

企业的利益相关者包括股东、债权人、供应商、客户等，他们的利益诉求和行为决策都会对财务管理产生重要影响。股东作为企业的出资人，关注企业的盈利能力和股价表现，他们期望通过有效的财务管理实现资本增值。因此，财务管理需要充分考虑股东的利益诉求，制定合理的利润分配政策和投资策略。

债权人关心企业的偿债能力和信用状况，他们希望企业能够按时偿还债务，维护自身的利益。财务管理需要确保企业的偿债能力，合理安排债务结构，降低财务风险。

供应商和客户则是企业的重要合作伙伴，他们的合作意愿和满意度直接影响企业的采购和销售活动。财务管理需要加强与供应商和客户的沟通与合作，实现供应链的优化和成本控制。

三、适应环境变化的企业财务管理策略调整

（一）加强财务风险管理

面对复杂多变的环境，企业应加强财务风险管理，建立健全风险预警和应对机制。可以通过定期评估财务风险、制定风险应对措施、加强内部控制等方式，降低财务风险的发生概率和影响程度。同时，企业还应关注市场变化和政策调整，及时调整财务策略，以应对潜在风险。

（二）优化资金配置

资金是企业运营的核心，优化资金配置是提高财务管理效率的关键。企业应根据经营需要和市场环境，合理安排资金的筹集和使用，确保资金的安全和高效运转。同时，企业还应注重提高资金使用效率，通过降低资金成本、优化债务结构等方式，提高经济效益。

（三）推动财务管理数字化转型

随着信息化、智能化技术的发展，财务管理数字化转型已成为重要趋势。企业应积极推动财务管理数字化转型，利用大数据、云计算等技术手段提高财务管理的精准性和效率。可以通过建立财务共享平台、实现财务数据的实时共享和分析等，提升财务管理的决策支持能力。

（四）培养高素质财务管理人才

人才是企业发展的核心竞争力，培养高素质财务管理人才是提升财务管理水平的关键。企业应注重财务管理人才的选拔和培养，通过培训、交流等方式提高财务管理人员的专业素养和综合能力。同时，企业还应建立激励机制，吸引和留住优秀的财务管理人才，为企业的财务管理提供有力保障。

（五）加强财务与业务的融合

财务管理与业务管理是密不可分的，加强财务与业务的融合是增强财务管理效果的重要途径。企业应推动财务部门与业务部门之间的沟通和协作，共同制定财务和业务策略，实现财务与业务的协同发展。通过财务与业务的深度融合，企业可以更好地把握市场机遇，应对挑战，实现可持续发展。

第十三章 财务战略与规划

第一节 财务战略的制定与实施

一、财务战略的定义与重要性

（一）财务战略的定义

财务战略，作为企业整体战略的重要组成部分，是企业在充分考虑外部环境和内部条件的基础上，为谋求企业资金均衡有效流动和实现企业整体战略，在增强企业财务竞争优势方面所进行的全局性、长期性和创造性的谋划，并确保其执行的过程。简言之，财务战略旨在规划和管理企业的财务资源，以支持企业的长期发展目标和日常运营。

财务战略不仅关注企业的资金筹集、配置和使用，还涉及如何优化企业的资本结构、降低财务风险、提高资金利用效率等。通过制定和实施有效的财务战略，企业可以更好地适应市场环境的变化，提升竞争力，实现可持续发展。

（二）财务战略的重要性

财务战略在企业的经营管理中扮演着举足轻重的角色。第一，财务战略有助于企业实现资源的最优配置。通过合理的财务规划，企业可以将有限的资金投入最具潜力的项目中，从而提高资金的使用效率。第二，财务战略有助于降低企业的财务风险。通过科学的财务分析和预测，企业可以及时发现并应对潜在的财务风险，确保企业的稳健运营。第三，财务战略还有助于提升企业的市场竞争力。通过优化资本结构、降低融资成本、提高盈利能力等措施，企业可以在激烈的市场竞争中脱颖而出，实现持续发展。

二、财务战略制定的原则与影响因素

（一）财务战略制定的原则

在制定财务战略时，企业需要遵循一系列原则以确保战略的有效性和可行性。第一，财务战略应与企业的整体战略保持一致。这意味着财务战略的目标和措施应与企业的发展目标、市场定位和业务模式相契合，共同推动企业的成长。第二，财务战略应注重风险与

收益的平衡。在追求收益的同时，企业应充分考虑潜在的风险因素，确保风险在可控范围内。第三，财务战略还应具备灵活性和适应性。随着市场环境的变化和企业自身的发展，财务战略应能够及时调整和优化，以适应新的形势和需求。

（二）影响财务战略制定的因素

财务战略的制定受到多种因素的影响。第一，外部环境因素起着重要作用。宏观经济政策、市场竞争格局、行业发展趋势等都会对企业的财务战略产生影响。例如，国家货币政策的变化可能影响企业的融资成本，市场竞争的加剧可能要求企业更加注重成本控制和盈利能力提升。第二，企业内部条件也是影响财务战略制定的关键因素。企业的资源状况、组织结构、管理能力等都会影响财务战略的选择和实施。例如，企业的资金规模和流动性状况将直接决定其筹资和投资策略。第三，企业的战略目标和发展规划也会对财务战略产生深远影响。企业需要根据自身的发展目标和市场环境来制定合适的财务战略，以支持企业的长期发展。

（三）制定财务战略的具体步骤

制定财务战略是一个系统性的过程，通常包括以下几个步骤：第一，进行环境分析。企业需要深入了解外部环境和内部条件的变化趋势，识别潜在的机会和威胁。第二，设定财务目标。根据企业的整体战略和市场定位，确定财务战略的具体目标，如提高盈利能力、优化资本结构等。第三，制定财务策略。针对设定的目标，制定具体的财务策略，如筹资策略、投资策略、分配策略等。第四，制订实施计划。将财务策略转化为具体的行动计划，明确责任人和时间节点。第五，进行监控与调整。定期对财务战略的实施情况进行评估和调整，确保战略的有效性和适应性。

三、财务战略的实施步骤与关键成功因素

（一）财务战略的实施步骤

财务战略的实施是一个系统而复杂的过程，需要企业从多个层面进行考虑和规划。以下是实施财务战略的详细步骤：

第一，建立并完善财务管理体系。这不只是建立一系列财务制度和规范，更重要的是要确保这些制度和规范能够真正落地，并在日常财务活动中得到有效执行。财务管理体系的完善涉及财务流程的梳理、财务制度的更新及财务管理人员的培训等方面。通过这些措施，企业可以确保财务战略的实施有一个坚实的基础。

第二，优化资源配置，这是实施财务战略的关键一环。企业需要根据战略目标和市场环境，合理分配资金和其他资源。这要求企业具备敏锐的市场洞察力和科学的决策机制，能够准确判断哪些项目或业务具有较大的发展潜力和盈利空间，从而确保有限的资源能够投入最具效益的领域。

第三，加强内部控制和风险管理，这也是实施财务战略不可或缺的一部分。企业需要建立健全的内部控制体系，包括财务审批、内部审计、风险预警等方面的制度和流程。同时，还需要加强风险管理，对可能出现的财务风险进行识别和评估，并制定相应的应对措施。通过加强内部控制和风险管理，企业可以降低财务风险的发生概率和影响程度，保障财务战略的稳定实施。

第四，建立有效的监督和评估机制。企业需要定期对财务战略的实施情况进行检查和评估，确保各项措施得到有效执行，并及时发现和解决存在的问题。同时，还需要根据市场环境和企业实际情况的变化，对财务战略进行适时调整和优化，确保其始终与企业的整体战略保持一致。

（二）财务战略实施的关键成功因素

在实施财务战略的过程中，有几个关键的成功因素需要特别关注：

第一，领导层的支持和参与至关重要。领导层对财务战略的理解和认同程度将直接影响战略的实施效果。如果领导层积极参与财务战略的制定和实施过程，则能为战略的顺利推进提供有力的支持和保障。

第二，员工的参与和配合也是实现财务战略目标的关键因素。企业需要加强对员工的财务意识培训，让员工了解财务战略的重要性和意义，并使他们积极参与到战略实施中来。提高员工的财务素养和执行力，可以确保财务战略在日常工作中得到有效执行。

第三，有效的沟通和协调机制也是实现财务战略目标的重要保障。企业需要建立跨部门、跨层级的沟通渠道，确保各部门之间在财务战略实施过程中的信息共享和协同合作。加强沟通和协调，可以打破部门壁垒，形成合力，共同推动财务战略的实施。

第四，持续改进和优化也是实现财务战略目标的重要途径。企业需要定期对财务战略的实施效果进行评估和调整，及时发现存在的问题和不足，并采取相应的措施进行改进和优化。只有这样，才可以不断完善财务战略内容和实施方式，提高战略的有效性和适应性。

四、财务战略实施过程中的风险管理与控制

（一）识别与评估财务风险

在财务战略实施过程中，企业需要时刻关注并识别可能出现的财务风险。这包括且不限于市场风险、信用风险、流动性风险等。为了有效识别这些风险，企业可以运用多种财务分析方法，如财务比率分析法、敏感性分析法等，对自身的财务状况进行定期评估。

具体来说，企业可以通过比较不同时期的财务指标变化，发现潜在的财务风险点；同时，通过对外部环境的分析，如宏观经济形势、政策变化等，预测可能对企业财务状况产生影响的因素。此外，企业还应建立风险预警机制，设定合理的风险阈值，当相关指标超过阈值时及时发出警报，以便企业能够迅速应对。

（二）制定风险应对策略

在识别并评估财务风险后，企业需要制定相应的风险应对策略。这些策略应针对不同类型的风险制定，以确保企业在面临风险时能够迅速应对。

例如，对于市场风险，企业可以通过多元化投资、优化投资组合等方式来降低风险；对于信用风险，企业可以通过加强客户信用管理，完善信用评价体系，对客户进行信用评级并设定相应的信用额度；对于流动性风险，企业可以建立合理的资金调度机制，确保在需要时能够及时获取足够的资金。

此外，企业还可以利用保险、担保等金融工具来转移和分散风险。通过与保险公司或担保机构合作，企业可以将部分风险转移给这些机构，从而减轻自身的风险负担。

（三）加强内部控制与审计

内部控制和审计是保障财务战略顺利实施的重要手段。企业需要建立健全的内部控制体系，确保各项财务活动的合规性和有效性。

首先，企业应完善财务管理制度，明确各项财务活动的流程和规范，确保财务活动的合规性。同时，应建立严格的审批制度，对重大财务事项进行层层审批，防止违规操作。

其次，加强内部审计工作，定期对财务战略的实施情况进行检查和评估。内部审计人员应对企业的财务状况进行全面审查，发现存在的问题，并提出改进建议。通过内部审计的监督和反馈机制，企业可以及时发现并纠正财务战略实施过程中的问题。

最后，企业还应加强与外部审计的沟通和合作。外部审计机构可以对企业的财务状况进行客观、公正的评价，为企业提供有益的建议。通过与外部审计机构的合作，企业可以不断提升自身的财务管理水平和风险防控能力。

（四）建立风险文化与培训机制

建立风险文化和培训机制是财务战略实施过程中不可忽视的一环。风险文化是企业员工对风险的认识和态度，它影响着员工在日常工作中的行为。因此，企业需要培养员工的风险意识，让他们认识到财务风险的重要性和可能带来的后果。

同时，企业还应加强财务人员的专业培训。可以通过定期举办培训班、研讨会等活动，提高财务人员的专业素养和风险识别、评估和管理能力。此外，还可以邀请行业专家或学者来企业进行授课或指导，为财务人员提供更多的学习和交流机会。

通过建立风险文化和培训机制，企业可以形成全员参与风险管理的良好氛围。这样，员工在日常工作中能主动关注风险、识别风险并采取相应的防范措施，从而为财务战略的实施提供有力保障。

通过采取上述措施，企业可以确保财务战略的有效实施。同时，企业还需要根据市场环境和自身实际情况的变化不断调整和优化财务战略的内容和实施方式，以适应不断变化的市场需求和发展趋势。

第二节 财务规划的目标与实践应用

一、财务规划的定义与目标

（一）财务规划的定义

财务规划，作为企业管理的核心组成部分，是一个全面、系统且精细的过程。它不只是数字的游戏，更是搭建在企业战略与实际运营之间的桥梁。财务规划是对企业未来财务活动的预先安排和部署，涉及资金筹集、运用、分配及财务关系的协调等多个关键环节。

财务规划旨在确保企业经济活动的高效、有序进行。通过深入分析和预测企业未来的市场环境、经营情况、资金流动等，财务规划能够为企业决策者提供清晰、准确的财务信息，帮助企业把握市场机遇，规避潜在风险。

在这个过程中，企业需要考虑多种因素，如宏观经济政策、行业发展趋势、竞争对手状况等，同时结合自身的经营特点和战略目标，制订符合企业实际情况的财务计划。财务规划还需要关注企业的长期发展，确保企业在不同的发展阶段都能够保持稳健的财务状况。

（二）财务规划的目标

财务规划的目标是多方面的，它们共同构成了企业财务管理的核心追求。

第一，确保企业财务安全是财务规划的首要目标。这意味着通过科学、合理的财务规划，企业需要确保自身拥有足够的资金流，以应对可能出现的各种风险和挑战。市场风险、信用风险、流动性风险等，都需要通过财务规划进行有效管理和控制。

第二，实现企业战略目标是财务规划的另一个重要目标。企业战略是企业发展的指南针，财务规划则需要紧密围绕企业战略展开，通过优化资源配置和财务结构，为企业战略的实现提供坚实的财务保障。例如，当企业实施扩张战略时，财务规划需要确保企业有足够的资金支持扩张计划；当企业实施成本领先战略时，财务规划需要通过降低成本、提高资金利用效率等方式，支持企业实现成本优势。

第三，提高经济效益也是财务规划的重要目标之一。通过财务规划，企业可以更高效地利用资金，降低不必要的成本支出，提高资金的使用效率。同时，财务规划还可以帮助企业优化收入结构，拓展收入来源，从而进一步提升企业的经济效益。

第四，协调内外部关系也是财务规划不可忽视的目标。企业作为一个社会组织，需要与各种利益相关者进行互动和合作。通过财务规划，企业可以合理安排利润分配，处理好与债权人、供应商、客户等利益相关者的关系，维护企业的良好声誉和形象，为企业创造更加有利的外部环境。

二、财务规划与企业战略的协同关系

财务规划与企业战略之间的协同关系,是确保企业稳健发展的关键所在。这种协同关系体现在多个方面,共同推动着企业的发展和进步。

(一)财务规划支持企业战略的实现

企业战略是企业未来发展的蓝图和指南,而财务规划则是实现这一蓝图的重要工具。通过财务规划,企业可以合理配置资源,确保各项战略举措得到充分的资金支持。例如,在扩张战略中,财务规划可以帮助企业评估扩张计划的资金需求,制订合适的筹资方案,确保扩张计划的顺利实施。同时,财务规划还可以优化企业的财务结构,降低财务风险,为企业的稳健发展提供有力保障。

此外,财务规划还可以通过预算控制、成本分析等手段,帮助企业实现战略目标。通过制订详细的预算计划,企业可以对各项支出进行严格控制,确保资源得到有效利用。同时,通过对成本进行深入分析,企业可以找出成本控制的关键点,采取有针对性的措施降低成本,提高经济效益。

(二)企业战略影响财务规划的内容和方向

企业战略不同会导致其所需的资源投入、风险承担及收益预期等方面存在差异,这些差异会直接影响财务规划的内容和方向。例如,对于实施创新战略的企业来说,其财务规划需要更加注重对研发活动的资金支持,以确保企业能够持续推出具有竞争力的新产品或服务。对于实施成本领先战略的企业来说,其财务规划则需要更加注重成本控制和效率提升,以降低成本、提高盈利能力。

因此,在制定财务规划时,企业必须充分考虑企业战略的要求和特点,使财务规划与企业战略保持一致。这要求企业在制定财务规划时,要对企业战略进行深入理解和分析,明确企业战略对财务规划的具体要求,确保财务规划能够为企业战略的实现提供有力支持。

(三)财务规划与企业战略的动态调整

企业战略和财务规划都不是一成不变的,它们都需要随着市场环境的变化和企业内部条件的发展进行动态调整。市场环境的变化可能包括政策法规的调整、竞争对手的策略变化等,这些变化都可能影响企业的战略选择和财务规划。同时,企业内部条件的发展也可能导致企业战略和财务规划需要进行调整。例如,企业规模的扩大、技术水平的提升等都可能使原有的战略和财务规划不再适用。

因此,企业需要建立有效的监控和反馈机制,及时发现市场环境和企业内部条件的变化,并根据这些变化对企业战略和财务规划进行动态调整。这要求企业保持敏锐的市场洞察力和灵活的应变能力,确保企业战略和财务规划始终与实际情况保持一致。

这种动态调整的过程实际上是一个不断优化和完善的过程。通过不断调整和优化企业战略和财务规划，企业可以更好地适应市场变化和企业发展需求，保持竞争优势和持续发展动力。

三、财务规划的实践应用与优化调整

（一）财务规划的实践应用

财务规划在企业实践中的应用广泛而深入。在制定财务规划时，企业需要充分考虑市场环境、竞争态势、企业内部条件等因素，结合自身的战略目标，制订合理的财务计划。同时，还需要关注财务风险和不确定性因素，制定相应的风险应对策略。

在具体实践中，企业可以通过制定预算、进行财务分析、实施成本控制等手段来实现财务规划。预算是财务规划的重要组成部分，通过预算的编制和执行，企业能够明确各项经济活动的目标和标准，为决策提供有力支持。财务分析可以帮助企业了解自身的财务状况和经营成果，发现存在的问题，为优化财务规划提供依据。成本控制则是实现财务规划的重要手段之一，通过降低成本、提高资金利用效率等方式，企业能够增加收入、提高经济效益。

（二）财务规划的优化调整

财务规划并非一成不变，随着市场环境的变化和企业内部条件的发展，财务规划也需要不断优化调整。优化调整财务规划的主要目的是使其更加符合企业的实际情况和战略目标，提高财务规划的有效性和针对性。

在优化调整财务规划时，企业需要关注以下几个方面：

市场环境的变化：随着市场竞争的加剧和客户需求的变化，企业需要不断调整其市场战略和产品策略。相应地，财务规划也需要根据市场环境的变化进行调整，以支持企业应对市场挑战。

企业内部条件的变化：企业内部条件的变化包括组织架构调整、人员变动、技术升级等方面。这些变化会对企业的财务状况和经营成果产生影响，因此财务规划也需要根据企业内部条件的变化进行调整和优化。

财务风险的控制：财务风险是企业面临的重要挑战之一，包括市场风险、信用风险、流动性风险等。在优化调整财务规划时，企业需要加强对财务风险的控制和管理，确保企业财务安全稳健。

（三）财务规划与企业其他管理活动的协调

财务规划作为企业管理的重要组成部分，需要与其他管理活动进行协调和配合，共同推动企业的发展。具体来说，财务规划需要与生产管理、市场营销、人力资源管理等活动进行紧密配合。例如，在制订生产计划时，财务规划需要提供资金支持和预算控制等方面的建议;在市场营销活动中,财务规划需要协助制定价格策略、促销策略等,以实现销售收入的最大化;在人力资源管理方面,财务规划需要关注人工成本的控制和员工福利的保障等问题。同时,财务规划还需要与企业的战略决策过程相结合。在制定企业战略时,财务规划应提供财务分析和预测等方面的支持,帮助企业决策者了解不同战略方案对财务状况的影响,从而做出更加明智的决策。

(四)财务规划的长远规划与持续改进

制定财务规划不仅要关注短期的财务目标和活动安排,还需要考虑企业的长远发展。因此,在制定财务规划时,企业要充分考虑未来的市场趋势、技术发展及企业自身的成长潜力等因素,制定具有前瞻性和可持续性的财务规划。

此外,财务规划是一个持续改进的过程。企业需要定期对财务规划进行回顾和评估。同时,企业还需要关注外部环境和内部条件的变化,及时调整和优化财务规划,以适应不断变化的市场需求和企业发展要求。

参考文献

[1] 尚扬,陈浪. 财政金融政策对我国企业技术创新影响的作用机理研究[J]. 现代商业,2020(34):94-96.

[2] 王宸. 精准扶贫背景下财政金融政策对于贫困地区农民收入的影响[D]. 济南:山东大学,2021.

[3] 鲍曙光,冯兴元. 财政金融协同支持农民农村共同富裕的实践探讨[J]. 农村金融研究,2022(08):10-19.

[4] 陈国凌. 财政金融政策对地区产业结构升级的影响——以少数民族地区为例[J]. 中国商论,2020(23):168-169.

[5] 尹楠. 财政金融政策融合支持乡村振兴的创新、实践与建议[J]. 中国银行业,2021(12):45-47.

[6] 李希璠. 财政金融政策对研发活动支持作用的实证分析——来自各省级行政区的证据[D]. 南京:南京大学,2020.

[7] 张峰,赵帅. 创新财政金融政策 助力未来社区建设[J]. 中国财政,2021(21):38-40.

[8] 郑霄. 县域财政金融政策与居民消费的分层差异[J]. 商讯,2020(28):70-71.

[9] 贝多广. 如何让财政金融政策对"扶微济弱"更有效?[J]. 国际融资,2020(09):40-42.

[10] 刘晨辉. 促进我国中小型企业融资的财政金融政策探析[J]. 中国外资,2020(14):3-4.

[11] 吴明宇. 财政金融政策对农民收入绩效的实证研究[J]. 现代营销(学苑版),2021(09):4-5.

[12] 管敬韬,马俊. 贵州新型工业化发展的财政金融政策研究[J]. 时代经贸,2022,19(01):106-108.

[13] 唐聪聪. 强化国家发展规划实施的财政金融政策协同保障研究[J]. 中国国情国力,2022(10):63-66.

[14] 王毅. 合理运用财政金融政策推动绿色低碳转型[J]. 国企管理,2022(23):44-45,3.

[15] 赵婧源. 财政、金融政策对农业经济发展有效性分析——以河南省为例[J]. 山西农经,2023(02):169-171.

[16] 朱信楠. 财政金融促进企业经济高质量发展[J]. 财经界,2024(02):12-14.

[17] 胡志浩. 国债管理:财政政策与货币政策协调配合的关键点[J]. 人民论坛·学术前沿,

2024（03）：65-73.

［18］王文甫，孔祥思. 新发展格局下财政政策和金融政策的长期协调［J］. 地方财政研究，2021（10）：23-28.

［19］洪祥骏，林娴，陈丽芳. 地方绿色信贷贴息政策效果研究——基于财政与金融政策协调视角［J］. 中国工业经济，2023（09）：80-97.

［20］胡岳峰. 新发展格局下财政政策和金融政策的长期协调［J］. 中外企业文化，2023（06）：52-54.